深圳改革创新丛书·第四辑

冯 江◎等著

现代社会治理体系的有效探索
——人民调解"福田模式"研究

中国社会科学出版社

图书在版编目（CIP）数据

现代社会治理体系的有效探索：人民调解"福田模式"研究/冯江等著 .—北京：中国社会科学出版社，2017.5

（深圳改革创新丛书 . 第四辑）

ISBN 978-7-5161-9989-3

Ⅰ.①现… Ⅱ.①冯… Ⅲ.①社会管理—研究—深圳 Ⅳ.①D676.53

中国版本图书馆 CIP 数据核字（2017）第 047387 号

出 版 人	赵剑英	
责任编辑	王 茵	马 明
责任校对	胡新芳	
责任印制	王 超	

出　　版	中国社会科学出版社
社　　址	北京鼓楼西大街甲 158 号
邮　　编	100720
网　　址	http://www.csspw.cn
发 行 部	010-84083685
门 市 部	010-84029450
经　　销	新华书店及其他书店

印　　刷	北京君升印刷有限公司
装　　订	廊坊市广阳区广增装订厂
版　　次	2017 年 5 月第 1 版
印　　次	2017 年 5 月第 1 次印刷

开　　本	710×1000　1/16
印　　张	18.25
插　　页	2
字　　数	259 千字
定　　价	76.00 元

凡购买中国社会科学出版社图书，如有质量问题请与本社营销中心联系调换
电话：010-84083683
版权所有　侵权必究

《深圳改革创新丛书》
编委会

顾　　问：王京生
主　　任：李小甘　吴以环
执行主任：陈金海　张骁儒

《现代社会治理体系的有效探索》
编委会

编委会主任：蒋溪林

编委会成员：蒋溪林　孟　漫　徐　鹏　李玉祥
　　　　　　熊松青　骆希玲　胡星宏　刘　平
　　　　　　罗　展　马晓歌　吴伟忠　许灿辉
　　　　　　易志坚　冯　江　郑黎晟

主　　　编：孟　漫

副 主 编：胡星宏　罗　展　冯　江

主要撰稿人：冯　江

撰　稿　人：孟淑玲　赖晓敏　韩慧静　孙明婵
　　　　　　蔡梦芳　李　娟　倪　芳　李琼英
　　　　　　袁　清　许　露　戴丽芩　张雨梅
　　　　　　黄思霖　古鉴璇　方国太　洪加静
　　　　　　梁凯雁

总序：突出改革创新的时代精神

王京生[*]

在人类历史长河中，改革创新是社会发展和历史前进的一种基本方式，是一个国家和民族兴旺发达的决定性因素。古今中外，国运的兴衰、地域的起落，莫不与改革创新息息相关。无论是中国历史上的商鞅变法、王安石变法，还是西方历史上的文艺复兴、宗教改革，这些改革和创新都对当时的政治、经济、社会甚至人类文明产生了深远的影响。但在实际推进中，世界上各个国家和地区的改革创新都不是一帆风顺的，力量的博弈、利益的冲突、思想的碰撞往往伴随改革创新的始终。就当事者而言，对改革创新的正误判断并不像后人在历史分析中提出的因果关系那样确定无疑。因此，透过复杂的枝蔓，洞察必然的主流，坚定必胜的信念，对一个国家和民族的改革创新来说就显得极其重要和难能可贵。

改革创新，是深圳的城市标识，是深圳的生命动力，是深圳迎接挑战、突破困局、实现飞跃的基本途径。不改革创新就无路可走、就无以召唤。30多年来，深圳的使命就是作为改革开放的"试验田"，为改革开放探索道路。改革开放以来，历届市委、市政府以挺立潮头、敢为人先的勇气，进行了一系列大胆的探索、改革和创新，使深圳不仅占得了发展先机，而且获得了强大的发展后劲，为今后的发展奠定了坚实的基础。深圳的每一步发展都源于改革创新的推动；改革创新不仅创造了深圳经济社会和文化发展的奇迹，而且使深圳成为引领全国社会主义现代化建设的"排头兵"。

---

[*] 王京生，现任国务院参事。

从另一个角度来看，改革创新又是深圳矢志不渝、坚定不移的命运抉择。为什么一个最初基本以加工别人产品为生计的特区，变成了一个以高新技术产业安身立命的先锋城市？为什么一个最初大学稀缺、研究院所几乎是零的地方，因自主创新而名扬天下？原因很多，但极为重要的是深圳拥有以移民文化为基础，以制度文化为保障的优良文化生态，拥有崇尚改革创新的城市优良基因。来到这里的很多人，都有对过去的不满和对未来的梦想，他们骨子里流着创新的血液。许多个体汇聚起来，就会形成巨大的创新力量。可以说，深圳是一座以创新为灵魂的城市，正是移民文化造就了这座城市的创新基因。因此，在特区30多年发展历史上，创新无所不在，打破陈规司空见惯。例如，特区初建时缺乏建设资金，就通过改革开放引来了大量外资；发展中遇到瓶颈压力，就向改革创新要空间、要资源、要动力。再比如，深圳作为改革开放的探索者、先行者，在向前迈出的每一步都面临着处于十字路口的选择，不创新不突破就会迷失方向。从特区酝酿时的"建"与"不建"，到特区快速发展中的姓"社"姓"资"，从特区跨越中的"存"与"废"，到新世纪初的"特"与"不特"，每一次挑战都考验着深圳改革开放的成败进退，每一次挑战都把深圳改革创新的招牌擦得更亮。因此，多元包容的现代移民文化和敢闯敢试的城市创新氛围，成就了深圳改革开放以来最为独特的发展优势。

30多年来，深圳正是凭着坚持改革创新的赤胆忠心，在汹涌澎湃的历史潮头上劈波斩浪、勇往直前，经受住了各种风浪的袭扰和摔打，闯过了一个又一个关口，成为锲而不舍地走向社会主义市场经济和中国特色社会主义的"闯将"。从这个意义上说，深圳的价值和生命就是改革创新，改革创新是深圳的根、深圳的魂，铸造了经济特区的品格秉性、价值内涵和运动程式，成为深圳成长和发展的常态。深圳特色的"创新型文化"，让创新成为城市生命力和活力的源泉。

2013年召开的党的十八届三中全会，是我们党在新的历史起点上全面深化改革做出的新的战略决策和重要部署，必将对推动中国特色社会主义事业发展、实现民族伟大复兴的中国梦产生重大而深远的影响。深圳面临着改革创新的新使命和新征程，市委市政府打出全面深化改革组合拳，肩负起全面深化改革的历史重任。

如果说深圳前30年的创新，主要立足于"破"，可以视为打破旧规矩、挣脱旧藩篱，以破为先、破多于立，"摸着石头过河"，勇于冲破计划经济体制等束缚；那么今后深圳的改革创新，更应当着眼于"立"，"立"字为先、立法立规、守法守规，弘扬法治理念，发挥制度优势，通过立规矩、建制度，不断完善社会主义市场经济制度，推动全面深化改革，创造新的竞争优势。特别是在党的十八届三中全会后，深圳明确了以实施"三化一平台"（市场化、法治化、国际化和前海合作区战略平台）重点攻坚来牵引和带动全局改革，推动新时期的全面深化改革，实现重点领域和关键环节的率先突破；强调坚持"质量引领、创新驱动"，聚焦湾区经济，加快转型升级，打造好"深圳质量"，推动深圳在新一轮改革开放中继续干在实处、走在前列，加快建设现代化国际化先进城市。

如今，新时期的全面深化改革既展示了我们的理论自信、制度自信、道路自信，又要求我们承担起巨大的改革勇气、智慧和决心。在新的形势下，深圳如何通过改革创新实现更好更快的发展，继续当好全面深化改革的排头兵，为全国提供更多更有意义的示范和借鉴，为中国特色社会主义事业和实现民族伟大复兴的中国梦做出更大贡献，这是深圳当前和今后一段时期面临的重大理论和现实问题，需要各行业、各领域着眼于深圳全面深化改革的探索和实践，加大理论研究，强化改革思考，总结实践经验，作出科学回答，以进一步加强创新文化建设，唤起全社会推进改革的勇气、弘扬创新的精神和实现梦想的激情，形成深圳率先改革、主动改革的强大理论共识。比如，近些年深圳各行业、各领域应有什么重要的战略调整？各区、各单位在改革创新上取得什么样的成就？这些成就如何在理论上加以总结？形成怎样的制度成果？如何为未来提供一个更为明晰的思路和路径指引？等等，这些颇具现实意义的问题都需要在实践基础上进一步梳理和概括。

为了总结和推广深圳当前的重要改革创新探索成果，深圳社科理论界组织出版了《深圳改革创新丛书》，通过汇集深圳市直部门和各区（新区）、社会各行业和领域推动改革创新探索的最新总结成果，希图助力推动深圳全面深化改革事业的新发展。其编撰要求主要包括：

首先，立足于创新实践。丛书的内容主要着眼于新近的改革思维与创新实践，既突出时代色彩，侧重于眼前的实践、当下的总结，同时也兼顾基于实践的推广性以及对未来的展望与构想。那些已经产生重要影响并广为人知的经验，不再作为深入研究的对象。这并不是说那些历史经验不值得再提，而是说那些经验已经沉淀，已经得到文化形态和实践成果的转化。比如说，某些观念已经转化成某种习惯和城市文化常识，成为深圳城市气质的内容，这些内容就可不必重复阐述。因此，这套丛书更注重的是目前行业一线的创新探索，或者过去未被发现、未充分发掘但有价值的创新实践。

其次，专注于前沿探讨。丛书的选题应当来自改革实践最前沿，不是纯粹的学理探讨。作者并不限于从事社科理论研究的专家学者，还包括各行业、各领域的实际工作者。撰文要求以事实为基础，以改革创新成果为主要内容，以平实说理为叙述风格。丛书的视野甚至还包括为改革创新做出了重要贡献的一些个人，集中展示和汇集他们对于前沿探索的思想创新和理念创新成果。

最后，着眼于解决问题。这套丛书虽然以实践为基础，但应当注重经验的总结和理论的提炼。入选的书稿要有基本的学术要求和深入的理论思考，而非一般性的工作总结、经验汇编和材料汇集。学术研究须强调问题意识。这套丛书的选择要求针对当前面临的较为急迫的现实问题，着眼于那些来自于经济社会发展第一线的群众关心关注或深入贯彻落实科学发展观的瓶颈问题的有效解决。

事实上，古今中外有不少来源于实践的著作，为后世提供着持久的思想能量。撰著《旧时代与大革命》的法国思想家托克维尔，正是基于其深入考察美国的民主制度的实践之后，写成名著《论美国的民主》，这可视为从实践到学术的一个范例。托克维尔不是美国民主制度设计的参与者，而是旁观者，但就是这样一位旁观者，为西方政治思想留下了一份经典文献。马克思的《法兰西内战》，也是一部来源于革命实践的作品，它基于巴黎公社革命的经验，既是那个时代的见证，也是马克思主义的重要文献。这些经典著作都是我们总结和提升实践经验的可资参照的榜样。

那些关注实践的大时代的大著作，至少可以给我们这样的启示：哪怕面对的是具体的问题，也不妨拥有大视野，从具体而微的实践探索中展现宏阔远大的社会背景，并形成进一步推进实践发展的真知灼见。《深圳改革创新丛书》虽然主要还是探讨本市的政治、经济、社会、文化、生态文明建设和党的建设各个方面的实际问题，但其所体现的创新性、先进性与理论性，也能够充分反映深圳的主流价值观和城市文化精神，从而促进形成一种创新的时代气质。

序 一

蒋溪林*

党的十八届三中全会做出的《关于全面深化改革若干重大问题的决定》提出"完善和发展中国特色社会主义制度，推进国家治理体系和治理能力现代化"，现代治理体系和治理能力成为我们治国理政的一项重要指标。

回首深圳市福田区这些年来的人民调解工作，是一个探索社会基层建设，化解基层社会矛盾的过程，也是对国家治理体系和治理能力中的基层社会治理体系和治理能力的积极探索。为适应新的社会发展趋势，早在2007年，福田区委、区政府就将社会专业组织和专业力量参与的大调解体系建设列入工作重点。2008年3月，福田区委下发了《构建社会矛盾纠纷大调解体系实施方案》，确定了组织架构、工作制度、运行机制和保障体系，决定成立区调解工作指导委员会及办公室，推进全区的人民调解的创新和发展工作。几年来，在上级有关部门的支持和指导下，福田区司法行政部门和全体从事人民调解的工作人员一起，敢于创新，勇于作为，克服了重重困难，利用辖区法律服务资源丰富的优势，通过政府指导、社会参与的形式，通过向律师事务所购买法律服务，实现了社会管理模式的创新。通过专业律师介入化解社会矛盾，提高了调解效率，促进了社会和谐建设，实现了以较低的政府行政资源和社会管理成本，获得较大的社会治理和社会服务效益。福田的人民调解活动实现了"为政府解忧、为公安减压、为法院减负、为群众解难"的良好态势，从福田

---

* 蒋溪林，深圳市司法局局长。

开展的情况看，人民调解已经从过去的辅助地位转变为独立地位，能够与传统解决纠纷方式并重，相互补充，在化解民间纠纷方面发挥着越来越重要的作用。

正是因为丰富的实践成果和现实效益，2012年9月，国家司法部组织了来自最高人民法院、最高人民检察院、司法部、中国人民大学的专家和学者对人民调解"福田模式"进行成果鉴定，对人民调解的学术价值、理论价值、实践价值和方法论价值等方面给予了充分的肯定。有关人民调解"福田模式"研究，被正式批准立项为国家社会科学基金资助项目。人民调解的"福田模式"的理论和实践探索被评为"深圳2013年度十大政法创新"项目之一，2016年又被评为"首届深圳十大优秀法学研究成果"之一。

党的十八届四中全会做出的《关于全面推进依法治国若干重大问题的决定》提出要健全社会矛盾纠纷预防化解机制，要"加强行业性、专业性人民调解组织建设"，完善人民调解工作体系。可以说，福田区司法行政部门已经在行业性、专业性人民调解组织建设，完善人民调解工作体系等方面进行了有益的探索，为深圳以至于全国的人民调解工作提供了可供研究和考察的一个范式和研究基地。

为深入贯彻落实党的十八届三中、四中全会精神，总结人民调解在福田的经验和过程，福田区从事人民调解的专业人员经过对近些年大量的人民调解工作案例以及大量相关材料进行学习研究，从基层社会治理体系和治理能力的现代化角度，对人民调解"福田模式"进行了系统的分析，力求从现实出发，提升提炼理论的高度，为基层社会治理体系和治理能力的现代化提供参考和借鉴。

人民调解"福田模式"是深圳市福田区从2007年以来，至今唯一获得国家级哲学社会科学科研成果鉴定的项目，为全区全市增光添彩，影响深远，意义重大。人民调解"福田模式"主要拓荒者，福田区司法局前局长谷廷兰以及前局长揭德才、副局长罗展大胆开拓创新，充分利用现有资源，创立了人民调解"福田模式"。福田区司法局局长胡星宏、副局长罗展等领导继承和发扬了人民调解"福田模式"，在前任的基础上进一步创新升级，将人民调解"福田模式"发扬光大。

福田区司法局与西北政法大学合作，共同归纳总结人民调解"福田模式"，让人民调解"福田模式"能够从区级项目升级到国家级项目，现在回过头看，当年福田区司法局长和西北政法大学校长眼光独到，具有前瞻性。对此，项目组的各位老师也付出了巨大的辛劳，取得了良好的绩效。

　　我们相信，植根于深圳改革开放的生动的社会实践的人民调解"福田模式"，在新的历史条件下，在全社会的关心和支持下，这一颇具中国特色和深圳经济特区特色的实践之树，一定会开出更加绚丽多彩的花朵。

2016 年 6 月 22 日

序 二

胡星宏[*]

为认真贯彻落实党的十八大、十八届三中全会、四中全会的有关精神，为基层社会的法治治理提供实践案例，在福田区委、区政府和深圳市司法局负责同志的支持和指导下，福田区司法局组织有关专家学者就人民调解"福田模式"的历史过程进行了认真的梳理，对几年来人民调解"福田模式"的运作情况进行了分析，将其中的过程还原出来，让我们看到当年福田区委、区政府的决策过程和福田司法行政部门艰辛的探索过程。

本书总结了人民调解"福田模式"生动丰富的经验，也发现了运作过程中的一些短板以及可以进一步提升和改进的方方面面。总体而言，我们认为这九年人民调解"福田模式"的运作，是人民调解走向专业化、行业化和职业化的有益的探索。人民调解"福田模式"具有很强的现实生命力，在基层社会的治理中发挥了难以替代的作用，将其中的过程和现实情况进行归纳和整理，对我们进一步做好人民调解工作具有较强的现实意义。

本书在策划构思过程中得到广东省司法厅、深圳市中级人民法院、深圳市公安局、深圳市司法局、深圳市人口和卫生局、中国保监会深圳监管局、深圳市律师协会、罗湖福田区司法局、南山区司法局以及深圳各区的街道司法所、各人民调解委员会、深圳市律师协会福田区工作委员会的支持和帮助。特别需要指出的是，本书的编辑出版得到人民调解"福田模式"的主要拓荒者，福田区司法局

---

[*] 胡星宏，福田区司法局局长。

原局长谷延兰同志，以及福田区司法局前局长揭德才同志的大力支持和热情帮助，他们提出了许多建设性的意见，使我们受益匪浅。还需要特别指出的是，本书在策划构思过程中还得到资深律师，一直参与人民调解"福田模式"各项工作的广东百利孚律师事务所主任冯江律师的大力支持，冯江律师多年来关注和深耕人民调解"福田模式"，在人民调解"福田模式"的理论研究和实际操作方面都做出了重要的贡献，冯江律师及其团队孟淑玲、赖晓敏、韩慧静、孙明婵、蔡梦芳、李娟、倪芳、李琼英、袁清、许露、戴丽芩、张雨梅、黄思霖、古鉴璇、方国太、洪加静等人承担了本书总体构思设计、资料搜集整理、文字撰写、修订审校等工作。在此，对冯江律师及其团队表示衷心感谢！

西北政法大学组织项目组撰写了《人民调解的"福田模式"研究》一书，我局组织冯江律师及其团队撰写了本书《现代社会治理体系的有效探索——人民调解"福田模式"研究》，这两本书都是对人民调解"福田模式"的归纳总结，两本书各具特色，互补性强，相得益彰。

人民调解"福田模式"是产生于深圳改革开放的伟大实践的一棵改革的小树苗，让我们继续努力，共同培植好这株树苗，让它健康生长，福泽大地。

2016 年 6 月 22 日

前　言

孟漫[*]

当前，社会矛盾纠纷进入易发、多发期，矛盾纠纷呈现多元化、复杂化和突发性特点。我国解决社会基层纠纷的传统渠道包括政府信访办、公安派出所、街道司法所、人民调解委员会、人民法院、人民检察院、交警大队、各仲裁机构、各消费者委员会等，由于各个职能机构受案范围限制，管辖冲突，处理纠纷专业人员力量不足，基层纠纷解决渠道狭窄不畅，社会矛盾不断累积，导致当事人上访，干扰政府正常工作，甚至发生群体性事件，影响社会稳定，成为一个亟待解决的突出问题。

长期工作实践证明，人民调解是一个很好的"替代性纠纷解决方式"。"替代性纠纷解决方式"起源于美国，1998年，美国国会制定了《替代性纠纷解决法》，并授权联邦地区法院制定具体规则，推动了"替代性纠纷解决方式"制度的建立与应用。

人民调解制度是我国的一项基本民事法律制度。人民调解是诉讼程序之外化解矛盾、消除纷争、促进和谐的重要手段，在我国社会矛盾纠纷调解工作体系中具有基础性作用。基层社会矛盾纠纷关系到千家万户，涉及人民群众的切身利益，解决好基层矛盾纠纷意义重大。

在新的历史条件下，改变以往"政府包办"的思路，由人民群众依据法律、道德和公序良俗，用民间调解这种平和、简便、互惠、双赢的方式自主解决纠纷，把纠纷解决在基层，化解在萌芽状态，

---

[*] 孟漫，福田区人民政府副区长。

最大限度地降低纠纷解决的社会成本。

2011年1月1日起施行的《中华人民共和国人民调解法》第二条规定："本法所称人民调解，是指人民调解委员会通过说服、疏导等方法，促使当事人在平等协商基础上自愿达成调解协议，解决民间纠纷的活动。"2011年5月4日，中央社会治安综合治理委员会、最高人民法院、最高人民检察院、国务院法制办公室、公安部等16家单位印发《关于深入推进矛盾纠纷大调解工作的指导意见》，进一步确立了大调解的工作机制。

深圳市各级政府在构建和谐社会、平安深圳的过程中，紧紧依靠人民调解化解矛盾纠纷这一重要抓手，利用各自辖区丰富的专业人才资源，采取招投标购买法律服务的方式，引进法律专业人员担任人民调解员，派往基层全天候为群众提供调解服务，化解矛盾纠纷。这是政府社会公共服务的创新举措。

从2007年开始，大调解体系建设就被列入福田区委、区政府工作重点。2008年3月，福田区委又下发了《构建社会矛盾纠纷大调解体系实施方案》，确定了组织架构、工作制度、运行机制和保障体系，决定成立区调解工作指导委员会及办公室。推动人民调解、行政调解和司法调解有机衔接。福田区司法局于2008年下半年开始，采取招投标购买法律服务的方式，引进法律专业人员担任人民调解员，先后在福田辖区各派出所、交警队、医院、法院、劳动局等单位设立了23个人民调解室，派驻具有律师资格人员担任人民调解员，受理和化解了大量民间纠纷。

福田区司法局在总结经验的基础上编辑出版了《道路交通事故损害赔偿纠纷人民调解工作规范指南》《深圳市福田区人民调解典型案例评析》《驻派出所人民调解室工作规范指南》等人民调解系列丛书。

人民调解"福田模式"作为基层社会管理创新成果已经通过了国家司法部创新成果项目评审，"人民调解的福田模式研究"被正式批准立项为国家社会科学基金资助项目，人民调解"福田模式"及其推广工作被评为"深圳2013年度十大政法创新"项目之一，2016年又被评为"首届深圳十大优秀法学研究成果"之一。现在，人民调解

"福田模式"已经走出福田，成为遍地开花的"深圳经验"。

从2013年下半年开始，在深圳市委与政法委大力主导下，由市司法局牵头落实，人民调解"福田模式"迅速在全市推广。全市新增投入人民调解工作经费5800万元，新建成人民调解室76个，新增加专、兼职人民调解员664人，加上对原有的人民调解室按照"福田模式"标准进行"转型升级"，实现了人民调解"福田模式"对全市法院（庭）、公安派出所、交警大（中）队、大型公立医院和劳动、信访、综治维稳中心等矛盾纠纷较为集中的单位或部门的全面覆盖。

在"福田模式"下，人民调解"为政府解忧、为公安减压、为法院减负、为群众解难"的优势作用得到了更好发挥，成为基层化解民间矛盾纠纷的主要力量，构筑起一道维护社会和谐稳定的坚实防线。人民调解作为化解民间纠纷的有效救济途径已经从过去的辅助地位转变为独立地位，能够与传统解决纠纷方式并重，相互补充，在化解民间纠纷方面发挥越来越重要的作用。

党的十八届四中全会通过的《中共中央关于全面推进依法治国若干重大问题的决定》指出："推进覆盖城乡居民的公共法律服务体系建设，加强民生领域法律服务。"党的十八届四中全会为人民调解"福田模式"的推广和后续创新，创造了良好机遇、环境与挑战。

本书由福田区司法局领导胡星宏、罗展提出撰写要求和构思，组织撰写团队，部署撰写工作。从开始策划、搜集材料、撰写提纲到审查修改等工作历时一年多，全书分为九章。

提供原始素材的单位：深圳市各区司法局、各相关街道司法所、各相关街道人民调解委员会、广东百利孚律师事务所等。福田区司法局基层科组织编审，广东百利孚律师事务所冯江主任律师团队承担了本书构思设计、资料搜集整理、文字撰写、修订审校等工作。

本书可供党、政领导机关、各级基层机关、人民法院、人民检察院、公安机关、街道办事处、镇、村、社区、基层单位、人民调解委员会、律师事务所、人民调解员、法律工作者等参考，也可供大专院校、科研机构、有兴趣的读者学习和参考。

西方有一句谚语，没有任何一个民族可以一旦弃尽其文化传统而重新开始。我国多元纠纷解决机制之一——人民调解"福田模式"的成果亦是我国对传统文化的理性思考与回归。正如禅家的山水境界，初看时，山是山，水是水；再看时，山非山，水非水；最终看时，山还是山，水还是水，只是此山已非彼山，此水亦非彼水。

2016 年 6 月 22 日

目 录

第一章 概论 （1）
 第一节 人民调解制度概述 （1）
 第二节 "替代性纠纷解决方式"与人民调解制度 （15）
 第三节 "软法""硬法"与人民调解制度 （29）

第二章 人民调解"福田模式"的特色 （35）
 第一节 人民调解"福田模式"的创立历程 （35）
 第二节 人民调解"福田模式"的内容 （39）
 第三节 人民调解"福田模式"的特色 （44）
 第四节 "福田模式"推广的绩效 （49）

第三章 人民调解"福田模式"惠及基层民生的基本做法 （54）
 第一节 驻公安派出所人民调解室 （54）
 第二节 驻交警大队人民调解室 （58）
 第三节 人民调解"福田模式"惠及民生的其他领域 （61）

第四章 人民调解"福田模式"的规范化、制度化和常态化 （68）
 第一节 政府制定发布的人民调解工作规范化系列文件 （68）
 第二节 人民调解工作规章制度 （71）
 第三节 人民调解工作规范化系列丛书 （74）
 第四节 规范化、常态化工作监督考核 （77）

第五章 人民调解"福田模式"与行政、司法、信访的衔接 (81)
- 第一节 人民调解"福田模式"与行政调解的衔接 (81)
- 第二节 "福田模式"与司法调解、确认的衔接 (84)
- 第三节 人民调解与信访工作衔接 (85)
- 第四节 人民调解程序与民事诉讼程序衔接 (86)
- 第五节 人民调解程序与刑事诉讼程序衔接 (88)

第六章 新常态下人民调解"福田模式"的机遇与挑战 (94)
- 第一节 新常态下人民调解"福田模式"的机遇与挑战 (94)
- 第二节 政府提供基本公共法律服务及经费保障 (100)
- 第三节 人民调解"福田模式"的后续创新实践 (106)
- 第四节 福田区司法局其他创新服务做法 (123)

第七章 调解的方法和技巧 (127)
- 第一节 我国内地常见的调解方法和技巧 (127)
- 第二节 香港常见的调解方法和技巧 (132)
- 第三节 美国常见的调解方法和技巧 (134)

第八章 人民调解"福田模式"的第三方评价 (136)
- 第一节 人民调解"福田模式"的历史地位和作用评价 (136)
- 第二节 人民调解"福田模式"的可复制性、局限性 (146)
- 第三节 对于创建福田区公共法律服务中心的初步评价 (147)

第九章 附录篇 (154)
- 第一节 各级领导调研人民调解"福田模式"照片 (154)
- 第二节 国家哲学社会科学成果鉴定材料 (155)
- 第三节 深圳市司法行政系统开展宣传推广人民调解"福田模式"的活动 (159)
- 第四节 人民调解"福田模式"相关图表 (163)
- 第五节 人民调解"福田模式"典型案例评析 (193)

第六节 人民调解"福田模式"常用法律法规规章及规范性
文件目录选编 ……………………………………（248）

参考文献 ………………………………………………（261）

后　记 …………………………………………………（263）

第一章

概 论

第一节 人民调解制度概述

一 人民调解制度发展历程

(一) 中华民族的优良传统文化是我国人民调解制度的渊源

在中华民族几千年的历史长河中,"调解"作为纠纷解决的一种方式,是由我国古代封建社会由基层小吏的乡老、里正或家族、亲族主管调解辖区内的民事案件和轻微刑事案件发展起来的,有着深厚的文化渊源,并得到延续不断的运用和发展。中国文化自古就有讲协调、平衡、中庸、合一,排斥对立、差异的传统。这种传统思维在国人的大脑中沉淀至今,使人遇到纠纷或争端,自然而然甚至条件反射地寻求调和。古代民间调解最早可追溯至西周,西周时期的铜器铭文中已有对"调处"的记载。"调处"处理的案件范围相当广泛,诸如户婚、田土、钱债、斗殴等民事纠纷或轻微的刑事案件都在可"调处"之列。在西周的官制中,已设有"司万民之难而和谐之"的专门负责调解事务的调人之职。汉代以后,在县以下的乡、亭、里设有啬夫,负有调私之责,出现纠纷首先由家族或乡一级调处,乡设有长老、里胥一类小官专门负责教化,负责调解民事纠纷和轻微的刑事纠纷,调解不成再到县衙起诉。

"无讼"是儒家的理想境界。儒家创始人孔子说:"听讼,吾犹人也,必也使无讼乎。"儒家所追求的是一个没有纷争的和谐的社会,而这种追求成为几千年来中国传统文化的特征,而"无讼"则一直是中国古代政治追求的目标。中国人至今渴求尧舜之世,其实这是一个无讼的世界。调解是实现息讼、无讼的一种途径，当人们在调解与"法"（刑）之间面临选择时，人们会更倾向于选择调解。中国文化自古就有讲协调、平衡、中庸、合一的传统，中国的儒家和墨家，都把"爱人"作为自己的重要原则，要求做到"爱人若爱其身"，"己所不欲，勿施于人"，即要互相谦让，不要争斗。在人际关系中崇尚"礼之用，让为贤、和为贵"的处世哲学。中国人历来有厌诉意识，"对证公堂为君子所不耻"。同时，人们还保留着传统的"家丑不可外扬"心理，使大量的民间纠纷通过包括家族族长的定夺、亲戚朋友的说和解决。这是调解制度之所以长久流传的深厚历史积淀。

古代调解制度在各朝代都有不同程度的发展，从先秦到明清，调解制度始终在处理社会纠纷中发挥重要作用，古文献中对调解有不同的提法，比如"劝释""私休""调停""排难解纷"等，因此，不仅积累了丰富的经验，而且形成了一整套制度，是世界法制史上的中国特色。

中华民族的祖先把原始氏族首领解决内部纷争的调解方式带进了文明时代，经过几千年的发展演变，民间调解形式有"乡治调解""宗族调解"和"邻里亲朋调解"三种方式，这些民间调解方式有利于生产力的发展和种族延续，有着深厚历史积淀和文化渊源，长盛不衰，成为中华民族的优良传统之一。

调解的顽强生命力还来源于它特有的社会原因。在传统文化影响下，国人历来诉讼意识淡漠，遇到权益纠纷，首先想到找人调停，很少想到去法院诉讼。其次，传统的"家丑不可外扬"心理，使人民调解得以盛行。如果诉讼法庭，对簿公堂，则被认为把家丑外扬了，法官的介入被认为是外人介入矛盾，无论是当事人还是家庭、家族成员，往往难以接受。即便现在人们在生活中遇到矛盾、发生纠纷，也习惯于自行解决，或通过单位领导做工作，或通过人民调解员调停，协商解决，不愿诉诸法庭。基于当事人考虑到家事隐私不宜为外人所知、耻于争讼，遂形成了长期以来的中国的调解文化。

人民调解是中国历史上优良传统文化的继承与发展，主要渊源于崇尚和睦团结与排患解难的民间调解。同时，调解在我国有着深厚的文化基础。源远流长的中华民族，有着追求至中、和谐社会结构和社会关系的文化意识。对纠纷的处理更愿意不伤和气又解决问题，在相对的平和中将矛盾妥善化解，审判机关的判决并非是最理想的选择。人民调解顺应了这种民族的文化意识，它以说服的方式促使矛盾冲突的双方在争取或保护自己权利方面相互妥协，达成共识。但是，这种妥协不是无原则的，而是在公正、平等前提下达成的互谅互让。这种互谅互让使纠纷双方在矛盾化解的同时也恢复、重建了和谐的人际关系。

（二）新中国成立后我国现代的人民调解制度得到长足发展

我国现代的人民调解制度萌芽于1921年中国土地革命战争时期，在共产党领导下的反对封建土地制度的农会组织中设立调解组织，调解农民之间的纠纷，逐步发展起来。抗日战争时期，陕甘宁边区、山东抗日民主根据地、晋察冀边区、苏中区等地乡村都设有调解组织，称为"人民调解委员会"，以示翻身农民当家作主，这个名称沿用至今。抗日民主政府和解放区的人民政府，分别颁布了调解的地方法规。尤其在新中国成立之后，1953年第二届全国司法工作会议决定在全国区、乡党委和基层政权组织内建立健全人民调解组织。1954年，在借鉴传统调解文化并对之进行一定的改造基础上，建立了人民调解制度，人民调解制度不是一般意义上的民间调解活动，而是有独特法律内涵、性质和组织体系的社会制度模式。我国的相关法律对人民调解制度均做了具体规定。政务院颁布了《人民调解委员会暂行组织通则》，1989年5月，国务院通过了《人民调解委员会组织条例》，对人民调解委员会的法律性质及其组织体系、运作规则等做了详细的规定。其中第二条规定："人民调解委员会是村民委员会和居民委员会下设的调解民间纠纷的群众性组织，在基层人民政府和基层人民法院指导下进行工作。"2011年，全国人大通过了《中华人民共和国人民调解法》，从法律上确立了人民调解的地位。近年来还成立了乡镇、街道人民调解委员会，一些县市成立矛盾调解中心（也有的称疑难矛盾纠纷调解中心等）。它是依据《中华人民共和国宪法》《中华人民共和国民事诉讼法》《中华人民共和国人民调解法》规定调解民间纠纷的法定组织。如我国《中华人民共和国宪法》第一百一十一条规定，在"居民委员会"或"村民委员会"这些"基层群众自治组织"中，要设包括"人民调解"在内的委员会。以"调解民间纠纷，协助维护社会治安"。司法部2002年9月11日颁布的《人民调解工作若干规定》（以下简称《规定》）第二条规定："人民调解委员会是调解民间纠纷的群众性组织。人民调解员是经群众选举或者接受聘任，在人民调解委员会领导下，从事人民调解工作的人员。"新中国的人民调解制度，既具有群众性、自治性、民间性等特性，又同基层政权保持着密切联系，是基层社会治理系统中的一个重要环节。作为一项具有中国特色的纠纷解决制度，人民调解具有扎根基层、贴近群众、便民利民，以及不伤感情、不收费用等特点和优势，被称为化解矛盾纠纷、维护社会稳定的"第一道防线"，也享有纠纷解决的"东方经验"的美誉。

截至2000年年底，我国已建立人民调解委员会963万个，共有调解人员844万人。在2000年度，共调解各类民间纠纷502万件，调解成功476万件，成功率为94.8%；防止因民间纠纷引起的自杀27万件，涉及36万人；防止可能由民间纠纷转化的刑事案件57万件，涉及137万人。可想而知，如果不是人民调解制度在发挥作用，这些民间纠纷都涌入法院，法院将面临不能承受之重负。我国民事纠纷调解与法院处理的比例大约是12∶1。2014年9月我国新建立了行业性、专业性人民调解组织3万多个，人民调解员近13万人，共计化解行业、专业领域矛盾纠纷300多万件，为维护社会和谐稳定做出了积极贡献。

(三) 我国社会转型期的人民调解制度价值转变

在新的历史条件下，由于体制改革不断深化，社会变迁，中国社会面临的转型期特征，使得社会利益关系更为复杂，各种社会矛盾增多在所难免。社会中的利益格局、利益主体不断朝多元化方向发展，社会道德价值观也出现了多元化趋势。改革开放前，主流道德一统天下的局面，逐步发生了转变。人们的价值选择日趋多样化。同时，权利、自主、选择、竞争等，逐步成为开放社会中的基本价值要素。改革开放激发了经济的活力与社会的繁荣，推动了民主与法治的进步，同时，也增加了社会中各种冲突与纠纷发生的概率。导致我国的民间纠纷，出现了一些新的特点与趋向：纠纷主体的多元化、纠纷内容的扩大化、纠纷诉求的多样化、纠纷表现形式的复杂化。国外学者的研究表明，一国人均国内生产总值从1000美元向3000美元迈进的时期，往往也是社会中不稳定因素增加、社会矛盾多发的时期，不少国家的发展历史证明了这一论断。我国目前正处于"发展机遇期"与"矛盾凸显期"这样的特殊时期，因此，更加需要社会转型期的多元化纠纷解决机制发挥作用。

党的十八届四中全会提出依法治国方针，在去行政化指引下，国家政治与市民社会适度分离的趋向初露端倪，个人自由和社会自主的范围不断拓展，政府逐渐退出对公民日常生活的直接干预，其对社会的控制，更趋向宏观层面。为此，人民调解的发展壮大获得良好机遇，我国正在建构一个多元化的纠纷解决机制，我国人民调解组织的形式不断丰富，还出现了一些区域性、行业性的人民调解委员会，包括在流动人口聚居区、消费者协会、集贸市场、经济开发区、物业管理小区、房地产开发区等建立的人民调解组织。一些企事业单位根据需要，也设立了人民调解委员会。

在社会的变迁、社会转型的背景下，研究我国人民调解制度如何抓住机遇，应对挑战，提出在新常态下完善人民调解制度的建议，以推进社会治安综合治理，保障社会稳定和健康发展。通过人民调解制度创新实现自身的转型与发展，是时代赋予我们的一个重要课题。我国学术界已经开始关注这一课题。有学者认为，我国的人民调解制度，应当在借鉴全球其他国家调解制度的基础上，实现以下几个方面的转型：一是由国家调解转向社会调解，实现人民调解的真正自治。人民调解应当适度去行政化，应朝着高度社会化和完全自治的方向发展。在具体的路径上，可以采取政府购买服务和完善"替代性纠纷解决方式"（Alternative Dispute Resolution，以下简称"ADR"）等多种形式。二是由粗放调解转向规范调解。在借鉴已有人民调解经验的基础上，完善人民调解制度，包括调解原则、调解范围、调解人员的资格及行为准则、调解程序和调解规则等。三是由精英调解转向职业化调解。促进调解主体的多元化发展，建立以仲裁调解、律师调解为主体的民商事调解组织，以既有村民委员会、居民委员会为主体的社区调解组织；以退休法官和其他法律职业人员为主体的司法附设调解组织等，逐步建立和完善全方位、全覆盖的区域性、行业性、专业性的人民调解委员会。

二 人民调解制度概念

人民调解制度是指在人民调解委员会主持下，以国家的法律、法规、规章、政策和社会公德为依据，对民间纠纷当事人进行说服教育、规劝疏导，促使纠纷各方当事人平等协商，自愿达成协议，消除纷争的一种群众自治活动。《中华人民共和国人民调解法》第2条规定："本法所称人民调解，是指人民调解委员会通过说服、疏导等方法，促使当事人在平等协商基础上自愿达成调解协议，解决民间纠纷的活动。"

人民调解属于民间调解，是一种化解矛盾、消除纷争的非诉讼纠纷解决方式，它与行政调解、司法调解在诸多方面有显著的区别。法学界一致认为人民调解具有民间性、群众性、自治性的特征。《中华人民共和国人民调解法》通过后，司法部有关负责人介绍该法的七大亮点之一是坚持和巩固人民调解的群众性、民间性、自治性的性质和特征。由于人民调解协议司法确认制度得到了立法的肯定，越来越多的学者认为，人民调解具有准司法性或司法性，或称司法辅助性、群众司法性。

《中华人民共和国宪法》《中华人民共和国民事诉讼法》《中华人民共和国人民调解法》等法律、法规对人民调解工作都做出了明确的规定。而且，我国现行的人民调解制度，是在党的领导下，继承和发扬我国民间调解的历史传统，经历了我国新民主主义革命、社会主义革命与建设的实践，不断完善和发展起来的一项具有中国特色的纠纷解决制度，核心强调的是一种合意的纠纷解决方式，在维护社会稳定、实现群众自治中做出了突出的贡献，在国际上享有"东方经验"的美誉。

三 人民调解制度的特征

（一）人民性

人民调解是在社会主义国家人民民主专政的条件下产生并发展起来的；人民调解员由经人民群众选举或接受聘任，并具有一定政策法律知识的人担任；调解的民间纠纷是人民内部矛盾；调解的依据是国家的法律、法规、政策和社会公德；调解的目的是平息人民群众之间的纷争，增强人民内部团结，维护社会稳定，实现群众自治。通过人民调解的方式处理人民内部的问题，以达到构建和谐社会的目的。

（二）民主性

人民调解通过人民群众自我教育、自我管理、自我服务，化解自己内部的矛盾纠纷，是社会主义国家人民当家作主、行使管理社会事务民主权利的重要体现。人民调解坚持平等自愿的原则，不强行调解。人民调解运用说服教育、耐心疏导、民主讨论和协商的方法，在查明事实，分清是非的基础上，依法帮助当事人达成调解协议。

（三）自治性

人民调解坚持合法合理原则和不限制当事人诉讼权利原则。它主要体现在三个方面：一是当事人可以自主选择调解方式，能否启动调解程序，首先要看双方当事人的意思，若双方都自愿通过人民调解的方式化解争端，方可启动调解程序，且启动调解程序依当事人申请，一般不能依职权主动介入。二是调解过程自治、双方自愿对己方的权利进行取舍，对对方的义务进行减免，自由行使处分权，调解员不能在这个过程中强迫当事人做出其不自愿的取舍。三是调解协议履行自治，人民调解委员会无权强迫任何一方当事人接受调解或履行义务，更无权对当事人的人身或财产采取强制性措施。根据有关法律、法规的规定，对于人民调解协议，当事人应当履行，但如果一方当事人反悔，则允许另一方当事人向人民法院提起诉讼。人民调解协议没有强制执行的效力，这都体现了人民调解的自治性。

（四）准司法性

虽然人民调解委员会是基层群众性自治组织，但它不是自发的，而是根据国家宪法、法律法规规定依法设立的，人民调解制度下的人民调解委员会具有法定的组织体系和职能权限。比如《人民调解委员会组织条例》第三条、《人民调解工作若干规定》第二章第十至十九条，详细规定了人民调解委员会设立和人民调解员的条件；《人民调解委员会组织条例》第八至十条规定了人民调解委员会的职能权限。而且，人民调解制度下的人民调解委员会有其特定的工作任务范围、原则、程序和纪律。人民调解委员会在法律规定的范围内调解民间纠纷，不得超越其职权范围。人民调解以事实为根据，以法律为准绳，判明是非，明晰权利义务，帮助当事人达成调解协议，并且接受司法行政部门和人民法院的指导与监督。另外，人民调解协议具有特定的法律效力。根据《人民调解工作若干规定》第五条、最高人民法院《关于审理涉及人民调解协议的民事案件的若干规定》（法释〔2002〕129号）第一条规定，经人民调解委员会调解达成的、有民事权利义务内容，并由双方当事人签字或者盖章的调解协议，具有民事合同性质。当事人应当按照约定履行自己的义务，不得擅自变更或者解除调解协议。可见，与一般民事调解不同的是，人民调解是具有法定组织、程序和纪律等规定的我国重要的准司法组织性质。

（五）广泛性

人民调解制度是一种制度化和专门化的纠纷调解机制，在解决民事纠纷中具有方便、高效、成本低的特点，因而有着广泛的可适用性。人民调解委员会在调解过程中，首先要以当事人双方的自愿和便利为原则。在帮助当事人辨是非、分责任、相互体谅和让步的基础上，应当促成当事人统一认识并尽可能达成协议。对于比较轻微的民事纠纷，如吵架、家务纠纷等，也可由当事人达成口头协议。而对于比较复杂的和需要当事人承担一定义务的纠纷，如交通事故赔偿、医疗纠纷、劳资纠纷等，在当事人双方达成调解协议后，一般制作调解书。很多纠纷可以当天申请调解，当天安排调解员解决纠纷，当天制作形成调解书，其便捷、高效的运行模式使得更多人自愿选择人民调解这一纠纷解决方式；再者，政府部门对于这种方式的大力支持，在很多基层部门和街道、居委会和村委会都设立人民调解委员会，所以，其具备了广泛性。

四　人民调解制度的地位和意义

（一）地位

人民调解工作以其简便、快捷的手段，在调解民间纠纷、防止社会矛盾激化、维护城乡社会稳定中，发挥了独特的作用。随着时代的发展，人民调解的内涵进一步丰富和延伸。紧紧围绕改革、发展、稳定大局，坚持"调防结合，以防为主，多种手段，协同作战"的工作方针，积极推进人民调解制度改革，充分发挥其在理顺情绪、化解纠纷、维护稳定、保障和促进社会主义物质文明和精神文明建设健康发展方面的作用，无可争辩地成为新时期人民调解工作的根本任务，这就决定了人民调解工作在新时期具有不可替代的重要地位。

人民调解制度和民事诉讼制度、仲裁制度一样，是我国民事程序法律制度系统的重要组成部分，在化解民间纠纷中，发挥着重要的作用。《中华人民共和国宪法》《中华人民共和国人民调解法》《中华人民共和国民事诉讼法》《中华人民共和国村民委员会组织法》《中华人民共和国居民委员会组织法》《中华人民共和国继承法》《中华人民共和国婚姻法》《中华人民共和国人民调解法》等法律法规，对人民调解均有明确规定，使其享有较高的法律地位，成为独具中国特色的社会主义民主法律制度组成部分。

《中华人民共和国宪法》第一百一十一条第二款规定："居民委员会、村民委员会设人民调解、治安保卫、公共卫生等委员会，办理本居住地区的公共事务和公益事业，调解民间纠纷，协助维护社会治安，并且向人民政府反映群众的意见、要求和提出建议。"这就从宪法上确立了人民调解的法律地位。《中华人民共和国人民调解法》第七条规定："人民调解委员会是依法设立的调解民间纠纷的群众性组织。"第八条规定："村民委员会、居民委员会设立人民调解委员会。企业事业单位根据需要设立人民调解委员会。"《人民调解委员会组织条例》第六条规定:"人民调解委员会的调解工作应当遵循以下原则:(一)依据法律、法规、规章和政策进行调解,法律、法规、规章和政策没有明确规定的,依据社会公德进行调解;(二)在双方当事人自愿平等的基础上进行调解;(三)尊重当事人的诉讼权利,不得因未经调解或者调解不成而阻止当事人向人民法院起诉。"

人民调解工作法律地位的确立,使人民调解工作有法可依,增强了人民调解的权威性、严肃性和可信性,在某种程度上,保证了调解协议的顺利履行。做到有法可依,有法必依。

(二)意义

我国的人民调解制度,是我国特有的一种民间纠纷解决制度,与传统的纠纷解决制度(如公、检、法等)相比较,其最大意义在于,它扎根于基层社会,贴近人民群众日常生活,能够及时发现社会矛盾,把矛盾解决在萌芽状态,解决在基层社会之中,使社会矛盾纠纷得以低成本的高效率的化解,避免了纠纷激化,维护了社会和谐稳定。

人民调解在新中国成立初期曾焕发出勃勃生机,尤其在乡村民间纠纷的化解、维护基层稳定等方面起到过不可低估的"排忧息讼"作用。今天,在新常态下,人民调解仍然历久弥新,在及时解决民间纠纷和轻微的刑事纠纷,防止矛盾激化,减少犯罪,挽救失足青少年,促进社会和谐,保障人民安居乐业等方面做出了不可磨灭的贡献。

人民调解工作对维护社会和谐稳定起着巨大作用,它能减轻人民负担,减少群众诉讼,进而减少司法成本,有效促进社会主义物质文明和精神文明建设,为构建富强、文明、民主、和谐的社会不断努力。

五 人民调解的功能

(一)法律功能

人民调解制度是一项法律制度,具备了法律制度的功能,人民调解的法律功能主要包括民间纠纷解决、补充诉讼途径、减少犯罪量以及法治教育等。民间纠纷解决是人民调解制度最重要的功能,我国大量的民间纠纷都是通过人民调解的方式得以解决的。不管是琐碎的民间纠纷还是复杂的纠纷都不是小事，因为其涉及的是老百姓的切身利益，如果没有及时解决问题或处理不当，再细小的纠纷都有可能进一步激化，从而引发为严重的恶性事件。因此，人民调解解决方式由于其温和性，更容易为老百姓所接受，历来被寄予厚望。人民调解与诉讼程序不同，在诉讼中双方往往采取对抗的方式，极易产生对立的情绪，特别是败诉方在自己的利益受到损失的情况下，有可能会采取非常规的手段甚至不惜通过犯罪行为来达到心理的平衡。人民调解则能通过对当事人内心的说服感化，有利于当事人理解、接受调解结果，从而达到预防犯罪、降低犯罪率之功效。另外，司法资源的供给永远是有限的。人民调解能有效弥补诉讼途径成本高、时间长、程序复杂的缺点，既能减轻纠纷当事人的诉讼负担，又能减轻司法机关的工作压力。人民调解的过程其实也是一个普法宣传教育的过程。根据《人民调解若干工作规定》第三条第二款的规定，通过调解工作进行法制宣传是人民调解委员会的任务之一，对不涉及个人隐私而又经过当事人许可的案件，可以邀请案外人参与或旁听调解工作，并可以通过媒体进行宣传，这样既能及时、有效地解决纠纷，又达到了对当事人及不特定人群进行法制宣传教育的目的。

（二）政治功能

人民调解制度不单单是一种纯粹的纠纷解决方式，作为司法制度的重要组成部分，融入了政治因素，对我们的党和政府而言，最重要的治国安邦方式是坚持群众路线，而发展人民调解制度就是坚持群众路线的直接体现。人民调解制度体现了国家意志，承担着治国安邦的政治功能。它有助于宣传和普及党和国家的意识形态原则、价值观，有助于动员人民更加理解和执行党的目标和政策。

党的十五大确立了"依法治国"的基本方略，这是我国法制建设的基本准则，一切法制建设都要围绕和服务于这个根本性的原则，纳入依法治国的范畴。人民调解工作是社会主义民主政治制度的一项重要内容，是社会主义直接民主的体现，充当着政府与广大群众之间的桥梁和纽带。人民调解工作是社会治安综合治理的一项重要内容。人民群众既是改革和发展的主力军，也是维护社会稳定的依靠力量和坚实基础。人民调解作为我国独具特色的法律制度，本身就是依法治国的一种有效手段，属于依法治国的范畴。人民调解组织调解纠纷的过程也是适用法律的过程，这种群众性的法律适用活动，为依法治国方略的正确实施，打下了坚实的群众基础，从而保证了依法治国方略在最广大的基层和民众中得以贯彻实施，有利于我国法制建设的长远发展。人民调解是一项具有中国特色，为我国宪法确认的法律制度，是人民群众运用自己的力量实行自我教育、自我管理、自我服务的一种自治活动。它特有的调处、预防、化解矛盾纠纷的方式方法，便民利民，可以为群众及时有效地提供各种帮助，用较少的精力和投入取得显著的社会效果。

目前，我国社会正处于体制急剧转型的过程之中，各项改革进入攻坚阶段，社会转型深层矛盾凸显、经济下行压力增大，下岗职工增多，再就业压力加大，农村由土地征用、环境污染等引起的矛盾比较突出。随着改革开放的深入和经济关系的调整，必然会触及一部分人民群众的眼前利益，这些问题已经成为影响社会治安稳定的重要因素。如果处理不好，就有可能引发和激化社会矛盾，影响当前社会治安综合治理。社会治安问题解决得好不好，直接关系到改革开放和现代化建设的全局，关系到社会的稳定，关系到社会"再创业、再发展、再提高"的宏伟实践。事实证明，人民调解工作做好了，就可以消除许多社会不安定因素，有利于社会治安综合治理，防止矛盾激化、扩大，可以减轻政法部门的工作压力，可以使我们集中精力搞好经济建设和社会发展。因此，如何及时化解社会矛盾、维护社会和谐稳定成为摆在各级党委、政府面前的头等大事。人民调解工作是关系到社会稳定的大事情，它在社会治安综合治理中发挥着积极的基础作用。

（三）社会功能

人民调解制度的社会功能是弘扬传统文化的功能以及促进社会和谐。首先，在中国传统法律文化思想方面，"无讼"观念一直是儒家学派所追求的政治理想。人民调解组织以国家的法律、法规、政策和社会公德为依据，对民间纠纷当事人进行依法调处，消除纷争。人民调解制度将情理、道德、习俗融入到刚性的法律和政策之中，将"法治"和"德治"紧密结合,既符合依法治国之理念,又弘扬了传统法律文化。任何国家的法律的运行和法治的实现必须依靠社会的协调发展,而人民调解扎根于基层,贴近百姓生活,为人与人之间提供了一个沟通与交流的平台,使得人民群众发生纠纷可以在一起来协商解决。当纠纷当事人抱着自愿和平等的态度寻求这种方式解决问题时,更利于纠纷的彻底解决,进而有助于促进整个社会的和谐发展。因此,人民调解起到了社会运行"润滑剂"的作用。

六 人民调解制度的优点与缺点的探讨

(一) 主要优点

人民调解制度是非诉讼争议解决方式;以当事人自愿为基础,适用范围广泛,尤其适合于民间纠纷的解决,其和解性、经济性、灵活性、保密性都较好,调解为当事人提供了更多自由选择的空间,调解无论在时间、地点、程序还是规则上都极其灵活。调解的非对抗性,使当事人不伤和气,更易于解决纠纷,也有利于其后的合作。调解效率较高,所需时间较短,成本也大幅度降低。人民调解的优点如下:

(1) 人民调解具有主动性,可以适时主动介入民间纠纷,有利于矛盾纠纷及时解决,防止矛盾纠纷的激化和升级。将民间纠纷化解于苗头,防止矛盾扩大化。

(2) 具有简捷、及时高效的特点。在人民调解委员会的主持下,就近、就地及时地化解民间纠纷,以最短的时间完成对矛盾纠纷的处理。

(3) 与人民法院诉讼相比较,人民调解能够大幅度降低纠纷解决的成本,减轻人民群众和国家财政的负担。

(4) 具有广泛性和基层性,有利于方便广大人民群众。就我国人民调解组织的设置情况来看,调解机构星罗棋布,只要是有村(社区)的地方就有调解组织,人民调解对基层社会基本上是全覆盖。

(5) 人民调解能实现情与法的融合。合法不合情,合情不合法,是行政和司法中经常遇到的情况,也给行政官员和司法人员工作带来很大的困惑。人民调解的性质可以使调解避免这方面的困惑,可以将法与情融合在调解过程中,实现法与情的统一,更易于被广大人民群众所接受。

例如,福田区司法局设立的医疗纠纷人民调解委员会,其优点是:社会公信力高,从机构的人员构成来看,属于"医患"两方之外的第三方,是独立于医院、患者以及保险公司之外的调解机构。调解不收费、方式快捷便利,提供了医患纠纷的一种理性解决争端的平台,相对于医患纠纷诉讼,很多时候患者还需要去做医疗鉴定,但是,在人民调解委员会调解时只要是双方都愿意认可的,昂贵的鉴定费用以及诉讼费用可以省去。专门设置的医疗纠纷人民调解委员会,引入有经验的法学、医学专业人员,调解员对法律和医学知识的熟悉,有利于弥补患者医疗信息和法律常识不足等缺陷,将会促进医患纠纷向理性化、法制化的方向解决。

(二) 主要缺点和不足

随着改革开放的逐步深入,社会经济成分、利益关系和分配方式等日益多样化,各种利益关系不断变动,利益冲突和摩擦不断出现,各种社会纠纷大量增加,社会矛盾日益复杂,民间纠纷呈现出许多新的特点。原有的人民调解法律保障、工作范围、组织形式、调解程序和队伍素质等已经不能完全适应新形势的需要。人民调解的主要缺点和不足如下:

(1) 人民调解协议的性质和效力长期以来没有明确的法律规定,配套制度不完善。导致人民调解缺乏权威,效力微弱,当事人的合法权益得不到有效保障。调解协议缺乏约束力和执行力,有时成为一纸空文,最后仍需通过诉讼方式来解决,增加了当事人的纠纷解决成本,使得当事人不愿意选择人民调解来解决纠纷。人民调解制度缺乏终局解决纠纷的权威,动摇了当事人对调解组织的信任,从而引致调解制度的萎缩。

(2) 调解组织不健全。不少村民委员会和居民委员会没有设立调解组织,或者虽有调解组织,却没有专门的调解人员,调解人员由其他干部兼任。调解人员队伍不稳定,人员调整频繁,不能专职专用。同时,国家有关部门,特别是政府和司法机关,对人民调解的制度支持力度不够,对人民调解委员会工作的指导和监督也没有落到实处。

（3）人民调解员的素质有待提高。人民调解员来自基层，法律知识和文化水平普遍偏低，法律政策和业务水平欠缺，严重制约着调解工作的开展。例如，2001年全国共有人民调解员779万多人，高中（中专）以上文化水平的只占55%，调解人员的素质有待进一步提高。

（4）调解人员的待遇不高。原因是调解员没有编制，没有专门资格，一部分是义务工作，工资福利严重短缺，调解业绩与经济待遇不挂钩，缺乏相应的奖励制度和补贴办法，调解员工作压力大，工作不定时，影响调解人员的积极性。

第二节 "替代性纠纷解决方式"与人民调解制度

一 "替代性纠纷解决方式"概念

"替代性纠纷解决方式"是指可以替代传统方式解决纠纷的一种制度，又称非诉讼纠纷解决机制。近代社会，西方国家从中国传统文化秩序中提炼出调解制度，誉之为"东方经验"而大加赞赏，将调解制度用于构建西方ADR，其实质含义与如今我国大调解机制下的非诉讼纠纷解决方式类似。然而，文化的差异使得我国调解与西方ADR呈现出不同方式，对其概念的内涵与外延有不同理解。

ADR起源于美国，是20世纪60年代以来欧美法院逐步发展起来的各种诉讼外纠纷解决方式的总称，现在已引申为对世界各国普遍存在的民事诉讼制度以外的非诉讼纠纷解决方式或机制的称谓。1998年，美国国会制定了《替代性纠纷解决法》，并授权联邦地区法院制定具体规则，推动了"替代性纠纷解决方式"制度的建立应用。ADR是近年来世界经济领域内越来越引人注目的争议解决办法。从20世纪70年代起，ADR制度在美国得到了很大的发展。后来加拿大、澳大利亚以及一些欧洲国家竞相效仿。现在ADR制度已成为世界范围内争议解决体系的重要组成部分。ADR在消除诉讼迟延，提高诉讼效率，降低当事人的诉讼成本，节约国家有限的司法资源等方面发挥着重要的作用。

二 ADR 制度特点

（一）意思自治

意思自治是 ADR 的首要特征，不同于诉讼或者其他纠纷解决方式，当事人有权通过自愿协议的方式自由地处理双方甚至多方争议。但是，自由的程度取决于各个地区的制度和习惯，因此自由度是不一样的。调解的意思自治更多地赋予了当事人一定的灵活处理自主权，在不违反法律强制规定与公序良俗的情形下，只要意思表示真实、自愿即应得到司法确认。

（二）非对抗性

纠纷解决过程和结果的互利性与平和性（非对抗性），这是当代世界对 ADR 价值最为认同的一点，也是 ADR 显而易见的优势。无论是为了达成有约束力的或者没有约束力的协议，还是经过谈判达成和解都是 ADR 的基本目标。如果希望谈判能成就协议，那么就无法选择对抗性的方式，而是非对抗地使当事人取得一致的可能性最大化。当然，不同的 ADR 有不同的谈判结构和谈判方式。

（三）程序上的非正式性以及非法律化

程序上的非正式性（简易性和灵活性），这主要是针对诉讼程序的复杂性和高成本及延迟等问题强调 ADR 的程序利益。意思自治的结果是当事人可以自由地设计他们认为合适的程序，这种灵活性甚至可以延伸到纠纷解决的结果方面，使当事人不局限于减少法律规定的救济，而且还可以结合任何物质或非物质利益的转移和交换。而在纠纷解决基准上的非法律化，即无须严格适用实体法规定，在法律规定的基本原则框架内，可以有较大的灵活运用和交易的空间。

（四）非职业化和民间化

从纠纷解决主体角度，ADR 具有非职业化特征，诉讼程序原则上是由法官进行审判，而 ADR，无论是调解或仲裁都可以由非法律职业人士承担，并可由非律师代理，或由当事人进行。从 ADR 的运营方式看，它具有民间化或多样化的特征，其中民间性 ADR 占据了绝大多数，同时兼有司法性和行政性 ADR。

（五）合意性

从纠纷解决者与当事人之间的关系看，ADR 的构造是水平式的或平等的。包括仲裁在内的 ADR 程序中，中立第三人并不是行使司法职权的裁判者（法官），当事人有权通过自愿协议的方式自由地处理争议，当事人意思自治，自由行使的处分权和合意，较之诉讼具有更重要的决定性意义。"调解"区别于"和解"之处在于调解员的居间介入作为见证者与协调者的角色，在尊重双方当事人的合意之下出具调解协议书。

（六）利益导向

与民事诉讼中的权利导向不同，ADR 主要是利益导向型的，有时候甚至可以牺牲一方甚至多方当事人的权利，去满足当事人的利益。因此，ADR 主要以当事人的利益为纠纷解决的焦点，由于权利是充当衡量利益合理性的基本依据，故利益才是当事人最终之利害所在。ADR 的基本价值取向是直接切入纠纷的核心要素，即利益冲突。利益导向还能降低交易成本，具有节约时间与成本的优势。成本包括当事人在运用 ADR 过程中的直接成本和派生出的间接成本，如业务终止、当事人关系破裂、未来商机的丧失等。

（七）多元化类型

根据性质不同，ADR 制度主要可以分为建议性 ADR、推荐性 ADR 和决定性 ADR 三类。建议性 ADR 裁决对当事人双方无法律约束力，当事人可以不接受；推荐性 ADR 裁决对双方也不直接具有约束力，但如果双方表示接受，该程序可转由法官做出有法律约束力的判决；决定性 ADR 是诉讼程序的一部分，所做的裁决当事人必须履行，否则，另一方可以申请强制执行。

三 人民调解制度与 ADR 制度的区别

（一）两者文化渊源不同

调解是一种中国文化理念，中国人自古信奉以和为贵，崇尚无讼，我国古代的调解制度形成的土壤极为特殊，因为君为臣纲、父为子纲、夫为妻纲的传统思想根植于传统文化之中，在此基础上所形成的共同价值观使得当社会主体之间发生权益争端时，将纠纷的解决提交社会权威以私力救济的方式解决，以维护社会基本的伦理纲常。这种纠纷解决方式很多并不是"自愿"的，却是足够"民间"性质。我国到了新中国成立初期建立的调解制度为革命根据地时期因时制宜的产物，从一开始以巩固团结、加强统一战线为目的，到后来以平息纷争、稳定社会为目的而贯彻群众路线，化解人民内部矛盾，争取人民群众对革命政权的支持而采取的纠纷解决方式，此时的调解作为一种制度，其政治效益远高于法制效益，没有严格的制度考察和理论论证。20世纪80年代以来，我国的调解制度逐步司法化，在纠纷解决中过分依赖行政和司法手段，使得大量纠纷集中于诉讼，人民法院诉讼量大增，不堪重负。诉讼爆炸的趋势使得我国不得不重新审视调解制度，构建诉讼与非诉讼相衔接的纠纷解决机制作为优化司法资源配置的最佳途径，被赋予了新的历史使命。我国构建多元纠纷解决机制，是对传统文化的理性思考与回归，期望以私力救济的方式解决民间纠纷，以维护社会基本的伦理纲常，所强调的是纠纷解决在维护社会秩序方面的意义。

西方的观念和文化，对于国家和社会这个领域是划分得非常清晰的，由国家制定和实施法律，但是"国家之手"很多时候无法触碰"社会之身"，特别是在公共管理上，因此，社会引入调解法律制度，在于利用社会力量和民间规范作为国家力量的补充。ADR一方面从节省诉讼成本及司法资源的角度，从量上对诉讼进行分流；另一方面，从质的角度改善了诉讼的弊端，让"民主"的力量体现得更加淋漓尽致，即不仅实现了秩序上的和谐，还实现了人与人之间的情感的和谐。ADR所固有的经济性、便民性、简捷性在西方社会管理实践中也取得了良好成效。

（二）两者机制不同

我国调解制度长时期处在与人民法院审判紧密相连的状态，不仅无法突显调解的独立地位和作用，也使得人民法院审判过分强调当事人的意愿，过分强调调解，使得审判成为调解型审判。这些情况带来了两个极端现象：一个是法律虚设化，以当事人的意愿或者法官强加于当事人的意愿主宰了审判的结果；另一个极端是进而造成了审判权的扩张与当事人处分权的弱化，违反了当事人意思自治的立法精神。不少法院在立案庭内设人民调解办公室，并邀请人民调解员协助法院进行立案前调解，人民调解制度完全与诉讼审判程序融为一体，这种做法在西方的 ADR 中很难找到，但其基本目的和内容却与日本的民事调停、中国台湾及德国的诉前调解以及美国附设在法院的调停相似。人民调解、商事调解作为我国最普遍的私力救济方式，与西方的 ADR 本质无异，皆为替代性纠纷解决方法。

1. 两者调解组织和人员不同

我国大部分地区的基层人民调解委员会调解员以居委会或者村居委会干部兼职为主，并选聘一些"长者"和志愿者参与，调解员缺乏专职化和专业化，"居委会大妈"调解的形象就深入民心，这种形象的形成与邻里邻舍之间的民间纠纷或者家庭纠纷的调解有很大关系。

我国运用较多的调解是人民法院诉讼调解，诉讼调解中调解员是法官，一大部分的诉讼调解是在开庭过程中完成了调解，使得双方达成协议。经常会有当事人抱怨，法官在庭上施加压力，如果不让步，达不成调解协议的话，审判结果会不如调解方案。而且，法官手中的强制性权力决定了当事人即便可以拒绝接受调解结果，亦不能拒绝继之而来的判决程序。事情都有正反两面，虽然弊端显而易见，但是法官与调解员的双重身份亦为调解带来便利，法官大多在查清事实并做出决定性判断的基础之上劝服当事人接受调解。

我国商事调解中的调解员相对为专业人员，可为缺乏经验及意见分歧较大而难以通过直接协商达成协议的当事人提供专业帮助，使争议双方在第三方的协助下找到共同基础，从而在此基础上进行妥协并达成和解。但是，不同于传统的商事仲裁，商事调解由专门的调解员主持。虽然该调解员可能也同时具备仲裁员资格，他也只能以调解员的角色处理案件，基于丰富的经验和专业知识，商事调解之调解员大多能在明晰权利义务的基础上进行适当的调解，将当事人之间的可争议利益进行恰当的分配，满足当事人的现实需求，因此，商事调解所产生的和解协议履行率很高。但是，因商事调解属于商事仲裁的一部分，以提起商事仲裁为前提，而商事仲裁的程序性和高成本，加之缺乏基层性和普遍性，目前，商事调解在我国的社会认同度较低。

西方民间ADR机制中的ADR提供者是得到纠纷当事人双方认可的专业组织或人士，如专家协会、ADR集团和争议公平解决中心。西方调解员良好的教育背景，丰富的从业经验，极高的职业道德素质，使得我国调解员与西方的调解员不可同日而语。外国ADR的调解员的选择跟我国的有着极大的不同。例如，美国ADR对调停人员的选择与我国仲裁程序中当事人对仲裁员的选择类同，即由双方当事人从调停名册中各选1名调停员，再共同或由法院选1名，由3名调停员组成调停委员会，调停委员会要制定调停方案，然后对双方当事人进行调解，于一定时期内达成协议，如果一方当事人拒绝达成协议，案件就转入法庭审理。此种调解制度，使得法官处在调解程序之外，其权力无法干扰调解，也无法直接去决定调解的方案。

2. 两者程序不同

人民调解与大多数西方国家的ADR机制都不属于诉讼前的必经程序，当事人可以拒绝调解，未经调解或调解不成可以选择提起诉讼。我国人民法院诉讼调解适用民事诉讼法的规定，除离婚等诉讼外，法律并不要求调解是必经程序。

美国的ADR法中明确规定当事人在寻求司法救助之前，必须尝试ADR中的一种或多种解决方式，并把它作为提起诉讼的一个必要条件，也即强制的ADR。在ADR机制中，如果一方当事人提出调解而另一方拒绝或经调解达成协议后一方反悔，拒绝或反悔的一方在法院裁判时所负担的诉讼费用比例将会很高。日本司法ADR程序的启动不同于我国诉讼调解中双方自愿这一前提基础，只要有一方当事人向法院申请调停，不需要对方当事人同意即可启动调停程序。德国法律将调解或仲裁作为前置程序，如小额纠纷、邻里纠纷、关于职业培训的纠纷等须调解前置；有关著作权使用费的纠纷须专利局所设的调解委员会调解后方可提起诉讼；对不正当竞争引起的纠纷，须州政府工商协会设置协商所调解后方可提起诉讼；涉及知识产权的纠纷，须联邦专利局设立的仲裁机构仲裁后方可提起诉讼。

（三）两者实体不同

在我国，不论何种类型的调解，均强调在自愿基础上进行，以法律、法规、规章、政策为依据，以公序良俗为补充。还规定了未经调解或调解不成可以提起诉讼。我国的人民调解是真正地将调解的过程变为当事人共同参与的一项道德、法律实践，将法治精神与人文精神有机结合，将法律效果与社会效果完美统一。实践中，除了依据现行法律法规外，调解中还可以以各种有关的社会规范作为依据和标准，如地方惯例、行业标准、乡规民约、公共道德标准、通行的公平原则及诚实信用原则等。

在我国的几种调解方式中，商事调解是最贴近西方ADR精神的。美国的司法ADR从实体上看，其纠纷解决标准亦与诉讼无异，均以法律为依据，故有法律阴影下的谈判。从实质意义上说，美国的司法ADR是法院司法功能的延伸，在一定程度上丧失了ADR的民间性与自愿性特征。

（四）两者类型不同

我国的调解分为人民调解、商事调解、诉讼调解。我国的人民调解具有独特性：一是省时省事地将社会多种矛盾及时化解在萌芽状态，不至于进一步激化矛盾，提高问题解决的成本；二是以法律、政策和社会公德为依据，坚持依法调解和思想教育相结合；三是众多调解员是民众或者其他各个行业的领军人物，可以提高民众参与司法程度，实现民主自治。

我国的人民法院诉讼调解制度最大的特点便在于调审合一，调解法官和主审法官重合。在我国，诉讼调解与裁判同为国家干预的诉讼活动和结案方式之一，带有浓厚的审判色彩和法官职权主义色彩。

我国的商事调解的特点有：一是调解员实行推荐制，即商事调解机构提供调解员名册，当事人既可在名册里选择，也可在名册外选择，充分尊重当事人的意思自治；二是调解与仲裁相对独立，商事调解强调调解独立于仲裁程序之外，不适用于仲裁庭主持下的调解，而是仲裁之外的纠纷解决方式的一种；三是调解不受制于书面的调解，不同于商事仲裁，仲裁双方一定要达成仲裁协议，调解受理范围亦不受书面协议的限制，这也是商事调解与商事仲裁的最大区别之所在；四是强调调解员和当事人的保密原则，该保密义务的设置主要针对调解过程及终结后,以避免调解过程中当事人或者调解员的言辞、意见和判断给仲裁程序、司法程序以及其他任何程序解决纠纷造成影响。

综上所述,商事调解与人民调解作为我国最普遍的私力救济方式,从本质上说,二者的机制无异于西方的ADR,皆为法院裁判之外为民事纠纷当事人提供的替代性纠纷解决方法。

西方有属于司法体系内的ADR,也有属于司法体系外的ADR,有纯民间的ADR,也有政府主持下的ADR,西方ADR呈现出诉讼与非诉讼纠纷解决机制相融合,以美国为例,美国法院将仲裁、调解等非诉讼方式与法院诉讼相结合,创设了"法院附设仲裁""调解—诉讼""早期的中立评估""小型审判""和解会议"和"聘请法官"等纠纷解决程序,这些程序并非相互孤立,通常都是根据个案在法官的指导下交替灵活运用。

(五)两者效力不同

经人民调解委员会调解达成调解协议,具有民事合同性质,效力较低,没有强制执行效力。关于商事调解,根据最高人民法院《关于建立健全诉讼与非诉讼相衔接的矛盾纠纷解决机制的若干意见》的规定,仲裁机构不经仲裁程序调解所产生的调解书仅仅具有"民事合同"性质。因此,既然调解的原则、依据甚至手段大同小异,当事人没有理由不直接选择具有法律效力的诉讼调解而另做他选。诚然,调解协议的效力问题是当事人选择纠纷解决方式的关键所在,而不具备强制执行力的人民调解与商事调解便自然而然地被边缘化了。即便当事人因种种原因选择非诉纠纷解决方式,在实践中也往往不认真参与调解,或对自愿达成的调解协议不严肃履行,给调解案件的数量和结案率带来不良影响。自从我国人民法院对人民调解实行了司法确认制度以来,人民调解的"公信力"才逐步上升,但是,因需要经过人民法院确认程序,不仅增加了当事人负担,也降低了人民调解的权威。调解协议的效力是影响当事人选择纠纷解决方式的关键因素,因此,这是我国人民调解制度设计上的最大缺陷。

在西方的ADR机制中,不论是民间ADR还是司法ADR,只要当事人双方达成调解协议，一方拒不履行时，另一方当事人即可向法院申请强制执行，调解协议与判决书具有同等效力，调解成立后，存在无效和可撤销的原因，当事人才可以向法院起诉。

四 人民调解制度与 ADR 制度比较研究的启示

（一）建立多元化的纠纷解决机制的必要性

党的十六届六中全会提出了构建社会主义和谐社会的战略任务。和谐社会不是没有矛盾的社会，而是社会矛盾纠纷得到及时妥善化解、人民权益得到及时有效维护、社会公平正义得到及时有力弘扬的社会。及时妥善化解社会矛盾纠纷，就必须建立一套科学有效的矛盾纠纷解决机制。当前，由于冲突的性质、形式、对抗程度不同，解决纠纷的手段、方式也必然是多样的。建立和完善多元化纠纷解决机制，对维护社会稳定，构建和谐社会具有重要意义。

1. 有利于构建和谐有序的社会格局

发展是第一要务，稳定是第一责任，要确保各项事业有新格局、新水平、新发展，必须有一个安定和谐的社会环境。而当前和今后一个时期，仍然是人民内部矛盾凸显、民间纠纷和刑事犯罪高发的时期，影响社会稳定的因素仍然大量存在。特别是随着经济体制、社会结构、利益格局、思想观念的深刻变革，有些矛盾纠纷跨地区，跨行业，跨部门，突发性强，发现和控制难度大，靠单一渠道解决社会矛盾纠纷已不适应社会发展的需要。司法干预社会矛盾纠纷是非常重要的手段，但对某些矛盾纠纷不是最佳的手段，因为司法的职能是裁判争端，不具有直接分配社会资源的职能，许多利益调整的矛盾纠纷需要运用行政的、经济和社会的方法实施综合调控，不宜进入司法程序。同时司法资源是有限的。如果群众遇到纠纷都走人民法院诉讼这一独木桥，必然会导致一些原本可以通过平和方式解决的矛盾更趋对立，最终影响社会和谐。积极探索建立人民调解、司法调解、行政调解有效衔接、协调运作的多元化解决纠纷机制，综合利用法律、经济、行政和社会等手段，运用教育、协商、疏导等方法，深入开展矛盾纠纷预防化解工作，提高纠纷调处效能，有力地促进社会和谐稳定，具有重要意义。

2. 符合保障民生、人民利益至上的执政目标

人民法院将有限的审判资源用于解决重大疑难的社会矛盾纠纷，对一般的民间纠纷倡导采取多元化的解决方式化解在诉前、解决在诉外，是缓解人民法院审判压力、成功化解矛盾的有效途径。实践证明，人民调解、行政调解是司法审判的重要基础，通过协商解决纠纷，可以使当事人的意思自治和处分权得到更多的尊重，可以更好地维系家庭温情、邻里礼让、交易诚信，可以更多地增强社会宽容和社会责任。人民调解、行政调解所具有的增强凝聚力、传承道德价值和协调法律与公序良俗的特殊作用，是法院判决所不能替代的。对于当事人来讲，有事就打官司不是法律意识强的表现；对于人民法院来讲，不是受理的案件越多，越体现人民法院审判的政绩。发挥多元调解化解社会矛盾纠纷的优势，把大量矛盾纠纷化解在诉外，完全符合人民群众的新要求、新期待，符合人民利益至上的具体要求。

3. 有利于促进平安创建活动的不断发展

新的形势和任务，要求各相关部门必须加强协作配合，全面发挥社会控制作用，共同构筑资源配置合理、机制运转高效的社会矛盾解决体系，为不同类型的社会矛盾提供相应的解决渠道。不断创新调解理念、调解手段和调解方法，推动完善"以党委统一领导、各相关部门组织联动、法院积极主导、诉求渠道畅通、信息资源共享、基层群众受益"为核心内容的多元化解决纠纷机制，从源头上预防、疏导、分流社会矛盾，深化社会治安综合治理，有利于及时消除各种影响社会发展的不稳定、不和谐因素，特别是通过协商和解的方式解决各类矛盾纠纷，有助于协调统一各方利益，加强团结合作，把人心凝聚到谋发展、干事业上，为经济社会发展创造良好的环境。

（二）建立多元化的纠纷解决机制的路径

多元化纠纷解决机制可以分为两大类：一类是诉讼的方式，一类是诉讼以外的方式，也即所谓的 ADR。多元化纠纷解决机制是与传统的"一元化"化解矛盾的方式方法相比较而言的。简单地说，就是由于当前矛盾纠纷主体的多元化、类型的多元化、诉求的多元

化，化解矛盾纠纷的思路、方法、措施、途径等也应多元化。多元化纠纷解决机制是指在一个社会中，诉讼和非诉讼纠纷解决方式各以其特定的功能和特点，结成一种互补的、满足社会主体多样需求的程序体系和动态的运作调整系统。

在新的历史时期，完善人民调解制度，符合我国依法治国的大政方针，契合国际上ADR的多元化发展趋势。我国在建设公正、高效、权威社会主义司法制度的同时，应当让传统文化在现代社会矛盾纠纷的解决中发挥应有的作用，可以融合诉讼调解、行政调解、人民调解、仲裁调解、行业协会调解等多元调解机制，让人民调解焕发新的生命力，创新有中国特色的纠纷解决机制。

1. 协商和解

多元化纠纷解决方式首要的基础方式就是协商和解。你会发现协商和解作为人类解决矛盾的很重要的一种方式，其实自古以来就一直存在。而双方自愿的协商、自愿的和解，它的理论基础就是双赢理论，恰恰通过化解矛盾和冲突达成和解应该说是最好的解决问题的方式之一。因此，需要大力倡导矛盾纠纷的民间协商和解文化，培育协商和解的氛围，建立协商和解的环境。

2. 仲裁

仲裁包括民间仲裁，商事仲裁，劳动争议仲裁，人事争议仲裁以及农业承包合同仲裁等。在西方有独立的组织对双方的矛盾和冲突居中仲裁，是解决矛盾、冲突一个重要的方式。仲裁也是多元化纠纷解决机制的组成部分，我国应当大力发挥民间仲裁的作用，弥补人民法院诉讼资源的不足。比如，我国企业的职工、农民工等引发的劳动争议大量存在，应该充分发挥各级劳动争议仲裁在解决矛盾和冲突中的作用，从而维护劳动者的合法权益。

3. 行政

行政就是政府行使解决纠纷的权力，行政是政府行使行政权的产物。行政解决也有多种方式，包括行政调解、行政复议、行政裁决等。其中，行政调解是通过政府或者政府部门召集双方当事人进行调解，行政调解是化解矛盾的一个重要方式，如治安纠纷调解、机动车交通事故损害赔偿调解等。此外，还有行政复议，行政复议是针对当事人与政府之间的矛盾和冲突，如果当事人认为政府的行政决定、行政处理违法或者不当，可以向法定的上级主管部门或者上级政府提起行政复议，通过行政复议由上级政府来裁决下级政府做出的决定是否合法合理，从而解决纠纷的方式。此外，还有行政裁决，行政裁决是由政府居中裁判来解决民事争议，或者与民事有关的行政争议，从而做出行政裁决来解决纠纷的方式。

4. 司法审判

司法审判是传统的矛盾和纠纷解决方式，当事人通过向人民法院提起诉讼，由人民法院通过审判方式解决纠纷。《中华人民共和国民事诉讼法》规定，除了家庭婚姻案件外，调解不是必经程序。但是，这并不意味着其他案件不可以调解，除了家庭婚姻案件以外的其他案件，人民法院在不违反法律规定的前提下，也可进行调解。然而，司法审判周期长、程序繁杂、成本高、对举证要求高、专业性强，人民群众一般不选择司法审判方式，而宁愿选择其他非诉讼方式解决纠纷。而且，司法审判的资源是有限的，我国人民法院尤其是基层法院，由于受理了大量的纠纷，已经不堪重负。

5. 建立大调解机制格局

大调解的引入可以是在民间有关组织的组织上，也可以是政府甚至是司法机关的组织上来协调利益纠纷、化解矛盾。比如，新中国成立以来，我国就在最基层的农村村民委员会、城市居民委员会，分别设立了人民调解委员会，从而在最基层解决老百姓之间的利益冲突、利益纠纷和其他矛盾。人民调解成为我国化解矛盾、化解冲突，具有中国特色的一种化解纷方式。其次，随着时代的发展，在民间调解的基础上还要进一步构建大调解体系，也就是三位一体的调解模式。所谓三位一体那就是在民间调解、人民调解的基础上，引入行政调解，再引入司法调解，围绕一个目标化解矛盾，排除纠纷，构建和谐社会。关于这个问题，早在2006年11月的全国政法工作会议上，罗干就讲话指出，建立和完善多方面、多层次的矛盾纠纷解决机制，不能把依靠政治优势就可以解决的矛盾都引向司法渠道。

应当依靠我国的政治优势，通过教育、说服来化解矛盾，而说服也好，教育也好，需要建立和完善多方面的、多层次的矛盾纠纷解决机制，但是，现实生活中存在的一些误区，有的领导面对矛盾、面对纠纷绕开走，甚至把纠纷统统推向人民法院，虽然人民法院的确是解决矛盾和纠纷最权威的场所，但是，矛盾是普遍的，纠纷是到处存在的，如果把所有的矛盾和纠纷统统引向人民法院渠道，人民法院审判资源有限，将无法承担化解矛盾和纠纷这样的重大课题。

党的十六届六中全会通过的《关于构建社会主义和谐社会若干重大问题的决定》明确提出，建立党和政府主导的维护群众权益机制，实现人民调解、行政调解、司法调解有机结合，更多地采用调解方法把矛盾化解在基层，解决在萌芽状态。党的十八届四中全会提出了依法治国方针，建立多元化纠纷解决机制。也就是面对矛盾和纠纷，应当采取人民调解、行政调解、司法调解的有机结合的方式，这是多元化解决机制的表现和运用，并且使得调解贯穿人民调解、政府调解、司法调解整个过程，主要通过教育、说服和疏导去化解矛盾和纠纷。

例如，深圳市福田区司法局于 2008 年开始，利用辖区丰富的律师资源，通过政府采购法律服务方式，由有资质的律师事务所提供法律服务，由专业律师担任人民调解员，将他们派驻到福田区各级基层单位从事人民调解工作，包括人民调解进交警、人民调解进派出所、人民调解进法院、人民调解进信访、人民调解进综治维稳、人民调解进医院、人民调解进社区、人民调解进公交和地铁，人民调解进行业协会等，组建了行业化和专业化的福田区医患、物业和建筑劳务纠纷人民调解委员会，并且，在此基础上，建立了区、街道和社区三级福田区公共法律服务中心，被誉为人民调解的"福田模式"的后续创新举措，取得了很好的社会稳定和谐效果。

（三）民间纠纷的诉前调解

1. 人民法院诉前调解制度

随着司法改革的深入，调解制度在司法工作中的作用愈加明显。单纯的当事人主义未能发挥最优纠纷解决机制的作用，纯粹的职权主义又有违反司法公正的嫌疑。2009 年，最高人民法院提出加强诉前调解与诉讼调解的衔接，健全诉讼与非诉讼的衔接机制。最高人民法院对诉前调解的倡导，是法制的进步，更是实践的选择。诉前调解制度作为构建多元纠纷解决机制的有效途径，有其现实必要性。

调解活动可分为尚未起诉前的调解即诉外调解、起诉后立案前的调解即诉前调解以及立案后业务庭的调解即诉讼调解。诉前调解有独特的阶段性特征，是当事人起诉之后立案之前的调解，即实践中尝试的立案前调解模式，其独立于诉讼程序，又与诉讼程序紧密相连。诉前调解的启动遵守当事人意思自治原则，由立案法官建议前来立案的当事人选择法院附设的调解机构先行调解，调解不成时，再由立案庭立案受理进入诉讼程序，以实现案件诉前的繁简分流。

诉前调解在于快速解决当事人纠纷，久调不决则失去了制度设计的初衷，应对诉前调解的时限做出限制性规定。首先，立案法官对案件预登记，出示《诉前调解建议书》，若当事人接受诉前调解，立案法官当日将案件转交调解法官。调解法官5日内组织当事人调解，调解时限一般不超过20天，如调解成功需要司法确认，调解法官当即将笔录交立案法官，由立案法官为当事人制作调解书，并送达当事人。调解不成功的依法立案，并将立案预登记视为当事人起诉，产生时效中断效力，实现诉前调解与诉讼程序的有效对接。

由于调解协议的可反悔性减损了其稳定性和当事人之间的诚信，所以，应强化诉前调解的效力，限制当事人对调解协议的反悔权。当事人通过达成调解协议并为调解法官所确认产生民事合同效力，并设置简便可行的程序确认调解协议的司法效力。目的在于充分利用诉前调解，应对依法治理和解决纠纷的需要，提高诉前调解的公信力和预判力，从而引导当事人积极选择诉前调解化解纠纷，促进社会和谐稳定。

2. 建议设立民间纠纷诉前调解前置制度

建议以立法的形式明确规定我国民间纠纷诉前调解前置制度，明确规定民间纠纷诉前一般应当经过当地基层组织调解程序，调解无效方可提起诉讼。诉前调解前置包括婚姻家庭纠纷、小额侵权物权纠纷、劳动工伤纠纷、小额商事合同纠纷、轻微治安、刑事案件等，考虑到我国实际情况，逐步扩大诉前调解范围。例如，德国以及我国台湾地区法律规定家庭案件、小额案件,必须强制调解程序前置,非诉讼调解只发生在起诉之前,诉讼程序开始后便不再进行诉讼外调解,我国香港地区的和解中心介入调解的案件中,亦有90%以上在诉前以和解方式解决。

(四)设置诉讼程序之外的独立调解程序,即调诉分离

我国调解程序附属于诉讼程序,调解成为审判的辅助工具,应当提高调解的地位,将调解程序独立于审判程序之外,调解程序与诉讼程序两者互相独立又互相衔接。双方之间发生民间纠纷,首先进入调解程序,在调解人员的协助之下,双方摒除情绪,采取谈判的方式,探索立场背后的共同利益,打开双赢的处理局面。调解达不成协议的,再进入诉讼程序。也可以考虑诉讼与调解相互穿插,交替使用。这样有利于节约司法资源,降低当事人的经济成本、机会成本和伦理成本。

第三节 "软法""硬法"与人民调解制度

一 "软法"与"硬法"概述

(一)"软法"

"法是体现公共意志的、由国家制定或认可、依靠公共强制或自律机制保证实施的规范体系。""软法"(soft law)是指那些不能运用国家强制力保证实施的法律规范。软法是相对于硬法(hard law)而言的。软法规范大致有四类形态:一是国家立法中的指导性、号召性、激励性、宣示性等非强制性规范,在中国现行法律体系中,此类规范约占1/5;二是国家机关制定的规范性文件中的法规范,它们通常属于不能运用国家强制力保证实施的非强制性规范;三是政治组织创制的各种自律性规范;四是社会共同体创制的各类自治性规范。

(二)"硬法"

"硬法"是指那些能够依靠国家强制力保证实施的法律规范,以国家强制力为依托,运用公共资源进行治理的方式,即传统"公、

检、法"等通过司法程序解决社会纠纷的方式。通过国家的公力救济，对于私人权利的保护具有权威性与强制性的特征。

（三）"软法"与"硬法"的区别

1. 两者数量不同

"软法"在数量上远远超过"硬法"，从法律、法规和规章、国家机关制定的规范性文件、政治组织自律规范到社会共同体自治规范，比喻为金字塔，塔身大部分是"软法"，"硬法"主要集中在塔尖部分；比喻为海洋，"硬法"只是"软法""海洋"中的几座"冰山"；比喻为治病救人，"硬法"主要治标，"软法"标本兼治。

2. "软法"是"硬法"的口袋法

"软法"在矫正"硬法"失灵方面发挥着重要作用，"硬法"调整不到的领域，可以通过"软法"来调整。通过填补"硬法"空白、弥补"硬法"不足、丰富"硬法"细节等方式，大大拓展法治化疆域。"软法"与"硬法"交相辉映、相得益彰。

3. 社会关系秩序化与"硬软"规范分别调整

法作为一种社会关系的调节器，应当区分各种社会关系秩序化的难易程度，选择强弱有别的"硬法"与"软法"规范分别去调整。"硬法"是刚性的，是西医外科"手术式"的治理，"软法"是柔性的，是中医中药"扶正祛邪式"的治理。

4. 法治社会倚重"软法"治理

滥用国家强制力的"硬法"不但会浪费法治资源，还会损及法律之治的正当性。建设法治国家，特别是法治社会，要倚重"软法"之治，现代法治应当寻求更多协商、可以运用更少强制、能够实现更高的自由度，主要靠人民调解、社区矫正、法律文化、法制教育、法律普及等方式而开展的社会治理。

5. 刚柔相济的混合法调整

伴随着公共治理的崛起，"软法"与"硬法"正在发展成为现代法的两种基本表现形式，法正在从传统的单一的"硬法"结构朝着软硬并重、刚柔相济的混合法模式转变。矛盾争议处理方式的不同，也反映出"软法"与"硬法"结合的实践运用的灵活性。

二 "软法""硬法"与人民调解制度比较

(一)"硬法"与人民调解制度区别

1. 两者意志性、强制性和程序性不同

"硬法"通俗讲是传统"公、检、法"等通过司法程序解决社会纠纷的方式。而人民调解制度是"软法"的重要组成部分,当事人是否同意调解,如何达成调解协议,均由当事人自由意志决定,调解协议的履行依赖于当事人的自觉,不具有强制力。调解程序灵活,不拘泥于形式,例如,民间纠纷调解地点可以在调解组织办公场所,也可在社区、小区、饭桌甚至当事人的家中。任何服务于达成调解协议书目的的措施,只要行之有效,调解的具体形式不受限。

2. 两者机制不同

"硬法"具有国家意志性、国家强制性和诉讼程序性。人民调解制度与"硬法"相比,较为灵活高效。人民调解实行当事人自愿原则,申请调解自愿,达成调解协议自愿,履行调解协议自愿。申请诉讼或者仲裁需要缴纳诉讼仲裁费用,人民调解免费为当事人提供法律服务。"硬法"不允许当事人选择"公、检、法"办案人员。但人民调解制度中,可以选择基层法律服务人员,也可以选择律师,还可以选择年长有威望者。在程序上,人民调解制度较为简便,只要双方在调解人员的主持下达成协议,纠纷即算解决,不需要经过繁杂的司法诉讼程序。

(二)"软法"与人民调解制度区别

"软法"是指那些不能运用国家强制力保证实施的法律规范。包括指导性、号召性、激励性、宣示性等非强制性规范,人民调解制度是"软法"治理的重要组成部分,与"软法"有许多相同之处,"软法"治理中的调解方式主要有司法调解、行政调解、仲裁调解和人民调解四种方式,其中人民调解与司法调解、行政调解、仲裁调解相比,不具有司法调解、行政调解、仲裁调解所特有的表象自愿实则强制的"隐形性",更能体现当事人意思自治,自由行使民事处分权,取得较好的化解纠纷的效果。

（三）人民调解与其他调解对比表（见表1—1）

表1—1　　　　　　　人民调解与其他调解对比表

调解类型	人民调解	行政调解	仲裁调解	法院调解
主持调解的机构	人民调解委员会	有调解权的行政机关	仲裁机构	人民法院
案件来源	1. 当事人申请 2. 有权机构授权委托	当事人申请	当事人申请	当事人起诉
调解性质	人民调解	行政调解	仲裁调解	诉讼活动
调解范围	民间纠纷，治安行政案件、轻微刑事案件等，范围广泛	行政、民事等纠纷	商务活动中发生的合同纠纷以及财产纠纷	民事纠纷、行政案件、刑事案件
适用程序	当事人自愿选择的人民调解程序	当事人自愿选择的行政调解程序	当事人自愿选择的仲裁程序，未达成协议，可以做出仲裁裁决	法定诉讼程序，除离婚诉讼的调解外，调解不是诉讼必经程序，未达成协议的依法判决
协议效力	具有合同法律效力	具有行政合同法律效力	具有仲裁调解协议法律效力	具有完全法律效力
强制执行效力	不具有强制执行效力	一般不具有强制执行效力	一般不具有强制执行力	具有强制执行效力
效率	人民调解程序效率较高	效率受行政程序约束	效率受仲裁程序约束	效率受复杂诉讼程序约束
成本负担	不收费，成本最低	一般不收费，成本低	一般需要收费，成本高	一般需要收费，成本高
解决纠纷方式	解决纠纷方式自主、温和、便捷，选择空间大，人民群众更为欢迎	解决纠纷方式受行政程序约束	解决纠纷方式受对抗式仲裁程序约束	解决纠纷方式受对抗式诉讼程序约束
资源供给	人民调解资源供给较为丰富	行政资源供给有限	仲裁资源供给有限	司法资源供给有限

三 "软法""硬法"与人民调解制度比较的启示

（一）完善多元调解协调机制，提高人民调解的地位和作用

我国在"大调解"背景下，应当完善诉讼调解、行政调解、仲裁调解、人民调解等多元调解机制，尤其是人民调解机制，能够弥补"硬法"不足，发挥传统的"硬法"难以发挥的功能，让民间纠纷当事人口服心服，做到案结事了，达到传统纠纷解决方式所不能达到的良好效果。应当将人民调解地位从过去的辅助地位，上升为与传统纠纷解决机制并驾齐驱的完全独立地位。改变对人民调解地位和作用的看法，是在新时代下，认可人民调解在实务操作中解决争议纠纷所取得的成效。

（二）扩展人民调解的功能与范围，发展专业性、行业性人民调解组织

人民调解是运用得最广泛、最成功，并深受广大群众欢迎的一种纠纷解决服务方式，应当不断扩展人民调解的功能与范围，制定诉讼调解、行政调解、仲裁调解与人民调解之间的无缝衔接机制，完善配套制度，人民调解应当去"行政化""司法化"痕迹，大力发展专业性、行业性人民调解组织，提高人民调解员队伍的整体素质。通过非官方的争议纠纷解决机制，更人性化地对案件进行有效处理。

（三）设置独立的调解程序，赋予人民调解更大的终局权

应当从立法上将"软法"的人民调解程序从"硬法"的诉讼程序中剥离出来，设置独立的人民调解程序，强化人民调解协议的效力。建议参照《中华人民共和国合同法》第52条至第59条等规定，结合人民调解司法确认制度，合理规范调解协议的法律效力，若调解协议不存在可变更、可撤销或无效情形的，明确规定第三方人民调解组织主持双方当事人调解达成协议的效力，要高于双方当事人自行达成的合同效力，人民法院依法确认调解协议的效力。协议履行完毕的，不支持反悔，限制当事人对调解协议的反悔权。综上所述，我国人民调解调解协议效力设计上可以借鉴西方的ADR调解制度的法律效力，赋予人民调解协议一定限度的终局权和强制执行效

力，弥补人民调解协议效力的不足，既要提高调解的效率，又要保障调解的公正性，更好地平衡公正与效率之间的矛盾。

第二章

人民调解"福田模式"的特色

第一节 人民调解"福田模式"的创立历程

一 人民调解的"福田模式"创立的背景和环境

我国在经历了20世纪八九十年代的沉积后，调解这一古老的纠纷解决方式，在21世纪再度兴起。近年来，随着社会纠纷数量的急剧增长和社会冲突的加剧，人们开始思索，在诉讼之外如何更快速、便捷、有效地化解矛盾纠纷。在这一社会背景驱动下，学术界关于调解的理论研究成果不断涌现，域外的最新调解理论也不断被引进。官方也逐步大力倡导对多元化纠纷解决方式的运用和对民间化解纠纷力量的调动，以减轻案件不断涌向人民法院带来的巨大司法压力。在理论推动、现实需求和政策导引下，许多基层组织开始探索符合当地实际的人民调解方式。从2007年开始，中共福田区委、区政府就将加大调解体系建设列入工作重点。2008年3月，中共福田区委下发了《构建社会矛盾纠纷大调解体系实施方案》，确定了组织架构、工作制度、运行机制和保障体系，决定成立福田区调解工作指导委员会及办公室，推动人民调解、行政调解和司法调解之间的联动机制。随后，福田区编委批准成立区社会矛盾纠纷调解工作办公室，各街道成立社会矛盾调解中心，落实了专项经费。2011年1月1日起施行《中华人民共和国人民调解法》，2011年5月4日，中央社会治安综合治理委员会、最高人民法院、最高人民检察院、国务院法制办公室、公安部等16家单位印发《关于深入推进矛盾纠纷大调解工作的指导意见》，进一步确立了大调解的格局。人民调解的

"福田模式",就是从改革开放的前沿阵地——深圳市福田区涌现出来的人民调解新模式。

二 政府提供基层公共法律服务供给与需求的矛盾

在大调解体系下,一方面,福田区司法局大胆思维,以问题为导向,通过调查研究发现,在法治城区大环境下,不仅仅是立法调研、立项等任务,在政府的决策和具体行政过程中,也需要外部的法律力量来提供法律服务。福田区是深圳中心城区,担负着繁重的化解民间纠纷、维护社会稳定工作,需要法律服务力量。尤其在基层公安派出所、交警大队、公立医院、劳动、信访、综治维稳中心等矛盾纠纷较为集中的单位,化解纠纷力量严重不足,需要大大充实专业的调解力量,配备专职律师团队,建立常态的法律顾问制度,同时,律师提出的法律意见也可以提高基层依法管理水平。特别是律师参与法律风险评估、调处基层重大案件、群体性敏感事件,引导人民群众依法理性解决各种纠纷,减少和避免暴力、上访、围堵等维护社会稳定方面的作用日趋彰显,政府重大决策的不少"神秘领域"也向律师逐步敞开了大门。而且,律师"专业化""精英化""团队化"的高水平法律服务,让政府"尝到了法律风险前置评估的甜头",花的是小钱,解决的是大问题。

另一方面,福田区广大人民群众对化解基层民间纠纷的公共法律服务需求,就像日常生活中的菜篮子、米袋子一样,同样重要。但是,福田区普遍存在传统的由社区工作站和居委会干部兼职调解员,缺乏专职、专业调解员,基层人民调解队伍素质不高,调解力量不足,调解质量和水平不高,难以满足基层社会需要的困境。如何解决这一矛盾,需要大胆创新思维。政府购买外包法律服务的做法,在国际社会已经普遍存在,从一些国家的经验看,政府在养老、慈善、教育、法律服务等涉及民生服务领域,向社会组织购买服务是一种成熟可行的方式,在我国尚属于方兴未艾的阶段。

三 创新思路,解决困境,诞生人民调解"福田模式"

深圳市福田辖区有4000多名律师执业,有200多家律师事务所

（其中区属律师事务所 100 多家），福田区有人口 200 余万人，每万人中就有律师 20 人，而在美国，每万人中仅有律师 13 人。充足的律师资源使得福田区的法治建设有强劲的人力储备，如何充分利用辖区丰富的法律服务资源，为福田区提供基层法律服务，成为摆在法律界面前的重要任务。传统的律师无偿地为政府提供法律服务的方式不利于充分调动律师事务所律师的积极性，难以维持长久，政府逐步意识到，法律服务必然由传统的无偿义务公益服务转为由政府"埋单"的收费服务，这样符合市场经济规律，体现了对法律服务的尊重，可以实现多方共赢。

福田区司法局大胆创新人民调解工作的机制，以招投标方式向律师事务所"购买法律服务"，由中标律师事务所提供外包法律服务，由具有律师资格的律师担任人民调解员并将他们派驻到福田区基层公安派出所、交警大队、人民法院、信访局、综治维稳办、街道办等机构、联合组建人民调解室，化解民间纠纷，为人民群众提供全天候调解服务。勾勒出"政府主导、司法牵头、公安联动、律师参与"的"大调解"新格局，形成了"调解人员专业化、调解机制规范化、调解方式法制化、档案管理标准化"的常态运行机制。从 2008 年 8 月开始，运行至今已经八年多，历久弥新，被司法部、广东省司法厅领导和专家赞誉为人民调解"福田模式"。

四 福田模式的发展历程

（一）"福田模式"诞生前的试点

人民调解的"福田模式"在保证传统的社区、街道人民调解委员会正常运作基础上，突出了人民调解专业化的建设。经历了从招收专职人员、成立专门机构，到通过招标购买专业的法律服务的形成过程。

早自 2007 年 2 月，深圳市福田区司法局即启动了警民联调试点工作，成立了驻沙头派出所、景田派出所人民调解室，公开招募 12 名临时人员在驻派出所调解室担任调解员，进行警民联调的试点工作。到 2008 年 9 月，两个驻派出所人民调解室一年多时间成功调解各类矛盾纠纷 2900 起，平均每月调解矛盾纠纷 130 宗，调解成功率达86%。改试点工作是按照传统的"养机构、养人、办事"模式运作，方向是提升人民调解的专业化程度。人民调解和治安调解联动存在机制不健全、运作不规范、责任不够明确、专业服务程度不够高等问题。试点工作行政违法风险加大，政府未破"养机构、养人、办事"之困局。

2008年，经过调研和论证，福田区司法局做出了由政府购买法律服务的改革决定，确定按照"以事定费、购买服务"的模式，由区政府向律师事务所购买服务。并且，福田区司法局进行了先期的试点工作。试点工作的开展具有划时代的意义，是政府管理模式上的一项有益的重要创新举措。

（二）"福田模式"的诞生

2008年，福田区委区政府做出了由区政府全面购买法律服务的决定，福田区按照"以事定费、购买服务"的模式，区编委按照每个调解室5—8人的标准配备调解员，并批准下拨了人民调解室启动经费和工作经费。福田区司法局向辖区律师事务所（当时4000多名律师在福田执业）购买服务。区编委按照每个调解室5—8名的标准配备调解员，并批准下拨了人民调解室启动经费和工作经费。经公开招投标，先期聘任了三家律师事务所，经福田区司法局与律师事务所签订法律服务合同，明确服务人员条件和工作岗位职责，并联合区委政法委、法院、公安分局对其业务进行监督和评估考核，并由律师事务所开始招聘和培训法律专业人士，各调解员与律师事务所签订法律服务合同，招聘和培训具有法律专业学历背景的专业人员担任调解员，经培训之后，由福田区司法局对调解员进行法律知识培训和考试，取得任职资格。自2008年10月下旬开始，调解员全部进驻各个基层派出所人民调解室，实行24小时值班，免费为人民群众提供法律服务，确保能在纠纷发生时第一时间、第一现场化解矛盾，开展民间纠纷和其他各类纠纷调解工作。这一改革模式，通过政府招标方式购买法律服务，解决了人民调解工作长期存在的机构混杂、职责不明和人员经费不足的问题。政府机构购买法律服务，不增机构不加人，实现了行政职能优化、提高了公共法律服务专业水平，实现了具有福田特色的人民调解专业化模式。

(三)"福田模式"的发展

按照福田区人民调解工作的规划,未来,福田区将按照调解优先、公平正义,维护人民权益和标本兼治的调解工作原则,注重调防结合,注重源头根治,注重个案跟踪,充分发挥人民调解功能,化解社会矛盾。未来福田区人民调解工作的发展方向是构建以人民调解为基础,实现人民调解、行政调解和司法调解有机融合的"大调解"体系,实现调解人员专业化和调解机制规范化、调解方式法制化、档案管理标准化的改革思路。并且,按照政府提供公共服务的新方向,成立区、街道、社区三级福田区公共法律服务中心,通过建立和完善人民调解、行政调解和司法调解的衔接机制、监督机制和考评机制,促进公共法律服务工作的开展和完善。

第二节 人民调解"福田模式"的内容

一 人民调解"福田模式"的综述

福田区按照"以事定费、购买服务"的供给模式,通过招投标向有资质的律师事务所购买服务,中标律师事务所派遣法律专业人员进驻派出所人民调解室担任调解员,免费为民众提供调解服务。使用财政经费为公民提供公益性的法律服务,取之于民,用之于民。

福田区人民调解模式的主要参与主体包括:福田区司法局、辖区律师事务所、人民调解员。其中,福田区司法局的主要工作包括:因地制宜,积极探索,统筹规划,负责人民调解室的布局;协调民调室与派出所、交警队、信访、综治维稳、医院、社区等单位的工作衔接,负责办公房屋等基础建设,配备办公场所、办公设备等的配备;作为调解工作的发起方和采购方,负责统一招投标工作,向有资质的律师事务所购买法律服务;对人民调解工作室和人民调解员进行日常规范管理,开展月度、年度考核;并汇总经验,编制人民调解的成果。

律师事务所中标后,要与福田区司法局签订法律服务协议书。根据协议,派遣律师或者具有法律专业知识的法学本科生去中标的民调室值班。律师事务所负责对民调室日常工作开展指导、检查、考核及相关工作协调。

福田区的人民调解员由律师事务所聘任律师或者具有法律专业学历教育背景的人担任。福田区人民调解室布局的基本思路是：哪里有纠纷，哪里就有调解。在该思路的指导下，福田区的人民调解工作不断拓展、完善。自2008年10月24日以来，福田区先后在派出所、交警、法院、信访、综治维稳、大医院和社区设立了22个人民调解室，配备法律专业调解人员135名（全部为法律专业毕业，部分是职业律师或者具有司法资格证书）。截至目前，已成功调解社会矛盾纠纷35000多宗，工作成效突出，已成为基层维护社会稳定的主要力量。

人民调解"福田模式"主要有以下五大要点：

（一）福田区司法局与基层机构共同创建派驻人民调解室

2008年，福田区司法局与福田辖区内公安派出所、交警大队、人民法院、区信访局、综治维稳部门、医院等合作，先后在福田辖区14个公安派出所、2个交警大队、区法院、区劳动局、区信访局和北大深圳医院、深圳市第二人民医院、深圳市中医院和福田医院等单位创设了23个人民调解室，先期派驻调解员82名。从律师事务所引入具备律师资格专业人员担任派驻人民调解室人民调解员，24小时"全天候"调解社会矛盾纠纷，为人民群众提供法律服务。

在福田区司法局向辖区律师事务所购买专业法律服务的同时，福田区各街道均成立社会矛盾调解中心，落实了专项经费。10个街道办事处94个社区工作站，建立了专职调解员制度。如今，福田区司法局与基层机关合作建设的调解室增加至23家，设立的人民调解室分布全区各个角落，全区派驻调解员增加至132人，由10家中标的律师事务所派驻专业人员，为人民群众提供人民调解法律服务。构成了"福田模式"的核心内容，形成了"以专带兼、专兼结合"的人民调解机制在基层的全覆盖，形成了福田区网络化组织体系。

（二）建立健全财政专项经费保障机制

中共福田区委、福田区政府为了确保全区人民调解工作的扎实有效开展，"兵马未动，粮草先行"，将购买法律服务的经费纳入政府财政预算，按照"以事定费、购买服务"供给模式核拨经费，有力地保障了采购法律服务的经费来源，福田区司法局经区政府、区财政局审批，参照政府雇员工资标准，将每年每名调解员的划拨工作经费从 5 万元提升至 8 万元以上，还另外核拨了办公经费，提供了全额经费保障，为法律服务业务外包关系夯实了经济基础，稳定了派驻调解员团队。2014 年年底，深圳市司法局与深圳市财政委员会联合印发《深圳市人民调解工作经费管理规定》，由于有政府的全额经费保障，各个人民调解室的调解员对外为人民群众提供法律服务，均是免费的。

（三）创立政府招投标采购公共法律服务方式

早在 2008 年，福田区司法局就开始以招投标方式，向具备资质的律师事务所购买法律服务，福田区司法局与中标律师事务所签订外包法律服务合同，由中标律师事务所提供外包法律服务，派驻基层各个调解室担任调解员。自 2008 年 10 月开始，实行 24 小时值班，开展民间纠纷调解工作。这一改革模式，福田区司法局仅仅是公共产品的采购方和服务质量的监督者和考核者，不直接供给法律服务，通过政府机构购买法律服务，突破了"养机构、养人"的陈旧思维模式，实现了政府不增机构、不加人，为特色的人民调解专业化推动模式。这是新常态下，政府转变职能的重大举措，通过政府购买公共法律服务，能够充分利用法律服务资源，满足人民群众对基层公共法律服务的需求。政府通过采购专业服务的方式开展调解工作，实现了自身角色的有效转换。政府由传统上的调解服务产品的直接供给者，退身为调解网点的布局者、调解工作的管理者、监督者、考核者和经验汇总者。

（四）中标律师事务所外包法律服务与专业化调解员队伍建设

福田区司法局要求中标律师事务所考核选拔具有法律本科以上学历和律师资格，部分人员具有医学专业和心理学专业背景，而且是优秀、经验丰富的专业人员担任调解员。要求中标的律师事务所从执业律师中选出资深的律师，作为人民调解委员会的专家，列入专家库名单中，以保证调解员在遇到专业问题时能够及时向专家咨询，充分发挥专家顾问的作用。

调解室实行专业化的管理，调解员具有专业化的知识和技能，并且，调解员也属于律师事务所员工，随时可以与本所的律师进行沟通。调解员经过福田区司法局的考核合格后，持证上岗。确保了派驻调解室的专业性和中立性，提高了人民调解的公信力，拓宽了人民调解的工作领域。

例如，广东百利孚律师事务所选拔了5名法律本科以上学历，理论功底深厚，调解经验丰富，具有律师资格的调解员。而且，在进驻前，经过严格培训，在遇到重大疑难纠纷时，由该所资深律师和全体调解员共同讨论，必要时邀请福田交警大队经验丰富的交警等参加讨论，依法调解重大纠纷，逐步建立了一支政治素质好、业务技能精、实战能力强、群众威信高、热爱调解工作的高素质调解员队伍，成为化解矛盾纠纷的重要人力资源保障。

专业的管理指导机构、具备法律专业知识和技能的调解队伍、覆盖面宽的人民调解室布局、组织化程度高的调解网络（司法局—律师事务所—调解员）、规范化的管理制度、良好的调解效果，都表明人民调解的"福田模式"在同类人民调解机制发展方面，达到了较高的专业化水平。

（五）政府建立专业化监督考核机制

福田区司法局在合同中明确规定签约律师事务所派遣专业人员条件和工作岗位职责，建立权责明晰的岗位责任机制，福田区司法局出台了《福田区人民法院、福田区司法局关于建立人民调解与诉讼调解衔接机制的意见》《福田区驻派人民调解室量化考核实施办法》等规范性文件，要求对派驻调解室实施专业化、规范化管理，加强对调解员的监督和考核，调解室办公场所均按照人民调解委员会规范化建设要求布置，做到挂牌和相关规章制度上墙，各调解室均已建立了相对完善的工作规章制度和文书档案。并且，福田区司法局制定了各种工作规范指南来指导、规范人民调解工作，定期组织人民调解员参加培训，学习《人民调解法》《侵权责任法》《劳动合同法》《治安管理处罚法》等相关规定，建立学习例会制度，以讨论案例的形式，让调解员在处理重大疑难的案件中不断地总结经验。

二 "福田模式"的实证特点

（一）提升了人民调解工作的社会化、专业化水平

政府购买法律服务，中标律师事务所派遣专业人员担任调解员，破解机构设置、人员配置和经费保障困境，释放了人民调解活力。福田区司法局主导人民调解进驻面对矛盾纠纷较多的部门，保障到位，运作规范。由于在社会矛盾凸显期，人民调解的制度瓶颈和入口不畅，因而专业人才难以进入人民调解工作领域，调解队伍也难以稳定，缺乏一支能打硬仗的正规军，监督管理也难以到位。通过政府购买法律服务，引入律师事务所投入人民调解工作体系，利用律师事务所的专业和职业优势开展调解工作，优化了基层调解组织人员配置，提供了调解服务质量水平，提升了人民调解工作的社会化、专业化程度，释放了人民调解的活力。不仅缓解了调解中的专业人员不足，而且改进了调解人员知识结构，提升了人民调解的服务质量，进而体现了第三方人民调解的独立性、中立性和专业性，又提高了人民调解的公信力，确保了公平公正。

（二）更多矛盾纠纷化解在基层，化解在萌芽状态

贴近百姓，依法调解。人民调解室调解员在第一时间实施接案、调解、履行、归档"一条龙"服务。依据法律并合情合理地进行调解，化解各类矛盾，督促调解协议当场履行。对大部分的纠纷能做到当场受理、当场调解、当场履行、当场结案，大量分流了可能进入人民法院的民事案件。特别是驻派出所人民调解室在八小时之外，非工作时间内，让老百姓既充分享受到及时周到的法律服务，又确保及时、依法和有效调处矛盾纠纷，贯彻了调解优先原则，实现了人民调解和治安调解的无缝对接，为维稳工作筑起坚固的"第一道防线"。

（三）创立了便捷高效的社会矛盾纠纷解决模式

派出所接报民事纠纷案件的70%以上在调解室得到了解决，交通事故赔偿纠纷的40%—50%能够通过人民调解方式化解，更多的纠纷解决在基层，化解在萌芽状态，能够有效弥补传统解决纠纷方式的不足，盘活了基层一线警力，解决长期困扰派出所的非警务纠

纷问题，维护了人民警察的良好形象，减轻了民警的负荷，让民警能够把更多精力投入到刑事打击和治安防范上。盘活和解放了基层一线警力，大量减少了政府接待民众上访信访的工作量。

　　同时，减轻了法院诉讼工作量。福田区调解这一发展模式被广东省司法厅誉为"福田模式"。2009年、2010年和2011年上半年，驻派出所交警大队人民调解室分别成功调解社会矛盾纠纷9020宗、8501宗和4300宗，占全区当年调处纠纷总数的65%左右，成为维护稳定的主要力量。

　　（四）人民调解、行政调解和司法调解有效衔接，形成大调解格局的基础条件

　　人民调解"福田模式"不但建立了调解机制，而且福田区司法局与区各相关机关协调配合，采用联合发文方式，共同制定了许多人民调解与行政调解和司法调解有效衔接的制度，使得人民调解与行政调解和司法调解形成动态性互动机制，为建立大调解格局创造了良好的条件。大调解格局的构建在于各个调解机制的互相衔接，形成多层次、多渠道的调解格局。

第三节　人民调解"福田模式"的特色

　　历经七年多的改革创新实践，经过司法部领导和专家组鉴定，归纳总结，人民调解"福田模式"具有以下几个突出特点：

一　"养事不养人，以事定费"

　　打破了以往的"养机构、养人、办事"的高成本陈规陋习，以"养事不养人，以事定费"的思维，政府采用招投标方式，向社会采购法律服务，一改往日"养人"造成机构臃肿的局面，破解了政府直接聘用人员在《劳动合同法》实施后，财政供养人员积淀而加重成本的困局，大大降低了政府服务基层的成本。政府不再是调解的直接主体，而是转变政府职能，成为调解规范的制定者和调解行为的监督者，促进了人民调解向社会化和自治化方向发展，创新了利

用社会资源为人民群众提供公共法律服务的模式。

二 政府向具有资质的专业律师事务所采购法律服务，人民调解向专业化方向发展

政府向具有资质的专业律师事务所购买法律服务，突破了福田区以往人民调解员队伍松散，素质不高的制约瓶颈，解决了人民调解工作长期存在的人员、素质、专业和服务质量问题。优化了基层调解组织专业人员的配置，提高了专业服务质量。福田区的调解工作，是由中标的律师事务所具体实施的。律师事务所的引入，使得人民调解工作能够得到经常性的专业化的业务指导。各律师事务所聘任的人民调解员，都具有法学专业学历，很多人还通过了司法考试，具有律师资格，甚至具有较为丰富的司法实务经验，并且，他们属于律师事务所，随时可以与本所的律师进行沟通。而专业化也为人民调解的发展探索了一条很好的发展路径。

三 派驻基层机构的调解组织相对独立，中立第三方调解

人民调解委员会派驻基层机构的人民调解室身份是中立的第三方，调解员不直接隶属于政府，也不隶属于接受派驻的机构，人民调解员的身份相对独立和中立，调解以事实为依据，以法律为准绳，确保了调解工作依法、独立进行。另外，由律师或具有法律专业的人员担任调解员，使得当事人得到专业化法律服务，也更容易获取当事人的信任，达成调解协议更容易，调解结果更能被当事人接受并自觉履行。人民调解"福田模式"，成功化解了各类矛盾纠纷，效果明显，调处成功率、当场履行率和自动履行率高。

四 人民调解机制对基层社会的全覆盖

人民调解"福田模式"实现了人民调解对福田区基层社会的全覆盖，人民调解进交警、进派出所、进法院、进信访、进综治维稳、进街道社区，人民调解的触角深入到基层社会的各个角落，人民调解的"福田模式"充分关注到了矛盾纠纷解决的覆盖面问题，哪里有矛盾，哪里就有调解。福田区建立了全面合理的人民调解网络。

福田区辖区的主要派出所、交警队、法院、信访、医院等22个人民调解室的布局，形成了系统的调解网络。人民调解工作室布局合理，使得老百姓可以方便就地解决纠纷。打造出全区30分钟人民调解服务圈，拉近了政府与人民群众的距离，调解员与人民群众面对面零距离服务，让人民群众体验到党和政府的公共服务的就在基层、就在身边。人民群众对"福田模式"的评价："就近，不花钱，不伤感情。"

五　强化部门衔接互动，实现调解方式多元化

人民调解与在公安派出所、人民法院无缝对接，预防矛盾进一步激化，为公安部门的工作大大地减压。福田区司法局在公安派出所、交警大队派驻调解室，在人民法院派驻调解室，打破了人民调解与治安调解、司法调解各自为战的局面。

例如，在公安派出所，人民调解委员会的工作模式是值班民警先期对报警纠纷进行初审，将属于民间纠纷的警情求助，转给调解员独立主持调解；对于矛盾较为尖锐，有可能升级的民间纠纷，调解员与民警共同化解；对于民间纠纷引起的治安案件，由民警主持，调解员配合，调解民事赔偿部分。福田区司法局派驻的人民调解室分流了大量可能进入诉讼程序的民事案件，实现人民调解和治安调解的无缝对接，大大盘活了基层一线警力。

例如，人民调解与人民法院司法调解有效衔接，减低诉讼成本，为法院减负。区法院成立审前调解团队，配备调解法官、派驻人民调解员和社会爱心调解员，采取诉前调解、委托调解和协助调解这三种调解模式。联动调解，灵活调解，高效调解，使得法官从繁重的审判工作中得到缓解，大大节约了当事人的诉讼成本，提高了调解效率，且能够实在地解决问题，化解大量的纠纷。

六　人民调解组织专业化改革，提高了人民调解工作的效率

人民调解由街道社区干部兼职调解员转变为由专业律师担任专职调解员，由传统的民间调解转变为专业调解，利用律师事务所的专业和职业优势开展调解工作，克服了人手不足的困境，优化了基层调解组织人员配置，拓展了人民调解的业务范围，提高了人民调解的服务质量水平，提升了人民调解的第三方中立性和专业性，加强了人民调解的社会化、专业化程度，增加了人民调解的人力资源，大幅度提高了人民调解工作的效率。

七　科学规范化操作方式

福田区司法局发布了《福田区人民法院、福田区司法局关于建立人民调解与诉讼调解衔接机制的意见》《福田区驻派人民调解室量化考核实施办法》等一系列规范性文件，编辑出版了《道路交通事故损害赔偿纠纷人民调解工作规范指南》《深圳市福田区人民调解典型案例评析》《驻派出所人民调解室工作规范指南》等人民调解系列丛书，大大提高了人民调解的科学性、规范性和法律性。人民调解"福田模式"运作程序规范，形成了包括案件受理、记录、报告、分流、交办、办理、督办、履行、反馈、建档等完整的调解工作流程。规范的调解程序的优点在于：保障了调解的合法性；有助于在全区树立人民调解的良好形象；有助于建立持久长效的调解机制，不至于因为个别调解人员的变动而使调解工作停滞或者瘫痪；有助于累积调解经验，为调解人员的知识储备、经验积累、制度完善等创造了良好条件。

八　化解纠纷的成本低，人民群众满意度高

纠纷解决成本高低对冲突各方是非常重要的因素。如果当事人通过调解方式解决纠纷的成本过高，则可能导致冲突各方回避选择调解方式解决问题。因此，低成本地化解民间纠纷异常重要。人民调解"福田模式"能够低成本调解纠纷的主要特点如下：

（一）法律服务不收费

由于政府采购法律服务，调解员的报酬被纳入政府财政预算，人民调解员免费为当事人提供法律服务，大大减轻了当事人的负担，这是人民调解的重大优势。时间成本与机会成本是不容小觑的重要付出，调解及时定纷很好地适应了当今生产、生活节奏较快的现状。

（二）时间成本和地域成本较低

治安案件和民事纠纷的发生，并非全部发生在 8 小时工作时间内，因此，调解员 24 小时的全天候值班，提供法律服务，在一般情况下，当事人能够得到就近法律服务，不用三番五次地去找调解员，也不存在调解员下班后当事人吃闭门羹或者被扫地出门的情形，有助于矛盾纠纷在第一时间进入调解程序，在第一时间化解矛盾纠纷。比起非职业化调解来说，全天候的调解，也有助于纠纷当事人节省时间，便利了人民群众，这大大节约了当事人的时间和地域的成本，纠纷当事人满意度、社会公众的支持率和社会公信力高。

（三）政府采购法律服务付出的经济成本也较低

据了解，最初区政府财政为一名调解员每年支付的报酬是 3.5 万元，现在逐步提高为每名调解员每年 8 万元，低于基层机关公务员的平均工资水平。同时，还避免了政府直接聘用调解人员而有可能发生的劳动争议风险。用劳动派遣方式采购律师事务所的公共法律服务，不失为一项创新举措。

九 提高了人民调解的地位和作用

福田区实现了人民调解与行政调解、司法调解无缝对接，扩大了人民调解的职能和范围，人民调解从传统的辅助地位上升为与传统纠纷解决机制并驾齐驱之地位，形成了司法、行政、人民调解三位一体模式，"三分天下有其一"，建立了福田区大调解的工作格局。人民调解"福田模式"中，引入专业律师事务所律师提供法律服务，符合"社会协同、公众参与"的社会管理改革思路。福田区通过招标购买专业的法律服务，由律师担任人民调解员，一方面，由律师参与人民调解，成功率高，协议履行率高，纠纷解决得快、效果好，群众满意；另一方面，人民调解释放了一线警力，减轻了法院等机构的工作压力，从而实现了"双赢"。人民调解的过程也是宣传法治和法制教育的过程，实现了矛盾纠纷化解与预防的并重，创新了人民调解的运作机制。

十 党委政府重视支持基层人民调解室建设

中共福田区委、福田区政府非常重视支持基层人民调解室建设，发布了《构建社会矛盾纠纷大调解体系实施方案》，确定了组织架构、工作制度、运行机制和保障体系，将各项调解经费列入福田区财政预算，不断批准建立和完善各种人民调解委员会，党委政府领导重视，有力地保障了基层人民调解机制的长久稳定运作。司法部某领导在调研人民调解"福田模式"中，总结出一句话："算算政治账、算算经济账、算算民意账，都适合在全国推广。"

第四节 "福田模式"推广的绩效

一 福田区推广的绩效

近年来，福田区大力推动人民调解"福田模式"，实行人民调解专业化改革，坚持以人民调解为依托，构筑"大调解"工作格局，福田区司法局充分利用辖区丰富的法律服务资源，在全国首创了以招投标方式向律师事务所购买法律服务，引进法律专业人员担任调解员，在面对矛盾纠纷较多的单位设立人民调解室，化解矛盾纠纷，全天候为基层人民群众提供专业调解服务，实现了人民调解、行政调解和司法调解"三调联动"的有效衔接。探索了一条化解社会矛盾纠纷的新路子，不仅为公安减了压，为法院减了负，为政府分了忧，更使群众解决纠纷"一不跑远路，二不花本钱，三不伤感情"。这种模式解决了人民调解工作长期存在的经费困难、人员不足和服务质量问题，强化了人民调解的独立性和中立性，提高了人民调解公信力，扩大了人民调解工作领域，受到国家司法部、省司法厅和深圳市委、市政府的高度评价，被称为人民调解"福田模式"。

截至2009年12月31日，据不完全统计，福田区13个驻派出所人民调解室和1个驻交警大队人民调解室驻派出所调解纠纷7449宗，调解成功率达93%以上，取得了良好绩效。其中驻福田交警大队调解室共受理机动车交通事故纠纷307宗，调解成功305宗，调解成功率99.3%，调解金额6655357.1元，其中单宗最高调解赔偿金额1285000元，从事故类型分类，人身损害赔偿的有296宗（占96%），财产损害的有6宗（占2%），有5宗（占1.6%）没有涉及赔偿金额；从履行方式分类，当事人当场现金清偿的有208宗（占68.2%），通过保险公司理赔兑现的有97宗（占31.8%）；从赔偿金额分类，赔偿金额1万元以下的有209宗（占68.5%），1万—10万元的有85宗（占27.9%），10万元以上的有11宗（占3.6%）。从当事人户籍分类，有5%左右的当事人是港澳特区户籍，95%左右的当事人是内地户籍。另外，福田交警大队调解室提供法律咨询203宗，共计217人次。

2011年福田区14个派驻派出所人民调解室受理纠纷9907宗，调解成功9789宗，调解成功率98.8%；2个驻交警大队人民调解室受理纠纷489宗，调解成功489宗，调解成功率100%；驻人民法院调解室受理纠纷522宗，调解成功409宗；驻四家医院的医调室共受理医患纠纷83宗，调解成功64宗。

福田区人民调解成为基层化解民间矛盾纠纷的主要力量之一，构筑起一道维护社会和谐稳定的坚实防线。人民调解已经从过去的辅助地位转变为独立地位，能够与传统解决纠纷方式并重，相互补充，在化解民间纠纷方面发挥着越来越重要的作用。

人民调解"福田模式"于2012年9月通过了国家司法部组织的创新成果项目成果鉴定，"人民调解的福田模式研究"被批准立项为国家社会科学基金后期资助项目。人民调解"福田模式"及其推广工作被评为"深圳2013年度十大政法创新"项目之一。

现在，人民调解"福田模式"已经走出福田，推广到全市，推广到外省市，成为遍地开花的"深圳经验"。

二 人民调解"福田模式"在深圳市推广的绩效

在社会矛盾纠纷内容多元化、涉及专业知识广、法律政策需求高的情况下，福田区按照"以事定费，购买服务"的供给模式，通过招投标向有资质的律师事务所购买服务，中标律师事务所法律专业人员进驻人民调解室担任专职调解员。这种模式在福田区取得了巨大的成绩，福田区先行先试积累了宝贵的财富，具有普适性。因此，深圳市政法委员会决定将这种模式向全市推广，人民调解"福田模式"推广工作被纳入到创建平安深圳暨综治考评体系中，权重大幅提高。在推广过程中，深圳市委政法委与深圳市司法局联合成立专项工作督导组，由两单位领导带队，对全市各区和有关单位进行严格的督察指导。2013年第四季度，市司法局先后向市委政法委提交了5次督导情况报告，以市综治办名义连续向全市各区下发推广工作进展情况通报和专项督办函。与此同时，人民调解"福田模式"推广办还通过召开座谈会、走访交流、查阅资料、明察暗访等形式，不断加大对各区和基层单位落实工作的督导力度，确保了全市推广工作齐头并进，取得扎实成效。

2013年下半年开始，在深圳市委政法委主导下，人民调解"福田模式"迅速在全市推广，共计增加投入人民调解工作经费5778.42万元，新建成人民调解室76个。开展"福田模式"推广工作以来，深圳市增加投入人民调解工作经费5778.42万元，新建成人民调解室76个，新增加专兼职人民调解员664人，加上对原有的205个人民调解室按照"福田模式"的标准进行"转型升级"，实现了"福田模式"对全市法院（庭）、公安派出所、交警大（中）队、大型公立医院和劳动、信访、综治维稳中心等矛盾纠纷较为集中的单位或部门的全面覆盖，为维稳工作筑起了坚固的"第一道防线"。

深圳市委政法委在全市设立人民调解室和人民调解委员会，为基层群众提供法律服务调解矛盾纠纷。人民调解工作是社会管理创新的重要组成部分，破解了机构人员配置和经费保障难题，提升了人民调解工作的社会化、专业化水平。截至2014年4月下旬，深圳市各区派驻调解室共调解各类矛盾纠纷8500余起，未出现一宗反悔起诉或撤销调解协议或被法院判决变更、撤销调解协议的情况。与此同时，各级法院部门受理的民事案件数量明显下降，充分说明了在人民调解"福田模式"下，人民调解"为社会服务、为公安减压、为法院减负、为群众解难"优势作用得到了更好发挥。（见表2—1、图2—1）

近5年来，深圳市各级人民调解组织每年平均成功调解近10万

表 2—1 福田区人民调解案件情况统计表（2014年1—12月）

调解案件总数	涉及当事人数	调解成功	疑难复杂案件	协议涉及金额	不同主体调解情况					案件来源						协议形式		排查预防情况			
					村调委会调解案件数	居调委会调解案件数	乡镇调委会调解案件数	街道调委会调解案件数	企事业单位调委会调解案件数	社会团体和其他组织调委会调解案件数	主动调解	依申请调解	接受委托移送调解	法院委托移送	检察院委托移送	公安机关委托移送	信访部门委托移送	其他部门委托移送	口头协议	书面协议	排查纠纷	预防纠纷	防止民间纠纷引起自杀	防止民间纠纷转化为刑事案件	防止群体性上访	防止群体性械斗
件	人	件	件	万元	件	件	件	件	件	件	件	件	件	件	件	件	件	件	件	件	次	件	件	件	人	件	人	件	人
14033	35389	13667	1314	92536.75	0	3245	0	5261	2	5525	3598	5676	4759	0	0	4694	45	20	5098	8458	382	1569	0	5	71	78	5063	0	0

件各类社会矛盾纠纷，创造了巨大的经济效益和社会效益。在此期间，驻公安派出所人民调解室处理的矛盾纠纷占公安110报警量的50%以上，派出所接报民事纠纷案件的70%以上在调解室得到了解决，交通事故赔偿纠纷的50%以上能够通过人民调解方式化解，更多的纠纷解决在基层，化解在萌芽状态，盘活了基层一线警力。人民调解和治安调解的有效衔接，更多矛盾纠纷化解在基层，取得了良好的效果。

人民调解"福田模式"不仅契合了政府职能转型的社会发展趋势和公共服务理论的原理，而且契合了社会转型与社会发展中，社会纠纷日益增加和民众权利意识不断增强等背景下的社会需求。在调解的运作机理上，实现了由主要依靠政府力量的传统"综治模式"向主要依靠社会力量、专业化队伍的"社会模式"的成功转型，从而使得人民调解实现了向民间自治的真正回归。如今，深圳市全面推广"福田模式"，形成了纵向到基层人民群众，横向到职能部门的"大调解"格局。人民调解"福田模式"由"盆景"变成"风景"，将在全市"开花结果"。

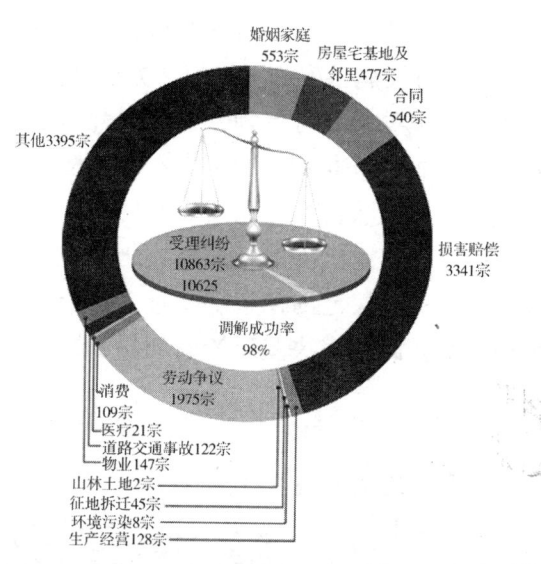

图2—1 2014年1月至9月期间福田区各级调解组织受理各类纠纷数据图

第三章

人民调解"福田模式"惠及基层民生的基本做法

第一节 驻公安派出所人民调解室

一 治安纠纷调解需求与行政调处资源短缺的矛盾

公安派出所处在社会基层，是解决社会基层治安纠纷和治安案件的重要机关。经调查研究，公安派出所受案中的70%以上是由民间纠纷引发的治安案件或者单纯的民间纠纷。如果民间纠纷处理不好，可能引发新的矛盾。例如，治安调解达成协议后，若一方不履约，即使对不履约方实施治安处罚，另一方还是需要通过诉讼程序，由人民法院对原纠纷重新进行审理，这不仅耗费了过多的行政资源和审判资源，也增加了当事人的诉讼成本。许多当事人对一般的治安案件或民间纠纷，不愿意等待冗长烦琐的诉讼程序，还是把解决纠纷的希望寄托在公安派出所的行政调处上。但是，由于大量民间纠纷超越公安派出所职权范围，牵制了过多的警力，也制约了纠纷处理的质量和效率，需要解决基层治安纠纷需求与行政调处资源短缺之间的矛盾。

二 解决供需矛盾的做法

（一）人民调解进公安，突破各自为战的做法

人民调解与治安调解是我国诉讼外调解的两种重要形式，长期以来两者基本上都是各自为战。福田区在公安派出所派驻人民调解室，从根本上打破了这种局面。既迎合了群众"有困难找警察"的

思维方式和习惯做法,又扩大了人民调解的工作领域,推进了人民调解专业化,建立了人民调解和治安行政调解有机衔接。两者衔接程序:110接警台的值班民警先期对报警纠纷进行初审,对符合人民调解受理范围的,经值班民警提示,当事人申请,分流到人民调解室,由调解室进行立案审查和调解,调解室主要对治安案件的民事赔偿部分进行调解,调解达成协议的,出具调解书,由调解室将调解结果报告值班民警,经过公安派出所主管领导批准结案。如果经调解室调解,当事人之间不能达成协议的,由调解室报告值班民警,将治安案件转入下一处理程序。

根据不同纠纷的类型,驻公安派出所人民调解室主要采取三种方式进行调解:其一是独立调解,对于民间纠纷,由调解员独立主持调解;其二是参与调解,对于矛盾比较尖锐,有可能升级的治安纠纷,由调解员邀请民警参与,共同调解;其三是配合调解,对于民间纠纷引起的治安案件,由民警主持,调解员配合,就民事赔偿部分进行调解。

(二)人民调解与治安调解的法律衔接

人民调解与治安调解的法律衔接是将《治安管理处罚法》与《人民调解法》两条主线相互融合。在实体法上,从治安行政责任、治安刑事责任与民事责任的竞合与聚合的视角,厘清治安行政责任主体、治安刑事责任主体与民事责任主体之间的重叠和分离;在程序上,将治安行政程序、刑事诉讼程序、民事诉讼程序与人民调解程序有机衔接。作为创新点,突破了公安派出所治安案件与基层人民调解案件各自的局限性,实现了人民调解与治安调解的无缝对接。

(三)公安机关与人民调解受案范围的衔接

《人民调解法》第二条规定:"本法所称人民调解,是指人民调解委员会通过说服、疏导等方法,促使当事人在平等协商基础上自愿达成调解协议,解决民间纠纷的活动。"《人民调解工作若干规定》第二十二条规定:"人民调解委员会不得受理调解下列纠纷:(一)法律、法规规定只能由专门机关管辖处理的,或者法律、法规禁止采用民间调解方式解决的;(二)人民法院、公安机关或者其他行政机关已经受理或者解决的。"

根据上述规定，除了不得受理调解的纠纷以外的所有民间纠纷（包括治安纠纷或者单纯的民间纠纷），派驻公安派出所调解室都可以受理。而且，上述试点受理调解的范围正在扩大。例如，人民调解"福田模式"正在试点将人民调解程序与治安行政程序、民事诉讼程序和刑事诉讼程序有机衔接，将人民法院、人民检察院或公安机关已经受理的部分治安行政案件和部分治安刑事案件中的适宜调解部分，经过人民法院、人民检察院或公安机关授权委托，扩大纳入人民调解受理范围之内。

公安派出所将治安案件分流到人民调解室以后，按照以下程序调处：

1. 告知

首先是征求双方当事人的调解意愿，告知当事人的权利义务。

2. 受理

当事人填写"调解申请书"，调解员填写"民间纠纷受理表"编号、登记。载明受理时间、双方当事人姓名、住址、身份证号、性别、年龄、联系电话、纠纷类别、接办调解员的姓名等基本信息。

3. 做调查笔录和调解笔录

调查笔录和调解笔录主要载明时间、地点、双方当事人的基本信息，调解员让当事人讲述案件发生原因、经过、损害情况和诉求以及当事人的调解意见，当事人签名。

4. 主持调解和制作调解协议

一般由调解员主持双方当事人进行调解，调解达成协议的，制作人民调解协议书。主要载明当事人的基本信息、纠纷简要情况、经调解后自愿达成的民事协议、履行期限、地点和方式。人民调解协议书由当事人签名、调解员签名和日期。

5. 填写民间纠纷受理调解表

主要载明当事人的基本信息、纠纷简要情况介绍、调解协议达成的内容。协议履行情况（一般是当场履行）、登记人姓名（调解员）和日期。

6. 履行调解协议

双方当事人履行调解协议书（一般为当场履行），一方当事人接受另一方当事人支付的赔偿钱款后，应当出具本人签名的收据，由调解室予以存档保留。

7. 制作结案报告

主要载明案件编号、调解室名称、纠纷类型、受理方式（一般为公安派出所移交）、双方当事人姓名、受理日期和结案日期、调解结果、履行情况、回访情况、归档日期、承办人、卷内页数等。

8. 归档

归档时，需要制作卷宗，在卷宗封面，载明案件编号、当事人的简要信息、调解员姓名、受理方式（一般为公安派出所移交）、是否调解成功、是否当场履行等基本信息。

三 适宜治安调解案件的条件及范围

（一）适宜治安调解案件的条件

根据《人民调解法》第十八条、《治安管理处罚法》第九条、《公安机关办理行政案件程序规定》第一百五十二条、《公安机关治安调解工作规范》第三条规定，可以适宜治安调解案件的条件如下：一是纠纷是由被侵害人事前的过错行为引起的；二是违法情节较轻的治安案件；三是双方当事人都有意愿调解的。

（二）可以试点扩大适用治安调解的范围

根据《人民调解法》《治安管理处罚法》《公安机关办理行政案件程序规定》《公安机关治安调解工作规范》规定，可以试点扩大适用治安调解的范围如下：

1. 因民间纠纷引起的治安案件

（1）故意伤害案；（2）殴打他人案；（3）侮辱案；（4）诽谤案；（5）诬告陷害案；（6）发送信息干扰他人正常生活案；（7）故意损毁公私财物案；（8）侵犯隐私案；（9）制造噪声干扰正常生活案；（10）饲养动物干扰他人正常生活案；（11）放任动物恐吓他人案；（12）偷开机动车案。

2. 主体之间存在特定法律关系的治安案件

（1）家庭亲友之间的轻微虐待、遗弃案；（2）校园内学生之间的案件；（3）单位同事之间的案件；（4）邻里之间的案件；（5）社区内居民（村民）之间的案件。

3. 行为人的侵害行为系由被侵害人事前的过错行为引起的

起因是行为人的侵害行为系由被侵害人事前的过错行为引起的。如果起因是雇凶伤害他人、寻衅滋事、结伙斗殴等，则不适宜治安调解。

第二节　驻交警大队人民调解室

一　交通事故调解与行政调处资源短缺的矛盾

据公安部网站公布的数据，在大城市中，交通事故频发的纠纷不断呈现数量多、复杂化的特点，传统的机动车交通事故损害赔偿纠纷解决方式，除了少量纠纷由法院处理外，大量的机动车交通事故损害赔偿纠纷，主要是通过交警大队的行政调解来解决的，这样不但牵扯了过多的警力，也影响了交通事故处理工作的质量和效率。而且，行政调解后如果一方不履约，另一方则必须通过诉讼程序，由人民法院对原纠纷重新进行审理。这种解决方式不仅耗费过多的行政资源和审判资源，也成为交通事故当事人的负担。在现实生活中，许多交通事故当事人对损失较小的交通事故纠纷，不愿意走琐碎漫长的诉讼程序，但是，因为交通事故处理警力不足、纠纷解决不当，因而社会矛盾累积，由此引发的当事人上访和干扰政府正常工作秩序的现象日趋增多，成为一个亟待解决的突出问题。

二　解决供需矛盾的做法

（一）人民调解进交警，突破各自为战的做法

据统计，2008 年福田区共发生交通事故 2 万多起，而轻微交通事故占九成以上，当事人为处理此类案件耗费了大量的时间和精力。针对这一矛盾突出的现状，2009 年 2 月 24 日，福田区驻交警大队人民调解室在福田交警大队成立并挂牌工作，这是广东省第一家人民调解进交警，按照福田区司法局的要求，投标成功的广东百利孚律师事务所向福田交警大队人民调解室派出了 5 名具有法律专业本

科学历、取得法律资格的调解员。同时，交警大队选派两名熟悉交通事故处理的交警指导和参与调解，开始了人民调解与治安和交通事故行政调解的联动。而且，人民调解室还加挂了"道路交通安全法律咨询室"的牌子，为交通事故民事赔偿纠纷当事人免费提供法律服务和法律援助。

在交通事故领域，尽管存在大量的损害赔偿纠纷，却一直没有人民调解介入。人民调解与交通事故赔偿调解是我国诉讼外调解的两种重要形式，长期以来两者基本上都是各自为战。福田区在交警大队派驻人民调解室，从根本上打破了这种局面。既契合了群众"有困难找警察"的思维方式和习惯做法，又发挥了人民调解在化解交通事故矛盾纠纷中的独特优势，既大大节约了行政调处成本，又降低了交通事故当事人的维权成本。

(二) 人民调解与交警调解的法律衔接

人民调解与交警调解的法律衔接是将《中华人民共和国道路交通安全法》与《中华人民共和国人民调解法》两条主线相互融合。在实体法上，从交通事故行政责任、交通肇事刑事责任与交通事故民事责任的竞合与聚合的视角，厘清交通事故行政责任主体、交通肇事刑事责任主体与交通事故民事责任主体之间的重叠和分离，在程序上，将交通事故行政程序、刑事诉讼程序、民事诉讼程序与人民调解程序有机衔接，将人民调解程序前置于交警行政调解程序，交警告知当事人，由当事人自愿选择人民调解或者交警行政调解，突破了交通事故赔偿案件与人民调解案件各自为战的局限性，实现了人民调解与交警调解的无缝对接。

(三) 交警大队与人民调解受案范围的衔接

《中华人民共和国人民调解法》第二条规定："本法所称人民调解，是指人民调解委员会通过说服、疏导等方法，促使当事人在平等协商基础上自愿达成调解协议，解决民间纠纷的活动。"《人民调解工作若干规定》第二十二条规定："人民调解委员会不得受理调解下列纠纷：(一) 法律、法规规定只能由专门机关管辖处理的，或者法律、法规禁止采用民间调解方式解决的；(二) 人民法院、公安机关或者其他行政机关已经受理或者解决的。"同时，依照《道路交通安全法实施条例》第九十四条、《道路交通事故处理程序规定》第六十条规定，除了不得受理调解的纠纷以外，所有的交警大队管辖的机动车交通事故损害赔偿纠纷，派驻交警大队调解室都可以受理。

（四）派驻交警大队调解室受理纠纷的程序

交警大队移转给派驻人民调解室的，即人民调解程序前置；双方当事人自愿共同直接申请的；公安机关、检察机关、人民法院委托的。具体程序是：

（1）交警大队依法对交通事故进行调查、取证和做出交通事故责任认定。

（2）当事人对交通事故的民事赔偿有争议的，可在10日内向人民调解室申请调解。

（3）交警大队根据案件处理的需要，经当事人同意后，可请求人民调解室协助调解。

（4）人民调解室将调解的信息及时反馈给交警大队。

（五）交警大队人民调解室调解的重要意义

自福田区驻交警大队人民调解室成立以来，截至2013年10月，受理案件1660宗，成功调处率99%。统计表明，大约65%的交通事故民事赔偿纠纷，可通过人民调解的方式化解。此外，人民调解室还义务为大量的交通事故当事人提供了法律咨询服务。并且，当事人对于人民调解室的调解无任何投诉。

交警大队人民调解室的调解，具有以下重要意义：

1. 盘活了一线警力

把交警解脱出来，将更多的精力投入到交通秩序管理和维护等日常管理工作中去。交警完成现场勘查、交通事故责任认定后，接下来的民事调解需要花费大量的时间，做很多具体的工作。而交警队人民调解室的设立，可以大量减轻交警的工作压力。

2. 有效化解了交通事故中的民事赔偿纠纷

交通事故发生以后，除了一些后果较为严重的交通事故外，多数民事纠纷都是可以调解解决的。但是，很多当事人之间往往情绪对立，如果没有大量深入细致的沟通、说服和教育，当事人往往难以达成协议。驻交警队人民调解室的介入，有助于将纠纷在较短时间内化解。

3. 提高了交通事故调解的效率

在交警队做出交通事故责任认定后，民事赔偿如何进行？当事人往往对交通事故的赔偿程序、责任划分、保险理赔，计算损失等，缺乏准确的认识。而专业调解员的介入，提供法律服务，可以使当事人对于交通事故调解解决有更为准确的认识，也使得当事人更能够有效实现"纠纷化解"与"权利维护"的有机统一。

4. 增强了调解的公信力，受到当事人的欢迎

如果调解由交警完成，可能会使当事人产生心理顾虑，往往担心由于警察偏袒一方而拒绝调解。人民调解室的介入，使得当事人对调解少了一层顾虑。调解员的身份更为中立，加之调解员知识的专业性，使得调解工作更容易沟通、调解更容易进行，协议更容易达成，有效地保障了调解协议履行的法律效力，同时，也较好地协调了保险公司、法院等机构，为人民调解协议的顺利履行及保险理赔等后续工作的展开提供了便利，受到当事人的普遍赞扬。

第三节　人民调解"福田模式"惠及民生的其他领域

一　驻人民法院的人民调解室

人民调解委员会驻福田区人民法院人民调解室2010年9月15日挂牌，由律师事务所派驻4名具有法律专业学历、通过司法考试的人民调解员，主要通过诉前调解、委托调解、协助调解等方式，开展民事调解，建立了人民调解与司法调解的对接机制。

（一）人民调解进法院的必要性

我国社会转型期，各种社会矛盾频发，呈现数量多、涉及面广、复杂化的特点，大量的基层纠纷依靠人民法院来解决，不但牵扯了过多的审判力量，也影响了人民法院工作的质量和效率。在审判领域，尽管存在大量的矛盾纠纷，却一直没有人民调解介入。实际上，许多当事人不得已到了人民法院来起诉，仍然不愿意走琐碎漫长的诉讼程序，希望通过高效调解解决。但是，一般情况下，人民法院

不会在起诉之前开始调解，人民调解则可以弥补这个不足。而且，因为人民法院审判、执行力量不足，审判程序复杂，审结期限过长，因而社会矛盾累积，由此引发的当事人上访、申诉的现象日趋增多，成为一个亟待解决的突出问题。

人民调解室的设立，有助于实现案件分流，把法官从大量简易、争议不大或事实不清、证据不足的案件中解脱出来，从而可以使法官将更多精力投入到那些复杂、专业性强的案件审理中去。这样，经过人民调解分流，有了时间的保证，减轻了法官压力，法官就可以精心研究案件，更好地总结经验，更好地从个案中提炼和总结出一般性的规则，为类似案件的审理提供更多的司法指导。

相比于公安派出所、劳动局、交警大队、医院人民调解室接触的纠纷而言，起诉到人民法院的矛盾纠纷，冲突较为激烈。以福田区为例，从2010年9月15日至2013年10月底，驻福田区人民法院人民调解室接待来访共4985宗，调解成功率为66.26%。显然，比起其他人民调解室的调解，调解成功率并不很高。其主要原因在于，案件的难度大、调解花费时间长、案情复杂等。此外，对于案件调解的数据，存在统计上的误差。例如，不少案件可能调解周期长、已告知当事人到相关部门解决、调解撤诉、调解不成退回法院审理等。驻法院人民调解室调处的纠纷主要为合同纠纷、债权债务纠纷、劳动争议纠纷、交通事故损害赔偿纠纷、婚姻家庭纠纷等。

（二）人民调解与人民法院诉讼调解相比较具有优势

1. 效率高，节约成本，减轻当事人讼累，实现纠纷的快速有效化解

一般来说，根据《中华人民共和国民事诉讼法》的规定，人民法院的诉讼程序的审限，一个普通程序案件是6个月时间，简易案件是3个月时间。当事人要前往法院立案、开庭，至少需要到法院去两次，甚至更多的次数。显然，比起人民法院的诉讼方式解决，人民调解室处理纠纷的突出优点是效率高。调解解决纠纷方式，可以为当事人节约大量时间，还可以为当事人节约诉讼费、往返交通费、食宿费和律师费等费用。因此，调解使得纠纷的解决更为快速、有效。借助人民调解室在案前介入，很多案件不必要进入到法院诉

讼程序，在立案前就可以使纠纷化解，甚至是当场解决、当场履行。

2. 有助于解决依据法院诉讼程序涉及证据问题时产生的无法化解的矛盾

人民法院诉讼要讲求证据的全面收集，要求当事人双方各自举证，而且，要求当事人提供的证据能够形成一个完整封闭的证据链条。但是，不少当事人并没有能力完成收集证据和举证活动，从而影响到了其合法权利的保护。人民调解室的调解，有助于这类纠纷的化解。

调解解决案件的最大优点在于，它解决了人民法院诉讼程序中无法克服的难题，即证据问题。无证据即无法立案，案件也无法进入审理程序，也无法获得法官的支持，更不可能获得胜诉。但是，调解解决纠纷，在双方自愿前提下，允许回避诉讼中的证据环节。在调解中，是劝导、沟通、说服，是当事人的互谅互让，而不过分强调证据，成为纠纷得以合理化解的关键。这也表明，从制度层面来看，人民调解可以填补很多人民法院诉讼程序无法受理或解决的纠纷，人民调解成为当事人获得法律救济的替代性渠道。

(三) 人民调解与人民法院的工作衔接

福田区司法局与福田区人民法院合作，在人民法院立案庭设立调解室，成立诉前审前人民调解团队。但是，人民调解与人民法院诉讼如何无缝衔接，则需要创新思维，进行制度建设和完善。主要从调解方式衔接与司法确认衔接两方面进行制度创新。

1. 调解方式衔接

驻法院人民调解室调解案件与人民法院诉讼调解案件的衔接方式，主要采用诉前调解、委托调解、协助调解三种方式进行衔接：(1) 诉前调解。即在当事人起诉之前，由人民调解室进行调解。诉前调解主要适用案件事实清楚、法律关系明晰、争议标的额在20万元以下的民事纠纷，人民法院在立案前，引导当事人自愿选择以人民调解的方式先行调解。(2) 委托调解。委托调解指人民法院对于正在审理的民事案件、刑事附带民事诉讼案件的民事纠纷部分，开庭前或者开庭之后，在征得当事人同意后，委托人民调解室进行调解或者调解员与法官共同调解。(3) 协助调解指人民法院对正在审理的案件，根据需要，经征得各方同意后，向人民调解室发出《协助调解函》，邀请人民调解员协助法官进行调解。

2. 调解协议与司法确认衔接

调解协议与司法确认衔接是驻法院调解室经常面对的一项工作。需要司法协议确认的较为典型的案件是，纠纷双方当事人就债权债务达成调解协议（包括分期履行协议）。在此情形下，债权人往往担心债务人一方不履行调解协议书约定的内容。这种情况下，双方可依法对签订的调解协议书所约定的事项，向人民法院申请司法确认。当事人申请后，驻法院人民调解室可向当事人出具《向人民法院请求确认人民调解协议效力的建议书》《司法确认建议函》等文书。经法院立案、审查核实后，法院可将当事双方自愿申请的《人民调解协议》转化为法院的《民事决定书》。

另外，各个街道人民调解委员会与福田区人民法院创新思维，继续探讨人民调解与人民法院刑事诉讼程序的衔接、与人民法院民事诉讼程序的衔接等新路径。

二　驻信访机构人民调解室

（一）设立访前法律工作室

福田区司法局与福田区信访局合作，在各级信访室设立访前法律工作室，向各级信访机关派驻律师信访员，在涉访涉诉的疏导、分流、化解上发挥了积极作用。

访前法律工作室接到信访人信访事项后，首先由律师担任信访员向信访人提供法律咨询，进行甄别，开具引导函，分流到相关主管机关接待窗口。如果纠纷双方同意调解的，由信访员调解，调解达成协议，信访事项终结，调解达不成协议的，启动信访程序。不服行政机关处理信访结果的，除了可以申请行政复议或复核外，还可以申请第三方法律评估机构进行法律评估。对于涉法涉诉的，引导信访人循法律途径提起诉讼或仲裁。

（二）人民调解向综治信访维稳中心、劳动信访调解中心派驻专业律师

福田区司法局长期向福田区综治信访维稳中心、劳动信访调解

中心派驻专业律师，参与疑难、复杂纠纷和重大群体性事件的化解工作，提供信访前期法律服务，提供信访中第三方法律评估服务，提供综治维稳法律服务，在信访维稳工作上发挥了积极作用。例如，2015年，广东百利孚律师事务所律师接受福田区政法委员会的委托，提供第三方法律评估服务，对10宗重大疑难综治维稳案件，出具第三方法律评估报告，获得福田区政法委员会的好评。

三 驻公交、地铁人民调解室

福田区司法局联合福田公交派出所、深圳地铁集团、市公路客货运输服务中心有限公司等单位，分别在会展中心地铁站、福田汽车站设立人民调解室，派驻律师担任调解员，该地铁会展中心站为深圳地铁1号线与4号线规模最大的换乘车站，该站每小时客流量为3.6万人次，福田长途汽车站是本市发往省内外班线最多的客运站之一，在公交、地铁设立人民调解室，不仅能盘活基层一线警力，让民警把更多力量投入到打击刑事犯罪和治安防范上，同时又便于及时就地解决发生在交通沿线上的纠纷。

四 创建福田区医患、物业、建筑劳务领域专业人民调解室

2014年11月10日，福田区司法局根据上级指示，与区卫计局合作，决定将原先派驻各个医院的人民调解室撤销，单独在泰然工业区设立医患纠纷人民调解委员会。据统计，仅2013年，深圳市发生医闹伤医案件130件，医务人员受伤人数128人，由于医患纠纷已经成为一个亟待解决的突出问题，为了缓和这一矛盾，福田区创新福田模式，设立专业的医患纠纷人民调解委员会，覆盖福田辖区所有医疗机构，依法独立受理福田辖区内各医院调解不成的医患纠纷，且建立了专兼职相结合的调解员队伍，专职队伍由政府以购买法律服务方式引进6名具备法律专业背景的专职人民调解员组成，兼职队伍则由医学专家、法律专家和市民代表组成，同时建立医患纠纷人民调解医学专家库，选取医学专家参与调解，在福田区社会管理法律服务人才库选取法律专家参与调解，市民代表则按人民调解法律法规的相关规定进行挑选。

福田区司法局还与区住建局合作，将这一模式复制推广到多发的物业纠纷领域，设立福田区物业纠纷人民调解委员会，福田区建筑劳务纠纷人民调解委员会，负责辖区10个街道办事处的物业纠纷、建筑劳务纠纷的人民调解工作，已经初见成效。

五 创建深圳市版权协会人民调解室

2014年9月15日，福田区司法局联合深圳市版权协会，在深圳市版权协会设立了深圳市版权协会人民调解委员会，依法调解版权争议纠纷。福田区司法局还准备与其他行业协会合作，划拨一定的经费，在其他行业协会内设立人民调解委员会，将"福田模式"推广到其他领域。

六 创建全区爱心调解站

福田区司法局与福田区人民法院合作建设爱心调解站，福田区人民法院向社会各界招募法律、教育、金融、医疗等各行业40名精英人士担任爱心调解员，参与调解。现已建成爱心调解站130个，主要分布在福田辖区10个街道办，94个社区工作站及26个派驻人民调解室。爱心调解站的调解服务完全延伸到社区，填补了人民调解"福田模式"在治理末端的空白，成为社区居民在家门口学法、懂法、守法、用法的"免费律所"。

在创建中，福田区司法局组织全区10个街道办司法所与38家律师事务所签订"所所结对子"合同，确保每一个社区有一家律师所挂点服务，发动挂点服务律师与法官、调解义工队伍、辖区志愿者队伍和福田区青年律师志愿服务团参与爱心调解站工作，开展基层公益法律服务。（见图3—1、图3—2）

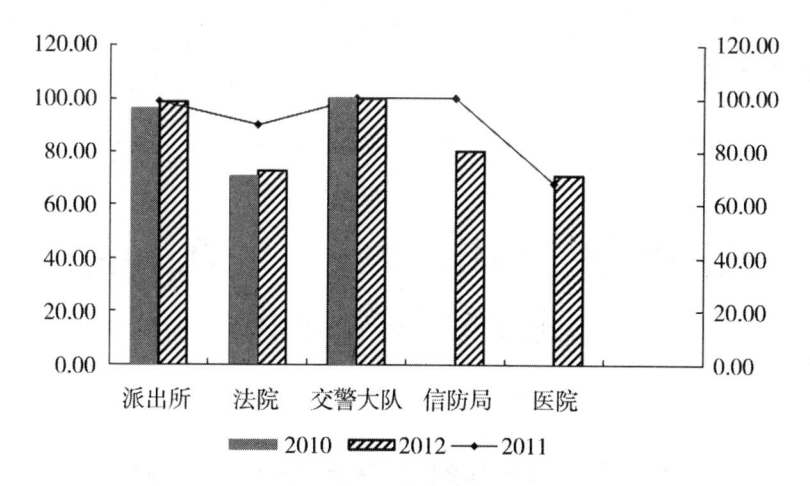

图 3—1　2010—2012 年各类人民调解室调解成功率示意图（%）

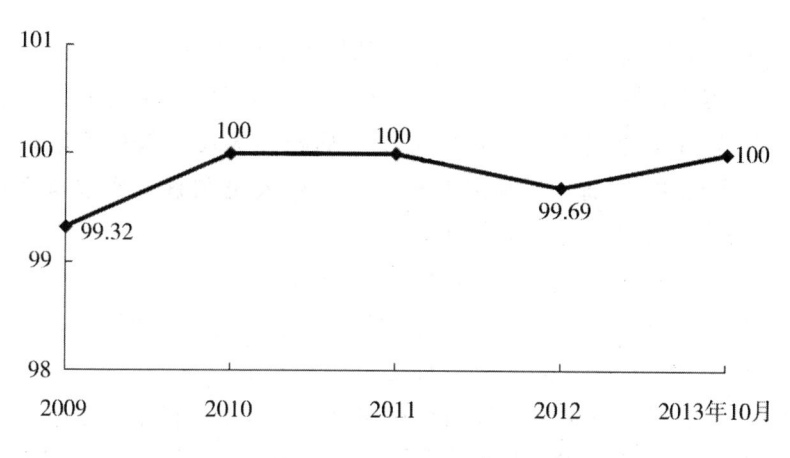

图 3—2　驻福田交警大队人民调解室成立以来调解成功率示意图（%）

第四章

人民调解"福田模式"的规范化、制度化和常态化

第一节 政府制定发布的人民调解工作规范化系列文件

一 深圳市和福田区制定发布的人民调解工作规范化系列重点文件概述

在创立人民调解"福田模式"的同时，福田区司法局非常重视人民调解工作规范化的实践，一开始就将人民调解纳入到规范化运作轨道。深圳市司法局与福田区司法局根据人民调解的实际情况，在总结经验的基础上，制定发布了一系列人民调解工作规范文件，指导和监督人民调解工作规范化。

（一）深圳市制定发布的规范化重点文件

2009年12月19日，深圳市司法局、深圳市公安局、深圳市中级人民法院、中国保险监督管理委员会深圳监管局共同制定了《关于建立完善道路交通事故巡回法庭和人民调解工作机制的实施意见》〔深公（交）字〔2009〕633号〕文件。该文件规定：要在各级党委政府及各级政法部门的指导协调下，通过建立完善道路交通事故巡回法庭和人民调解机构工作，加强人民调解与行政调解、司法调解的衔接，建立社会矛盾纠纷新的调解解决机制。一是使基层法院在道路交通事故发生地定期受理并尽早介入案件，实现诉调对接，简化受理手续，缩短诉讼时间，最大限度地方便群众；二是充分发挥人民调解委员会在维护社会和谐中的基础性作用和职能优势，积

极探索建立调处道路交通事故矛盾纠纷工作的调解组织,形成政法各部门相互配合、司法行政部门指导有利、调解网络健全、工作领域拓展、调解质量优化的工作格局;三是通过有序开展调解道路交通事故民事赔偿纠纷的案件,加强人民调解制度化、规范化建设,做到基础扎实、程序规范、效力提升。

(二)福田区制定发布的规范化系列重点文件

2010年8月福田区司法局与福田区人民法院制定了《福田区人民法院、福田区司法局关于建立人民调解与诉讼调解衔接机制的意见》(以下简称《意见》)。该《意见》明确规定:对于事实清楚、法律关系明确、争议标的额在20万元以下的民事纠纷,人民法院在立案前将引导当事人自愿选择人民调解方式先行调解。当事人同意先由人民调解室调解,并在《人民调解建议书》上签字确认,人民法院移交人民调解室进行诉前调解。调解成立的,双方自行签订调解协议或根据当事人要求由人民法院出具调解书,经人民调解员调解达成的具有民事权利义务内容的人民调解协议,具有民事合同效力,其中具有债权内容的调解协议,经公证机关公证,依法具有强制执行效力。应当事人要求,法院审查认为人民调解协议书不存在可变更、可撤销或无效情形的,将在5日内出具民事调解书,且不收取案件受理费。调解不成立的,再由法院立案受理。同时,驻法院人民调解室亦可接受法院委托或邀请对已进入诉讼程序的案件进行委托调解或协助调解。两单位还联合下发了《福田区人民法院、福田区司法局关于开展诉调对接工作的指引》,对《意见》的内容进行进一步的解释、说明,便于广大一线人民调解员在工作中理解适用《意见》。

2010年10月福田区人民法院与福田区司法局制定了《福田区人民法院、福田区司法局关于人民调解协议司法确认的若干意见》。该文件规定:对人民调解协议司法确认工作做了进一步规范:凡在福田区街道、社区人民调解委员会或驻法院、派出所、交警大队、劳动局、医院调解室主持下,矛盾纠纷当事人纠纷调解成功,签订了人民调解协议书,且自愿申请人民法院确认《人民调解协议》效力,人民法院依法予以审查确认并出具民事法律文书,且不收取案件受理费。

二　人民调解规范化系列主要文件目录选编

（一）综合性文件

2009年12月19日，深圳市司法局、深圳市公安局、深圳市中级人民法院、中国保险监督管理委员会深圳监管局共同制定了《关于建立完善道路交通事故巡回法庭和人民调解工作机制的实施意见》文件。

（二）人民调解业务规范化文件

（1）2009年4月20日福田区司法局下达《道路交通事故损害赔偿纠纷案件人民调解衔接工作流程（试行）》（深福司字〔2009〕10号）；（2）2010年8月《福田区人民法院、福田区司法局关于建立人民调解与诉讼调解衔接机制的意见》；（3）2010年8月《福田区人民法院、福田区司法局关于开展诉调对接工作的指引》；（4）2010年10月《深圳市福田区人民法院、深圳市福田区司法局关于人民调解协议司法确认的若干意见》；（5）福田区司法局还制定了《福田区派驻人民调解室工作规范指南（试行）》《福田区医患纠纷人民调解工作指南（试行）》等制度。

（三）人才培训类文件

2012年4月福田区司法局发布了《关于建立2012年度福田区人民调解专家库的通知》和《关于印发深圳市实施"中华人民共和国人民调解法"办法的通知》；2011年6月和2013年8月福田区司法局发布了《关于举办全区人民调解员暨法律援助业务培训班的通知》

（四）监督考核类文件

（1）2009年6月福田区司法局制定了《福田区驻派出所、交警大队人民调解室（调解员）量化考核表》等文件；（2）2010年7月《福田区驻派人民调解室量化考核实施办法（试行）》；（3）2013年7月《福田区驻派人民调解室考核细则（试行）》；（4）2013年7月《福田区驻派人民调解室量化考核评分标准（试行）》；（5）2013年2月27日《关于印发福田区关于开展创建"爱心调解站点"活动工作方案的通知》；(6) 2014 年 8 月《关于组织开展 2014 年度福田区派驻人民调解室考核工作的通知》。

第二节 人民调解工作规章制度

一 福田区司法局制定发布的规章制度

福田区司法局为进一步巩固和推进人民调解的"福田模式"，提升人民调解工作的质效，加强人民调解室的规范化管理，制定印发了福田区驻派人民调解室量化考核实施办法、考核细则、评分标准等规定。明确了考核内容、考核方式、成绩评定、奖励和惩处等内容，修改完善了派驻人民调解室量化考核标准，新增加了调解人员录用制度、调解值班制度等方面的新内容，共 5 大项 16 小项 42 细项，其中 5 大项包括：硬件配置、人员配备、调解实务、档案管理、其他制度，以人员配备考核为主。进一步健全了人民调解"福田模式"的工作考核机制。签发了《关于印发 2009 年福田区派驻派出所、交警大队人民调解室考核工作方案的通知》《关于组织开展 2014 年度福田区派驻人民调解室考核工作的通知》等文件，还建立了《信访、投诉管理制度》《人民调解员工作行为、用语、着装规范》等，对各个签约律师事务所的服务统一进行考核，即对日常管理、调解质量和调解员工作表现等定期进行考核和总评。（见表 4—1)

表 4—1　　人民调解室（调解员）量化考核指标体系表

一、硬件配置	（一）办公场所	1. 有独立的办公室、档案室、调解室
		2. 有值班休息场所及必需的物品
		3. 办公总面积达到 40 平方米
	（二）办公设备	4. 有能够正常使用的办公桌椅、调解台凳、档案柜、档案盒、电脑、多功能一体机等办公用品
	（三）悬挂上墙	5. 有悬挂规范的门牌标示
		6. 有规范的制度上墙

续表

二、调解实务	（四）规范调解	7. 上班穿工作服、佩戴工作证
		8. 没有违法、违规、不文明调解的情况
		9. 案件管辖正确
		10. 一般在1个月内调解结束
		11. 调解不成功的民间纠纷，告知当事人到法院或有关部门处理
	（五）调解质量	12. 调解成功率高
		13. 调解协议履行率高
	（六）卷宗规范	14. 调解成功的，依照有关规定制作规范的人民调解协议书
		15. 调解成功的，有规范的民间纠纷受理表
		16. 调解成功的，有规范的主要权利义务告知书等告知性材料
		17. 调解成功的，有规范的调解申请书
		18. 调解成功的，有规范的调查笔录
		19. 调解成功的，有规范的调解笔录
		20. 调解成功的，有规范的民间纠纷受理调解登记表
		21. 调解成功的，有当事人身份证复印件或其他当事人身份记录
		22. 调解成功的，有相应的证据、材料
		23. 调解不成功或自行和解的，有记载调解工作的相应材料
	（七）台账记录	24. 有规范的纠纷受理台账，对所有受理的纠纷进行登记
		25. 有规范的回访记录台账，对人民调解协议的履行情况进行回访记录
		26. 有规范的移交记录台账，对派出所移交来的案件及向派出所移交的案件进行登记
		27. 有规范的统计台账，对每月调处纠纷情况进行登记

续表

三、档案管理	（八）卷宗保管	28. 有指定的兼职档案管理人员
		29. 管理人员严格执行借阅保密制度
		30. 卷宗放置规范、清晰
		31. 分年立卷存放卷宗，且有统一的流水卷号
	（九）立卷归档	32. 立卷要一案一卷
		33. 每一个卷宗的立卷人为承办该案件的调解员
		34. 有封皮、封底
	（十）卷宗装订	35. 按规定填写封面、卷内目录、备考表和编写页码
		36. 卷面规格为 A4 纸，非 A4 纸的要通过折叠、加贴补纸保证整齐
		37. 案卷材料排列顺序正确
		38. 装订用线绳并贴封签
四、其他制度	（十一）工作交接	39. 24 小时排班、上班
		40. 无缝交接，做好交接班记录
	（十二）公章管理	41. 由指定的公章管理人员保管公章
		42. 有规范的公章使用登记
		43. 每次使用公章均经调解室负责人同意
	（十三）情况上报	44. 定期（每周、月）向司法所等部门上报工作情况
		45. 及时向司法所等部门上报调处的重大疑难纠纷和典型案例
	（十四）学习例会	46. 每周召开 1 次学习例会
		47. 例会情况在《学习例会记录簿》上登记

二 各个签约律师事务所制定的规章制度

福田区司法局不但制定发布了人民调解的系列规章制度，而且，要求各个签约提供法律服务的律师事务所自行制定完善规章制度，10 个签约提供法律服务的律师事务所按照福田区司法局的要求，分别制定了一系列律师事务所派驻人民调解室调解员的规章制度。包括：岗位责任制度、纠纷处理制度、公章业务档案管理制度、工作行为管理制度、信访投诉管理制度等。

律师事务所中标后，与福田区司法局签订法律服务协议书。根据合同，派遣律师或者具有法律专业知识的法学本科毕业生去中标的人民调解室值班。律师事务所负责对人民调解室的日常工作，进行指导、检查、考核，对相关工作予以协调。

按照合同规定，人民调解室的调解员可以依法调解人身权益、生产经营、婚姻家庭、损害赔偿、劳动争议等民事纠纷，可受邀参与由民警主持的治安案件的调解。但不受理只能由专门机关管辖的纠纷以及法律法规禁止采用民间调解方式解决的纠纷、法院、公安机关或其他行政机关已经受理或解决的纠纷。服务合同对具体工作的要求是，案件受理、调查、实施调解、制作调解书、回访且记录履行情况、制作案卷等属于日常工作，律师事务所每周、每月、每半年、每年均须向司法所报送工作报表，遇到特殊情况须及时向司法局报告。

按照法律服务合同约定，律师事务所派出的调解员必须是具有资格的法律从业者，律师事务所应组织调解员学习法律、法规、规章和政策，熟悉人民调解的程序和要领。调解员不得挑拨当事人诉讼，但对于调解不成的纠纷，应引导当事人依照法律途径解决。法律服务合同要求调解员做到公平合理，以理服人，以情感人，依法调解，不得徇私枉法。推行调解员过错追究制，连续两次违反调解纪律的调解员，将不得继续从事调解业务。

律师事务所的职责是对调解员进行业务培训，完成调解程序的管理、工作行为规范管理和调解室有关的其他管理工作。律师事务所重点以调解例会为平台，以会代训，促进调解人员知识的更新，提高解决疑难纠纷的能力，开展调解文书的质量检查。

第三节　人民调解工作规范化系列丛书

一　编辑出版人民调解工作规范化系列丛书的必要性

2009—2012年期间，虽然当时我国已经有人民调解方面的专著，有机动车交通事故处理、治安案件处理方面的专著，但是，仍然缺乏人民调解运用于机动车交通事故处理、人民调解运用于治安案件处理领域的专著。一方面，在福田区人民调解工作实际操作中，急需人民调解与机动车交通事故处理、治安案件处理两者相结合的实务书籍等来规范指导工作。另一方面，也需要将人民调解"福田模式"的成果加以归纳总结，将其成果化、文字化。

在福田区司法局组织领导下，广东百利孚律师事务所主任冯江组织律师和调解员团队撰写了人民调解工作规范化系列丛书，明确了各个派驻人民调解室的纠纷受理范围、适用法律，规范了工作程序、文书格式等，为行业性、专业性人民调解室建设做出了贡献，为在人民调解第一线的调解员开展工作提供了很大的帮助，是人民调解"福田模式"成功经验的有力证明。

二　人民调解工作规范化系列丛书

（一）《道路交通事故损害赔偿纠纷人民调解工作规范指南》专著

福田区司法局编著，广东百利孚律师事务所主任冯江组织律师和调解员团队撰写了《道路交通事故损害赔偿纠纷人民调解工作规范指南》一书，全书40余万字，2010年2月由深圳报业集团出版社出版，已经发行5000册。该专著是福田区人民调解系列丛书之一，亮点是创造性地将人民调解制度与机动车交通事故损害赔偿制度两者有机地结合起来，科学地论述了人民调解适用机动车交通事故处理的理论与实践，系统地总结了机动车交通事故赔偿纠纷人民调解工作成果，填补了目前我国图书市场上缺乏人民调解运用于机动车交通事故处理领域专著的空白。该专著被列为全省"人民调解进交警"会议学习资料，对推动广东省人民调解进驻交警"福田模式"发挥了积极作用，受到有关领导、公安交警、人民调解员和广大读者的好评。

（二）《深圳市福田区人民调解典型案例评析》专著

福田区司法局编著，广东百利孚律师事务所主任冯江组织律师和调解员团队撰写了《深圳市福田区人民调解典型案例评析》一书，全书20余万字，2011年9月由深圳报业集团出版社出版，已经发行3000册。该专著是福田区人民调解系列丛书之一，共收集深圳市福田区人民调解典型案例85个，每个案例类型均有概述、案由、当事人、案情简介、评析和人民调解员温馨提示，受到西北政法大学人民调解"福田模式"课题组教授和基层司法所工作人员、人民调解员的好评。

（三）《驻派出所人民调解室工作规范指南》专著

福田区司法局编著，广东百利孚律师事务所主任冯江组织律师和调解员团队撰写了《驻派出所人民调解室工作规范指南》一书，全书39万余字，2012年2月由深圳报业集团出版社出版，已经发行3000册。该专著是福田区人民调解系列丛书之一，是一本提供人民调解委员会驻公安派出所调解室工作理论与实务的书。该专著亮点是填补了全国图书市场中没有人民调解委员会驻公安派出所调解室工作实务书籍的空白，内容包括驻公安派出所人民调解工作程序、公安基层治安案件人民调解要点、公安基层民间纠纷人民调解要点、驻公安派出所人民调解案例、驻公安派出所人民调解的基本技巧、公安派出所人民调解室调解规范文书等，受到基层公安干警和人民调解员的好评。

（四）《深圳市人民调解案例评析》专著

由深圳市司法局基层处宋良玉担任主编，广东百利孚律师事务所主任冯江组织律师和调解员团队撰写了《深圳市人民调解案例评析》一书，冯江担任主要撰稿人，全书35万余字，2014年9月由深圳报业集团出版社出版，已经发行3000册。该专著是一本提供人民调解委员会调解室工作理论与实务的书，共收集深圳市人民调解典型案例78个，每个案例类型均有概述、案由、当事人、案情简介、评析和人民调解员温馨提示等，受到广大一线调解工作者的好评。

（五）《律师参与调解的技巧与艺术》专著

深圳市律师协会编著，广东百利孚律师事务所主任冯江律师与其他深圳律师共同撰写了《律师参与调解的技巧与艺术》一书，全书13万余字，2012年3月由法律出版社出版，已经发行了4000余册。该专著是一本介绍律师调解方法和技巧及成功案例经验的书。深圳律师协会民事法律业务委员会在总结国内外律师参与调解经验的基础上，特别是结合近年来深圳律师参与调解的经验和做法，编写此书，填补了这一研究领域的空白，以期进一步完善律师调解制度，充分发挥律师调解在解决纠纷、促进和谐等方面的作用。

第四节 规范化、常态化工作监督考核

一 深圳市司法局监督指导

2012年8月深圳市司法局出台了修订的《深圳市社区人民调解工作考核标准》。该制度采取百分制，把考核内容分成组织建设、队伍建设、制度建设、经费落实及业务开展五个方面，该考核标准把人民调解的矛盾纠纷排查、法制宣传和纠纷调解等职能融入到具体工作中，补充了组织设立和调解员变更备案制度、企业物业人民调解组织网络建设、专职调解员职责、《人民调解协议书》司法确认等新内容。

二 福田区司法局常态化监督考核

早在2009年，福田区司法局就已经制定出《福田区派驻派出所、交警大队人民调解室考核工作方案》，经过实践中不断完善，形成了一整套科学的考核评比项目细则和评分标准，包括《福田区驻派人民调解室量化考核实施办法（试行）》《福田区驻派人民调解室考核细则（试行）》《福田区驻派人民调解室量化考核评分标准（试行）》《关于组织开展2014年度福田区派驻人民调解室考核工作的通知》等系列文件，在文件中列明相关考核检查内容及表格，严格有序地开展对人民调解工作的考核评比，分为年度考核、季度考核和日常考核，检查分为自查、抽查和定期检查，并且将监督考核融入日常工作，此后，每年福田区司法局都要进行年度监督考核，并不断完善监督考核制度，形成新常态化的监督考核机制。

三 人民调解"福田模式"的管理模式

通过几年的探索，福田区探索出了一整套的人民调解的极具特色的管理制度，从而使得福田区的人民调解日益走向规范化。

（一）人民调解委员会的日常管理

其一，调解员形象的规范化。着装的规范化，要求各调解员上

班着工作服、佩戴工作证。调解员对工作兢兢业业，认真负责，对业务熟悉，对群众耐心，能准确解析案情和法律政策，提供专业调解服务。要求调解员加强自身学习，通过学习培训和实践锻炼，调解员中形成了积极向上的学习风气，实现了调解员整体素质的提升。

其二，24小时值班。各调解室都严格实行组长责任制，组长对律师事务所负责，接受考核。值班调解员须做到全天候24小时值班，针对个别调解员住处较远的情况，安排了科学、合理的值班制度，避开交通高峰，实行早上10点钟交接班。前一当班的调解员须坚持到接班调解员到岗才离开，工作交接要求做到无缝交接，做好交接班记录。

其三，坚持例会制度，开展业务学习。按照福田区司法局的学习例会要求，各调解委员会必须坚持"例会"制度。通过每周两次的例会，调解员们能够及时学习《福田区驻派出所人民调解员工作手册》内容，并及时学习《人民调解法》，结合《人民调解法》相关规定展开人民调解工作。此外，各调解室、各调解员把自己工作中的经验总结出来，并通过定期的例会及《工作总结》与各民调室进行交流，同时把形成书面文字的经验做法等资料上报司法局。例会的另一作用是，可以把相关文件要求、政策、领导意见和最新信息等传达下去。此外，在例会上，还可以相互交流工作经验，找出工作不足、查找相关漏洞，完善调解方法、经验和技巧。

（二）主要管理制度

经过多年的实践工作，以及严格按照深圳市福田区司法局下发的《福田区驻派出所人民调解员工作手册》内容，并及时学习《人民调解法》，结合《人民调解法》相关规定展开人民调解工作，驻景田派出所调解室非常重视档案管理工作，特别是在卷宗归档和人民调解文书格式方面，不断建立健全有关工作文件材料的收集整理、立卷归档、保管使用的相关规章制度。

人民调解委员会，在律师事务所的指导下，主要建立了以下规章制度：

其一，来访人员登记制度。为了更好地收集纠纷资料了解各种纠纷特点，及时掌握纠纷的发展动向；为了更好地总结调解经验，便于把经验文字化；为了更真实地反映我们的工作实际情况，便于上级部门的监督，我们按照有关规定严格实行来访人员登记制度。

其二，汇报制度。驻派出所调解室每周、每月都向律师事务所、司法所、派出所汇报上一周、上个月的调解室各项数据报表，并对其中的复杂、特殊纠纷进行详细汇报。

其三，公章管理制度。为了规范人民调解室印章的管理，有效防范风险，经广东品然律师事务所人民调解工作组长会议讨论，各个驻派出所调解室都制作出了《驻派出所人民调解室印章管理制度》。主要规定印章应由专人保管，在《人民调解协议书》上加盖印章时须由人民调解室负责人先审核签字，再由印章保管人盖章。

其四，档案借阅管理制度。为规范人民调解卷宗档案的管理，保护当事人的隐私、防止卷宗档案内容的随意外泄，我们建立了档案借阅制度。指定专人负责管理档案，任何单位和个人均须经调解室组长与档案管理人的同意，才能借出档案。在出借时，规定出借方式、出借内容、出借时限等。

其五，协议履行回访制度。虽然我们调解室的当场履行率非常高，但必然存在承诺履行的纠纷。为更好地做好调解工作，真正做到"案结事了"，我们各调解员对自己承办的案件，需要回访的，都会适时回访跟进，并做好相关工作记录。

工作总结的目的除了总结好的经验继续坚持外，还包括找出工作的不足及可以改善的地方。为此在写本自查总结时，我室特意组织多次会议。总结会议的内容，我们发现档案及各种台账的整理还存在管理不到位的情况，各种考核指标的自查工作还不够完善。吸收由专人统计数据的优点后，我们决定今后各调解员除了正常上班调解工作外，把各项考核指标分派到各人去统筹管理，除现时已实行的各项工作数据的统计由专人负责外，各种台账，与派出所、司法所、各民调室等的沟通，办公用品的使用登记，卷宗的统一检阅，办公环境的整洁管理等都由指定的人员负责。避免个人行动不统一导致混乱，影响工作效率。实行各项考核指标的统筹管理责任制度是我们今后工作重点，也是我们必须完成的任务。

四 人民调解室工作的运作流程

调解员全天 24 小时值班，为市民的矛盾纠纷化解提供了便捷的条件和法律服务。

经公安派出所、法院分流，或交警大队委托，或经信访局、医院里当事人自愿选择进入人民调解室的调解案件，由人民调解员审核是否符合受理标准。符合受理标准的案件，由人民调解室立案调解。在此进程中，对每一宗纠纷的调解，都严格遵守合法、自愿、尊重当事人诉权的原则进行，确保正确区分和有效衔接人民调解和行政调解、司法调解，严格按照人民调解法律法规规定程序，做好纠纷化解，为当事人提供法律服务。

五 人民调解"福田模式"管理的亮点

人民调解"福田模式"的工作管理亮点主要体现在以下几方面：

（一）调解人员专业化

服务供应方律师事务所派驻派出所的人民调解员全部具有法律专业文凭，经培训和考试合格后，持证上岗。

（二）调解机制规范化

110 接警台民警先期对报警纠纷进行审核，对属于人民调解范围内的，经当事人申请，分流到调解室进行调解；依法受邀参与治安调解民事赔偿部分的调解，依法实现了人民调解和治安调解的有效衔接。

（三）调解方式法制化

严格按照人民调解法律法规规定的程序，开展纠纷调解、维护调解协议的法律效力，确保调解协议的履行。

（四）档案管理标准化

规范调解文书和档案管理，从调解的申请、权利义务告知、调解笔录制作到调解协议书的签订和资料归档，都有统一的标准格式，并按照法院民事案件档案标准完善档案制作和管理。

第五章

人民调解"福田模式"与行政、司法、信访的衔接

第一节 人民调解"福田模式"与行政调解的衔接

一 行政调解

（一）行政调解概念

行政调解是指在国家行政机关的主持下，以当事人双方自愿为基础，由行政机关主持，以国家法律、法规及政策为依据，以自愿为原则，通过对争议双方的说服与劝导，促使双方当事人互让互谅、平等协商、达成协议，以解决有关争议而达成和解协议的活动。

（二）行政调解的种类

依法可以行政调解的种类大致如下：

（1）基层人民政府的调解。调解民事纠纷和轻微刑事案件一直是中国基层人民政府的一项职责，这项工作主要是由乡镇人民政府和街道办事处的司法助理员负责进行。

（2）国家合同管理机关的调解。

（3）公安机关的调解。《中华人民共和国治安管理处罚法》规定：对于由民间纠纷引起的打架斗殴或者损毁他人财物等违反治安管理的行为，情节轻微的，公安机关可以调解处理。

（4）《中华人民共和国道路交通安全法》第七十四条规定："对交通事故损害赔偿的争议，当事人可以请求公安机关交通管理部门调解，也可以直接向人民法院提起民事诉讼。"

（5）婚姻登记机关的调解。

（三）人民调解与公安110接轨

人民调解"福田模式"与公安机关的衔接是将人民调解与公安机关部分职能相结合。建立人民调解进驻公安机关调解制度和调查取证协作等制度。最常见的是人民调解与公安机关的行政调解（包括治安调解与交通事故调解）的衔接。日常由公安机关将可调纠纷分流到人民调解室进行调解，遇到重大、复杂、疑难并可能激化的矛盾纠纷或群体性事件，由人民调解员、司法所干部和公安派出所民警共同出面，进行疏导，稳定局势。然后根据纠纷性质，由有关部门进行处理。常见的是公安110转来的案件，由值班民警先期出现场、调查取证，进行初步的治安管理或者治安处罚。如果同时涉及相关的民事权益纠纷，或者只是纯粹的民事纠纷，民警可以予以调解；但纠纷复杂，不便于现场调解的，民警可以将当事人带回公安派出所，交由公安派驻调解室人民调解员来调处。

二 人民调解与公安机关的行政调解

（一）公安机关委托调解

1. 公安机关可以将适宜调解的治安行政案件委托给派驻人民调解室进行调解

《公安机关办理行政案件程序规定》第一百五十三条第一款规定："对于因民间纠纷引起的殴打他人、故意伤害、侮辱、诽谤、诬告陷害、故意损毁财物、干扰他人正常生活、侵犯隐私、非法侵入住宅等违反治安管理行为，情节较轻的治安案件，具有下列情形之一的，公安机关可以调解处理：（一）亲友、邻里、同事、在校学生之间因琐事发生纠纷引起的；（二）行为人的侵害行为系由被侵害人事前的过错行为引起的；（三）其他适用调解处理更易化解矛盾的。"据此，公安机关可以将适宜调解的治安行政案件委托给人民调解委员会驻公安派出所人民调解室进行调解。

2. 治安行政程序暂时中断，人民调解程序启动

公安派出所接报警后，由公安派出所值班民警对纠纷的性质及严重程度进行审查，对于不构成违反治安管理行为的民间纠纷，则

告知当事人合法解决纠纷的途径。当事人各方自愿申请人民调解的，根据有关情况可以移交驻公安派出所人民调解室调解。对适宜调解的治安行政案件，在双方当事人自愿调解的条件下，公安派出所委托人民调解委员会驻公安派出所人民调解室先行调解。此时，治安行政程序暂时中断，同时，人民调解程序启动。人民调解期间不计入治安案件办案期间。派驻人民调解室应当将调解结果通知公安派出所，公安派出所根据调解结果决定是否终结治安行政程序或者恢复治安行政程序。

（二）达成协议并履行的，人民调解程序与治安行政程序同时终结

依照《中华人民共和国治安管理处罚法》第九条的规定，经调解，当事人达成协议并履行完毕的，不仅人民调解程序终结，治安行政处理程序也同时终结，公安机关一般将此类案件定性为治安纠纷，不按治安案件处理，即停止调查，终结治安案件。

（三）人民调解未果与治安行政程序重新恢复处理

公安机关将治安行政案件移交到派驻公安派出所人民调解室后，仅是治安行政程序的暂时中断，案件并未终结，公安机关还保留了对治安案件的行政处罚决定权。如果当事人能够达成调解协议并履行完毕的，一般情况下，公安派出所不再处罚，同时终结治安案件。但是，如果当事人没有达成调解协议或者达成协议不履行的，调解终止，人民调解室将治安案件退回公安派出所，公安派出所根据调解未果决定恢复治安行政程序，依法对违反治安管理行为人进行行政处罚。

（四）调解结果与治安行政处罚之间的关系

《中华人民共和国治安管理处罚法》第九条规定："经公安机关调解，当事人达成协议的，不予处罚。经调解未达成协议或者达成协议后不履行的，公安机关应当依照本法的规定对违反治安管理行为人给予处罚，并告知当事人可以就民事争议依法向人民法院提起民事诉讼。"对于由民间纠纷引起的一般治安案件，在调解成功后，依法可以对当事人不再进行行政处罚。如果调解不成或不履行协议的，则重新恢复治安程序，违反治安管理行为人将可能受到公安机关决定的罚款、拘留等行政处罚。这就是调解结果与治安行政处罚之间的关系。

根据《中华人民共和国道路交通安全法》第七十四条的规定:"对交通事故损害赔偿的争议,当事人可以请求公安机关交通管理部门调解,也可以直接向人民法院提起民事诉讼。经公安机关交通管理部门调解,当事人未达成协议或者调解书生效后不履行的,当事人可以向人民法院提起民事诉讼。"在交通事故发生之后,调解程序启动之前,当事人可以结合案件情况,选择由派驻人民调解室进行调解,也可以选择由交警进行调解。交警应该尊重当事人的意愿,协助处理纠纷。在调解程序启动之后,交警可以将案件委托给派驻人民调解室进行调解,在调解达成协议后,及时将情况反馈给交警。

三 人民调解与基层行政机关的调解

将人民调解与其他行政调解相结合。注重发挥各个街道办事处司法所依法代表基层人民政府居间主导行使行政调解的职能,积极引导当事人将行政单位受理的行政纠纷、民事纠纷、经济纠纷及轻微刑事纠纷案件等选择人民调解,通过人民调解予以化解,减轻基层行政机关的工作压力。

第二节 "福田模式"与司法调解、确认的衔接

一 人民调解与司法调解的衔接

(一)人民调解与司法调解衔接制度创新

人民调解与司法调解相结合。采用诉前调解、诉中委托调解和开庭前后协助调解三种方式,完善诉前告知、诉中委托和信息反馈三项制度,将争议不大、案情简单和不符合起诉条件的案件,及时移交人民调解委员会解决,积极探索将轻微刑事案件和刑事自诉案件移交人民调解组织调解的工作模式。通过法院确认,赋予人民调解协议以强制执行力。人民调解协议达成之后,人民法院应正确理顺人民法院和人民调解的关系,对于人民调解组织主持双方当事人自愿达成的调解协议,不存在可变更、可撤销或无效情形的,应当引导当事人接受人民调解结果,人民法院依法予以支持。

（二）完善诉前调解机制；建立诉中委托调解制度

一方面，应当完善诉前调解机制，由法官或者人民调解员负责诉前调解。另一方面，建立诉中委托调解制度。在开庭前或开庭后，法院可以委托人民调解组织调解或者法官与人民调解组织共同调解。经调解达成协议的，当事人可以选择撤诉，或者由法院出具调解书。

二　人民调解协议达成之后与人民法院确认程序衔接

（一）人民调解协议的司法确认制度

《中华人民共和国人民调解法》第三十三条规定："经人民调解委员会调解达成调解协议后，双方当事人认为有必要的，可以自调解协议生效之日起三十日内共同向人民法院申请司法确认，人民法院应当及时对调解协议进行审查，依法确认调解协议的效力。"《最高人民法院关于人民调解协议司法确认程序的若干规定》（法释〔2011〕5号）第一条规定："当事人根据《中华人民共和国人民调解法》第三十三条的规定共同向人民法院申请确认调解协议的，人民法院应当依法受理。"

（二）人民调解协议书通过确认转化为人民法院的法律文书

人民调解协议达成之后，双方当事人共同申请人民法院确认，可以将人民调解协议书转化为人民法院的法律文书，通过人民法院的强制执行力，保障调解协议的顺利履行。实践中，大多数人民调解协议并不需要人民法院确认，因为在一般情况下，人民调解协议达成后双方已经自觉履行完毕，需要人民法院确认的仅仅是少数。在实践中，如何消除当事人对人民法院传统烦琐程序的顾虑，简化确认程序，提高确认效率，方便当事人申请确认，还需要进一步完善。

第三节　人民调解与信访工作衔接

一　设立访前法律工作室

2015年3月，福田区司法局与福田区信访局合作创新，由区司法局和区信访局在区信访局信访大厅和福田区十个街道办事处设立访前法律工作室，聘请律师事务所专业法律团队进驻，主要开展访前甄别、疏导和分流，为信访人提供法律服务以及参与信访问题处理等工作。

二　人民调解与信访工作衔接

将人民调解与信访工作相结合，建立访前法律工作室平台和工作交流制度，受聘律师事务所专业法律律师进驻福田区两级信访部门，提供访前法律服务，信访部门在信访工作中，将人民调解组织能够调解解决的纠纷，及时分流到人民调解组织进行调解，对信访部门分流来的纠纷，不属于人民调解组织受理范围或调解不成的，人民调解组织及时移交有权管理的行政机关或人民法院处理。并且，探讨设立信访人不服行政机关的处理决定，既可按照信访程序，申请上级行政机关复议和复核，也可另外选择申请专业法律服务机构出具法律意见或者法律评估报告等创新举措。

第四节　人民调解程序与民事诉讼程序衔接

一　人民调解达成协议之前与人民法院诉前财产保全和先予执行程序衔接

2009年12月19日，深圳市公安局、深圳市中级人民法院、深圳市司法局、中国保险监督管理委员会深圳监管局发布《关于建立完善道路交通事故巡回法庭和人民调解工作机制的实施意见》职责分工规定："扣留肇事车辆后及时告知当事人提出保全、先予执行的权利以及相应法律后果，并于扣留肇事车辆后的下一个巡回办案日前将扣车情况及当事人的申请告知巡回法庭。"根据上述规定，深圳市福田区试行人民调解达成协议之前与人民法院诉前财产保全或者与人民法院先予执行程序衔接。同时，当事人（受害人）生活确有困难，符合法律援助条件的，可以向福田区法援中心申请法律援助。

二　人民调解达成协议之前，扣留肇事车辆与人民法院诉前保全衔接试点

在机动车交通事故责任纠纷的人民调解过程中，由于公安机关交通管理部门扣留肇事车辆的期限受到规定限制，调解期限往往长于扣车期限，在释放肇事车辆之后，有的肇事方就怠于调解，甚至逃避赔偿责任。因此，为保障调解的顺利进行，建立公安机关交通管理部门扣车与人民法院诉前财产保全相衔接机制，是有必要的。申请诉前财产保全依法应当由申请人向人民法院提供财产担保。突出困难是部分申请人（受害人）或者其家属生活确有困难，往往无力提供诉前财产保全的担保费，人民法院不予财产保全。

深圳市福田区试点做法：当事人向人民法院申请诉前财产保全，人民调解组织根据当事人具体情况审查，生活确有困难，符合条件的，人民调解组织向人民法院提出财产保全建议（附交警大队事故认定书），减轻人民法院采取诉前保全措施的风险。人民法院根据具体情况审查，决定是否扣押肇事车辆，符合诉前财产保全条件的，决定缓、减、免财产保全担保费，并裁定扣押肇事车辆（人民法院可以委托交警大队继续保管肇事车辆）。在采取诉前保全后至起诉前的十五日内，人民调解达成调解协议并履行完毕之后，申请人申请撤回诉前财产保全，不再起诉，人民法院裁定准予撤回诉前财产保全，并通知交警大队释放肇事车辆。如果在十五日内，调解未达成协议，人民调解程序终结，申请人可以向人民法院起诉，申请人民法院将诉前保全转为诉中保全，继续审理。

三　人民调解达成协议之前，受害人申请先予执行与人民法院先予执行衔接试点

在人民调解过程中，不先予执行将严重影响申请人（受害人）的生活或者生产经营的，并且被申请人有履行能力的。为保障人民调解的顺利进行，可以在人民调解开始后，达成协议之前，由申请人（受害人）向人民法院申请先予执行，在实践中，根据《中华人民共和国民事诉讼法》第九十七条、第九十八条的规定，先予执行有以下几种情形：（1）追索赡养费、扶养费、抚育费、抚恤金、医

疗费用的；（2）追索劳动报酬的；（3）其他因情况紧急需要先予执行的。但是，困难是先予执行必须在人民法院诉讼过程中才可以申请，耗时较长，部分申请人（受害人）生活确有困难，往往无力提供先予执行担保费，人民法院不予先予执行。

深圳市福田区试点做法：由当事人向人民法院申请先予执行，人民调解组织根据当事人具体情况审查，生活确有困难，符合先予执行条件的，人民调解组织可以向人民法院提出先予执行的建议（附相关文书和证据），降低人民法院决定先予执行的风险。人民法院根据具体情况审查，决定是否先予执行，符合先予执行条件的，决定缓、减、免先予执行担保费，裁定先予执行。人民法院先予执行之后，如果纠纷得到解决，申请人可以申请终结人民调解。如果纠纷还未得到解决，双方既可以选择继续调解，也可以选择向人民法院起诉，双方选择继续调解的，人民调解组织征得决定先予执行人民法院的同意，仍然可以继续调解，调解达成协议后，人民调解组织应当将调解结果通知人民法院。当然，这种人民调解与先予执行的互动式的衔接方式，还需要进一步探索和完善。

第五节　人民调解程序与刑事诉讼程序衔接

一　符合刑事和解条件的案件

（一）刑事案件调解依据

根据《中华人民共和国刑法》《中华人民共和国刑事诉讼法》《公安机关办理刑事案件程序规定》《公安机关办理伤害案件规定》《最高人民法院关于执行〈中华人民共和国刑事诉讼法〉若干问题的解释》《最高人民法院关于贯彻宽严相济刑事政策的若干意见》《人民检察院刑事诉讼规则》《关于在检察工作中贯彻宽严相济刑事司法政策的若干意见》《中华人民共和国人民调解法》《人民调解工作若干规定》，中央社会治安综合治理委员会等16部门联合印发《关于深入推进矛盾纠纷大调解工作的指导意见》等法律、法规、司法解释、规章和政策的有关规定。人民调解的深度和广度有扩大的趋势,其中《关于深入推进矛盾纠纷大调解工作的指导意见》第六条规定:"人民法院重点推动一般民事案件、轻微刑事案件通过调解等方式实现案结事了。同时,拓展司法调解工作范围,由诉中向诉前、判后、执行延伸,由一审向二审、再审延伸,由民商事案件的调解向行政案件协调、刑事自诉案件、刑事附带民事案件以及执行案件和解延伸,从案件审理过程向立案、执行、信访等环节延伸。"

(二)符合刑事和解条件的轻微刑事案件类型

根据上述规定,符合刑事和解条件的轻微刑事案件大致分类如下:

(1)未成年人或在校学生涉嫌轻微刑事案件;

(2)七十岁以上的老年人涉嫌轻微刑事案件;

(3)发生在家庭成员、社区、单位或学校内部的轻微刑事案件;

(4)盲聋哑人、严重疾病患者或者怀孕、哺乳自己未满一周岁婴儿的妇女涉嫌犯罪的轻微刑事案件;

(5)属初犯、偶犯,从犯、胁从犯、过失犯、防卫过当、避险过当,主观恶性小,社会影响不大的轻微刑事案件;

(6)具有中止、未遂、自首、立功等法定从轻、减轻或者免除处罚情节的轻微刑事案件;

(7)有可能判处3年以下有期徒刑的轻微刑事案件。

(三)不宜刑事和解的刑事案件

(1)雇凶伤人、涉黑涉恶、寻衅滋事、聚众斗殴及其他恶性案件;

(2)行为人系惯犯的;

(3)多次伤害他人身体或致多人轻伤的;

(4)携带凶器伤害他人的。

(四)符合刑事和解条件的轻微刑事案件,办案机关可以委托先行调解

在立案侦查、审查起诉、审判阶段,公安机关、人民检察院、人民法院等办案机关对于符合刑事和解条件的轻微刑事案件,可以委托其所在地或加害行为发生地、当事人所在地的人民调解委员会对刑事案件中的民事赔偿部分先行调解。此时,刑事诉讼程序暂时

中断，同时，人民调解程序启动。人民调解期间不计入刑事案件办案期间。

办案机关将刑事案件委托给人民调解委员会后，仅是刑事诉讼程序的暂时中断，案件并未终结，办案机关还保留了对刑事案件的最终处理权。如果当事人能够达成调解协议并履行完毕，人民调解委员会应当将调解结果通知办案机关，依法可以作为酌定量刑情节予以综合考虑。但是，如果当事人没有达成调解协议或者达成协议不履行的，调解程序终止，人民调解委员会应当将刑事案件的调解部分退回办案机关，办案机关将重新恢复刑事诉讼程序。

（五）调解结果与刑事处罚之间的关系

《最高人民法院关于贯彻宽严相济刑事政策的若干意见》第二十三条规定："被告人案发后对被害人积极进行赔偿，并认罪、悔罪的，依法可以作为酌定量刑情节予以考虑。"达成调解协议并履行完毕的案件，人民调解程序终结，通知办案机关进行审查，办案机关确认调解结果的，公安机关依法可以撤销案件，人民检察院与人民法院在公诉、逮捕、定罪量刑时可作为酌情减轻情节予以考虑。若调解未果或未履行协议的，刑事诉讼程序重新恢复进行，办案机关依法对被告人继续处理，被告人有可能被追究刑事责任，受到刑事惩罚。

二 人民调解程序与刑事自诉程序衔接

（一）刑事自诉案件概念

《中华人民共和国刑事诉讼法》规定，刑事自诉是指刑事案件中被害人或其法定代理人、近亲属为追究被告人的刑事责任而向法院直接提起的刑事诉讼。

（二）刑事自诉案件的委托人民调解

1. 刑事自诉案件类型

刑事自诉案件包括下列类型：（1）告诉才处理的案件；（2）被害人有证据证明的轻微刑事案件，以及属于刑法分则第四章、第五章规定的，对被告人可以判处三年有期徒刑以下刑罚的其他轻微刑事案件；（3）被害人有证据证明对被告人侵犯自己人身，财产权利的行为应当依法追究刑事责任，而公安机关或者人民检察院不予追究被告人刑事责任的案件。除上述第（3）类自诉案件外，第（1）、（2）类自诉案件均可以调解方式结案。

2. 人民法院委托人民调解委员会调解自诉案件

法院受理自诉案件后，经询问自诉人和被告人，如果双方同意人民调解方式结案，人民法院可以委托人民调解委员会先行调解，人民调解委员会接受委托后，自诉程序暂时中断，人民调解程序启动。

3. 自诉人和被告人主动提出申请，人民法院同意并委托人民调解委员会调解

在人民法院受理自诉案件后至判决之前，自诉人和被告人双方主动申请人民调解的，人民调解委员会接到当事人申请后，应征求受理该自诉案件的人民法院的意见，若人民法院同意人民调解委员会对该案件先行调解的，则暂时中断自诉程序，同时启动人民调解程序。这样，自诉程序就与人民调解程序衔接起来。

（三）调解结果与刑事自诉程序的衔接

如果调解成功，人民调解委员会应将调解结果通知人民法院，由人民法院进行审查，人民法院确认调解结果的，宣告刑事自诉程序终结，一般不再进行刑事审判。如果调解不成功，人民调解委员会亦应将调解结果通知人民法院，并及时将案件退回人民法院，人民法院则重新恢复刑事自诉程序的审判。

三　人民调解程序与刑事附带民事诉讼程序衔接

（一）刑事附带民事诉讼概念

《中华人民共和国刑事诉讼法》第七十七条规定，被害人由于被告人的犯罪行为而遭受物质损失的，在刑事诉讼过程中，有权提起附带民事诉讼。刑事附带民事诉讼，是指司法机关在刑事诉讼过程中，在解决被告人刑事责任的同时，附带解决由被告人的犯罪行为所造成的物质损失的赔偿问题而进行的诉讼活动。

（二）刑事附带民事诉讼案件的委托人民调解

《最高人民法院关于执行〈中华人民共和国刑事诉讼法〉若干问

题的解释》第八十九条规定，附带民事诉讼应当在刑事案件立案以后第一审判决宣告之前提起。可见，在立案侦查阶段、审查起诉阶段和审判阶段都可以提起附带民事诉讼，与之相对应的公安机关、人民检察院、人民法院都有可能对附带民事赔偿部分进行调解。刑事附带民事部分可以和刑事部分一并宣判，也可以与刑事部分分离，将附带民事部分单独调解或判决结案。因此，公安机关、人民检察院、人民法院可以委托人民调解委员会对附带民事诉讼部分进行调解，这样不但大大地减轻办案机关的工作压力，而且能促使被害人与被告人更好地达成和解。

在人民调解程序与刑事附带民事诉讼程序的衔接上，可以参照人民调解程序与刑事自诉程序的两种衔接方法。考虑到在侦查阶段、起诉阶段和审判阶段都有可能进行刑事附带民事诉讼的调解，因此，需要分阶段对待。在立案侦查、审查起诉、审判阶段，由公安机关、人民检察院、人民法院分别委托人民调解委员会调解。此时，刑事附带民事诉讼程序暂时中断，同时，人民调解程序启动。

（三）调解结果与刑事附带民事诉讼程序的衔接

如果附带民事部分达成协议并履行的，人民调解委员会应将调解结果通知办案机关，由办案机关进行审查，办案机关确认调解结果的，宣告民事诉讼终结。至于刑事诉讼部分，公安机关可以撤销案件，人民检察院与人民法院在量刑时可以作为酌情减轻情节予以考虑。如果调解不成功或不履行协议，人民调解委员会亦应将调解结果通知办案机关，并及时将民事部分退回办案机关，办案机关依法重新恢复刑事附带民事诉讼程序。

四 人民调解程序与公诉轻微刑事案件的刑事诉讼程序衔接

（一）公诉轻微刑事案件概念

公诉轻微刑事案件是指情节较轻、社会危害性较小的犯罪，可以依法从轻、减轻或者免除处罚的，符合刑事和解条件的轻微刑事案件。

（二）公诉轻微刑事案件委托人民调解委员会调解

涉及民事赔偿的公诉轻微刑事案件的调解工作，可由办案机关委托人民调解委员会先行调解。人民调解程序与公诉轻微刑事诉讼程序的衔接也可参照人民调解程序与刑事自诉程序的两种衔接方法。

为方便人民调解委员会与公安机关、人民检察院和人民法院工作程序上的衔接，可以建立一种常态工作机制，即人民调解委员会可以在公安机关、人民检察院和人民法院设置驻所（院）人民调解室，派驻专职人民调解员，专门负责调解办案机关委托调解的公诉轻微刑事案件。

（三）调解结果与公诉刑事诉讼程序的衔接

如果公诉轻微刑事案件的民事赔偿部分达成协议并履行完毕，人民调解委员会应将调解结果通知办案机关，由办案机关进行审查，办案机关确认调解结果的，公安机关可以撤销案件，人民检察院与人民法院在量刑时可以作为酌情减轻情节予以考虑。如果调解不成功或不履行协议，人民调解委员会亦应将调解结果通知办案机关，并及时将民事赔偿部分退回办案机关，办案机关则重新恢复刑事诉讼程序。

第六章

新常态下人民调解"福田模式"的机遇与挑战

第一节 新常态下人民调解"福田模式"的机遇与挑战

一 新常态下人民群众日常基本生态需求

党的十八届四中全会提出全面推进依法治国，建设中国特色社会主义法治体系，建设社会主义法治国家的总目标。当今社会广大人民群众对纠纷解决机制的需求，就像日常生活中的菜篮子、米袋子一样重要，建立和完善多元化纠纷解决机制，公正高效地化解纠纷，是以人为本，实现好、维护好和发展好最广大人民群众根本利益的需要，是构建社会主义和谐社会的需要，是加强政权建设和社会建设的需要，是加快建设社会主义法治国家的需要，是社会主义民主政治建设的需要，是发扬中华优秀传统文化的需要。应当站在更高的高度，用更新的视角充分认识其重大意义。人民的基本生态需求存在即合理，我党和政府正是切合实际、与时俱进地以群众路线作为工作方式，从群众中来，又到群众中去，及时响应人民的现实需求，为解决好纠纷提供多条路径以及思路，防微杜渐，防患于未然。

二 新常态下建立和完善多元化纠纷解决机制

当今社会矛盾层出不穷，纠纷主体的多元化、纠纷内容的扩大化、纠纷诉求的多样化、纠纷表现形式的复杂化均要求我们建立一个满足人民群众日常基本生态需求的多重多元矛盾解决机制，多元化的纠纷解决机制的建立，能给人民群众更多的解决纠纷的选择权和主导权。就是要充分调动社会多方面的力量，构建起一套科学的、系统的、完整的、诉讼和非诉讼手段相结合的矛盾纠纷解决机制，来解决人民群众日常生活、工作中发生的各种纠纷。将纠纷一律诉诸法庭，有时并不利于纠纷的解决，还会在一定程度上造成诉讼资源的浪费。建立多元化纠纷解决机制，主要是在基层社会，应当更加充分运用民间的或称"非官方"的手段解决基层纠纷，如人民调解、律师调解、行业调解等。因此，新常态下对人民调解"福田模式"提出了新的机遇与挑战。非诉纠纷解决机制是对诉讼以外的其他解决纠纷方式、程序、制度的总称。英文表述为 Alternative Dispute Resolution（简称 ADR）。通过人民调解、律师调解、行业调解等的体制外的纠纷解决机制，用区别于行政调解与司法调解，充分发挥民间机构组织的自治和自主的有效活力，在政府和司法机关承认的调解协议书法律效力范围内开启民智，使得多元化纠纷解决机制的参与主体同时也更加多元化。

三 新常态下人民调解"福田模式"与传统调解、大调解的异同

调解不仅是自古流传至今的纠纷解决方式，而且是法治社会的一种新型纠纷解决方式。而实践中，随着市场经济的迅速发展，社会阶层分化的加快、人口流动的日益频繁、利益冲突的加剧，大量的社会矛盾和纠纷不断涌现和几何式增加，因此，在社会转型期，司法应当进行适度调适应回应不断发展的社会需求，也成为社会大势所趋。在理论发展和实践需求等诸多背景下，近年来，调解在很多地方都得到了重视。个中缘由主要在于，实践中的确存在很多不适宜采用审判方式解决的社会纠纷。但既然纠纷已然发生，化解纠纷对社会就具有积极意义。

近年来，各地也在不断进行人民调解的各项探索。代表性的做法有：（1）政府主导的"综治性"的"大调解模式"。如四川广安、江苏南通、浙江诸暨市等地创立的"大调解"，大致都可以归为此类

型。其主要特征是强调当地党委、政府对调解的统一领导，由政法综合治理部门牵头协调、多职能部门共同参与的调解。其本质是，在政府的领导下，地方各级职能部门联合行动，指导和帮助人民调解组织解决纠纷的方式。但是，其本质上，采取的还是"自上而下"的模式，走的是"政府推进型"的路子，在思路上呈现出的是"综治"的工作思路。这种模式存在的问题主要是，调解实际上采取的社会和政治动员的方式，运行成本较高，且淡化了调解的自主自愿性。（2）专职化的调解。代表性的是上海长宁区的调解，该种方式的核心是，通过增加调解编制的方式，设立专职调解员，强化对于调解工作的"负责"与管理。（3）吸纳民间力量参与人民调解。如无论是陕西陇县的一村一法官制度，浙江诸暨市警民联调，还是山东新泰市的"新泰经验"，其共同点都在于吸纳民间力量、乡规民约等进行调解，实现"用心—说服"的调解目标。（4）专门性的民间组织。如北京的"小小鸟"人民调解委员会，实际上是依托外国组织资助、以维护农民工权益为宗旨的NGO组织。

总体来看，上述调解组织多属于党委、政府领导下的"调解"，调解组织的官僚化、机构化、科层化特征鲜明，调解员的设立是以"岗位"为目标的。从模式上讲，多数往往属于政府（司法）机关直接设立的调解机构。因此，其性质上主要呈现的是一种社会管控机构。

新常态下的人民调解"福田模式"虽然也没脱离政府机构的领导，但与上述几种模式相比较，具有以下主要比较优势：（1）政府采购专业化的调解服务人民调解是"福田模式"运行上的基本特征。借助政府采购，政府就不再直接组织各部门"会诊"各种矛盾纠纷，也不再是纠纷调解的直接主体，转而成为调解规范制定者、调解工作考核监督者、调解经验的汇总者，从而也使得人民调解实现了适度的去行政化，向社会化和自治化方向发展。（2）调解机构独立性强，公信力高。在调解组织中，调解员不再是政府科层制的直接管理对象，调解员也不需要直接为政府机构负责，只需要依法、以调解管理规范开展调解工作即可。这样一种模式，确保了调解机构中立第三方的相对独立性，同时，由律师或具有法律专业的人员担任调解员，更容易获取当事人的信任，律师也因为其在纠纷解决知识上的专业性，更容易被群众所接受。（3）调解知识结构的专业性，使得人民调解"福田模式"的调解员，可以获取更多的调解权威性，更加符合大城市市民不断增长的依法维权诉求。既往的调解员都具有什么知识结构？虽然没有细致调查，但他们绝大多数人不是法律专业人员，至少不怎么懂法，在调解中主要运用的是自己个人化的社会知识、经验，多采用的是道德规劝、各打五十大板的"胡萝卜加大棒"调解政策，或者多采用的是"情感"感动、苦口婆心式的劝说等调解方式。这样一些"居委会大妈式"调解方式，虽然可以化解一部分纠纷，但是，缺乏专业化知识支撑的调解方案，毕竟很难获得当事人的内心认同。（4）普适化程度高。政府采购—律师事务所投标—律师或者具有法律专业知识的工作人员提供专业化的调解服务，这样一种新型调解模式，具有规范化运作、流水线运行和标准化管理的特征，专业性和普适性强。当前，法律专业毕业生众多，很多人毕业后即滞留大城市并处于"待业"状态，使得政府采购法律专业人员提供公共服务具有了可能。这些人进入调解领域后，至少在知识结构上，更符合调解员的素养要求，更容易进入调解员的角色。（5）人民调解"福田模式"突破了很多调解组织"养机构、养人、办事"的调解机构组成和运行方式及社会管理模式，转而变为"以事定费"的方式和透明化、规范化的管理，降低了社会治理的成本，提升了政府社会管理的效率。因此，政府采购法律服务引导律师事务所的执业律师参与到调解的流程中来，无疑是福田区政府在新时代下的社会管理模式的创新。

四 新常态下"福田模式"的制度价值

新常态下的"福田模式"对中国法律实施和社会管理创新具有独特而重要的价值。

（一）律师事务所这种专业化社会组织参与社会管理、预防和化解基层社会矛盾纠纷，创新了社会管理的新模式

司法部副部长郝赤勇于2009年12月10日视察福田交警大队人民调解室时指出："养事不养人"是行政管理的新理念。在基层派出

所、交警大队等行政部门设立人民调解室，可以减少法院诉讼，更重要的是可以减少政府信访。从福田的经验来看，由律师参与，人民调解成功率高，协议履行率高，纠纷解决得快、效果好，群众满意，又可以让公安机关集中精力勘查现场、处理现场、疏导交通，算算政治账、算算经济账、算算民意账，都适合在全国推广。广东省司法厅厅长陈伟雄于2009年7月2日视察华富街道司法所时指出：福田区通过招标购买专业的法律服务，由律师充当人民调解员，一方面，对当事人的攻心能力强，当事人的协议履行率比较高，尽可能使矛盾不通过诉讼程序，和和气气化解在萌芽状态；另一方面，释放了一线警力，减轻了法院压力，从而实现了"双赢"，这个做法好。并指出，人民调解天地广阔，大有作为，要向更深、更广的层次拓展，要从制度化建设入手，进一步抓好人民调解工作的落实，推进人民调解工作更加规范化、更加制度化。

（二）人民调解是基层民众接受专业普法教育、形成法律素养的良好渠道

能实现社会矛盾纠纷化解与法律专业知识普及的结合。调解以实现社会矛盾的有效化解为直接目标，但是，单纯追求矛盾化解的调解追求，无疑降低了调解工作的社会价值。调解无疑要有效处理社会矛盾，使当事人受损失的利益得以维护和补偿，失去的尊严能够得到挽回，受伤害的心灵创伤能够得到抚平。但在一定意义上，调解也必须分清是非，在分清是非的前提下开展调解。其必要性在于：（1）社会需要公正，追求公正是人的天然需求。即便在简易案件、细微案件中，分清是非，才有助于当事人认识到自己的错误。（2）公民法律素养的提高，离不开法律知识的普及。而在自己为当事人的纠纷当中，最能够实现法律的"教育"功能。（3）法律上的是非判断，有助于当事人感受和明了法律的惩罚，在此过程中，反思自己的行为选择，进而有助于提升市民素质，促进社会的进步。（4）人民调解工作通过调解纠纷，开展了生动的法制宣传和道德教育，提高了纠纷当事人的法制观念和道德水平，为促进社会和谐做出了积极的贡献。

（三）探索了人民调解的新型模式，创新了中国特色的司法制度

人民调解"福田模式"不仅有效解决了社会纠纷，更重要的是为中国基层社会矛盾纠纷的化解和预防，探索了一种新模式，积累了一整套可供推广的制度和经验，实现了法律专业化社会服务与矛盾纠纷化解的良性结合，实现了矛盾纠纷化解与人民群众自主权的结合，实现了矛盾纠纷化解与人民群众民主权的结合，靠近基层，贴近群众。从这个意义上来说，人民调解"福田模式"的价值，具有创新司法制度的重大贡献。在现有的司法制度框架下，出具的人民调解协议书送至法院申请司法确认，其效力与法院做出的裁判相同，到期未履行的调解协议书，可以由当事人直接向法院申请强制执行。

（四）人民调解"福田模式"具有很大的普适价值

当前，虽然全国都在推行人民调解，但是，在总体思路上，依然没有脱离既有调解模式的路径依赖，因此，很多地方的人民调解的所谓"创新"，不过是既有调解模式的变形或者重新包装，大多数没有脱离"政府操控"或者是过度"民间化"的调解模式。就前者而言，政府的介入过度，难免丧失调解的中立性、公正性等基本要求。就后者而言，也难免会降低调解的专业性和法律性。而且，过度"行政化"和过度"民间化"的调解，往往是两个极端，都难免存在以下致命缺陷：队伍不稳定、专业知识不足、和稀泥和就事论事多于是非判断、过分集中于纠纷化解而丧失了对公民的法律警醒。而人民调解的"福田模式"，则突破了上述局限，例如：政府仅仅成为公共产品的采购方和调解服务质量的监督者和考核者、队伍稳定乃至专业化规范化的法律服务有助于增进民众对人民调解的信赖感、全天候24小时的调解服务符合了细微纠纷随时发生及时调解的社会需求，把纠纷化解和分清是非结合起来促进了民众的社会公正感，细致规范的档案管理有助于为全国的人民调解累积经验和调解人员素质的训练提高。律师团队扮演的调解员的身份不容小觑，用专业化的法律服务和高效率的解决方案破解了以往人民调解中存在的过度"行政化"特征以及过度"民间化"两个极端存在的问题。

第二节　政府提供基本公共法律服务及经费保障

一　覆盖城乡居民的公共法律服务体系建设任务

基层民生工程始终是法治社会建设中的重中之重，在我国社会主义建设中，"多谋民生之利、多解民生之忧"等民生话题几乎贯穿始终。党的十八届四中全会通过的《中共中央关于全面推进依法治国若干重大问题的决定》指出："推进覆盖城乡居民的公共法律服务体系建设，加强民生领域法律服务。"因此，党的十八届四中全会为政府提供公共法律服务创造了良好机遇、环境与挑战。因此，要抓住机遇，要经过多方的考察调研、集思广益，构建符合当代中国社会发展特点以及当地群众需求的公共法律服务体系。该体系的特点应该是广覆盖、多层次、专业化、高效率、低成本。

单一解决问题的模式无法高速、有效解决日益增长的社会纠纷，新常态下的公共法律服务体系能更好地解决这个问题，切合性和协作性的法律服务模式也能更好地做到服务大局。切合性是指公共法律服务应该是切合人民的利益，切合问题实际，以及切合法律法规的要求，做到"关注脚下"，而协作性指的是多部门的联合，重点部门突出，相关部门责任清晰，政府与民间的联合，政府借助民间强大的力量和智慧，能够把握宏观，有的放矢。

二　公共法律服务体系的新思路

伴随着城市社会治理重心的不断下移，建立完善公共法律服务体系迫在眉睫，这包括人民调解机制在内的基层纠纷化解机制。公共法律服务体系的构建应是基层民生工程的重要组成部分。推动人民调解机制的不断完善作为福田区政府的惠民政策之一，简政放权应运而生，释放基层自治组织以及行业自治组织的活动，政府在整个流程中只是处于一个监督者的地位。

公共法律服务体系构建应该抓关键，一是"公共"，公共的法律服务首先是做到面向群众，法律服务不是只为几个人或者几个组织服务的，它是为所有人、所有组织服务的，做到普及和惠民就意味着所有群众接受得起服务，也意味着公共法律服务的运行需要政府部门提供物质和人力的保障。二是"服务"，行政管理部门在建设和完善公共法律服务体系的时候一定要转变思路，不是站在管理者的角度，而是要站在服务者的角度，管理部门也不再是高高在上，能做到思群众之所想，急群众之所需，做群众之所求。三是"体系"，纵向是推动公共法律服务资源向城乡最基层的村（组）、社区一级延伸，横向是加快推进司法行政改革。深化监狱制度改革、社区矫正制度改革、律师制度改革、司法鉴定管理体制改革、法律援助制度改革，统筹做好公证机构事业体制改革、落实国家统一法律职业资格考试制度、推进人民监督员和人民陪审员选任管理方式改革，为全面建成小康社会提供有力司法保障。四是"专业化"，社会多元化发展导致了社会纠纷的复杂程度越来越高，法律服务的种类也应该越来越丰富，法律专业人员的参与，能够保障法律服务的质量和法律服务的效率，也更能保障法律的正确实施。深圳福田区首创的人民调解"福田模式"取得了极好的成果，打造了专业素养和职业道德过硬的调解员队伍。五是"创新"，公共法律服务不仅要依靠信息化手段带来的便利，完善"互联网+公共法律服务"等模式，而且要创新服务内容，比如，为推进创新创业、化解产能过剩、防范金融风险提供有效的法律服务。

三 政府购买公共法律服务

（一）公共法律服务的概念

公共法律服务是指政府部门以公共财政为支撑，以保障和满足公民的基本法律服务需求为目的，向公民提供法律咨询、法律宣传、法律援助以及纠纷调解等内容的公共法律产品以及服务制度和系统的总称，包括公共法律服务资源、服务内容和服务机制在内的一套系统。

（二）公共法律服务的主体

公共法律服务主体主要包括政府部门、法律服务机构以及其他具有公益法律服务能力的组织及个人。一是政府部门，主要是指各级司法行政机关；二是法律服务机构，主要包括律师事务所、基层法律服务所、法律援助中心、公证处、司法鉴定所等；三是其他具有公益法律服务能力的组织及个人，主要包括大专院校以及具有法律知识的公益服务志愿者。

（三）公共法律服务的领域

公共法律服务的领域包括法律服务、人民调解、法律援助、法制宣传、社区矫正、公证、司法鉴定等，这就要求将律师、公证、基层法律服务工作、普法宣传、司法鉴定、人民调解等纳入到公共法律服务体系中，形成一个由市到市（县）区再到乡镇（街道）直至村（社区）的法律服务辐射网络，实现"一个大门进去、多个窗口受理、便捷高效提供法律服务"的新型法律服务模式。

（四）"福田模式"是政府提供公共法律服务的重要组成部分

政府购买公共法律服务是指政府利用财政资金，与具有专业资质的律师事务所签订合同，由律师事务所向政府指定的公共法律服务项目提供专项法律服务的行为。人民调解"福田模式"是政府提供公共法律服务的重要组成部分之一，在化解基层纠纷中的不可替代性将日益凸显。（见图6—1、表6—1）

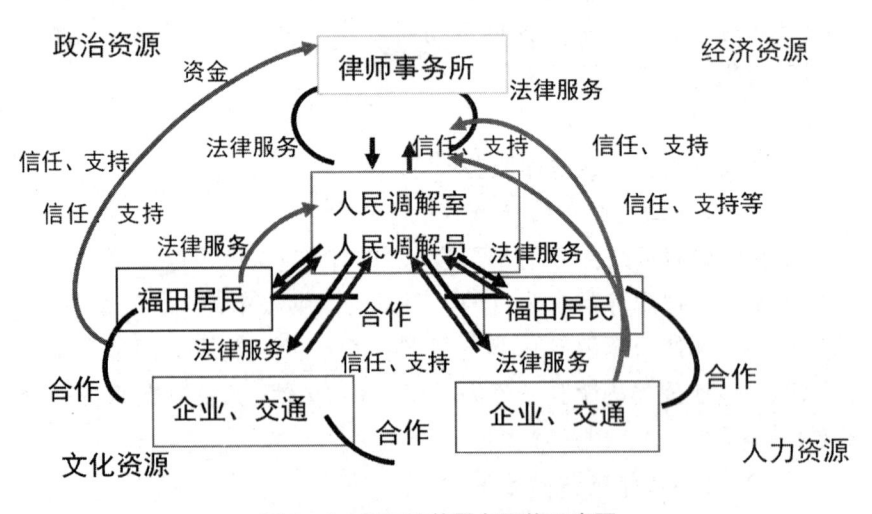

图6—1 福田法律服务网络示意图

表6—1　　　　　福田区司法局购买法律服务合同情况

广东五维律师事务所（29人）			
沙头派出所调解室	8人	南园派出所调解室	7人
香蜜湖派出所调解室	6人	华强北派出所调解室	6人
福田汽车站	2人		
广东开野律师事务所（10人）			
福保派出所调解室	5人	八卦岭派出所调解室	5人
广东首胜律师事务所（12人）			
莲花派出所调解室	5人	梅林派出所调解室	7人
广东格威律师事务所（18人）			
福田派出所调解室	8人	信访调解室	5人
法院调解室	5人		
广东百利孚律师事务所（14人）			
福田交警大队调解室	5人	口岸交警大队调解室	4人
医患物业建筑劳务调解会	5人		
北京市隆安（深圳）律师事务所（8人）			
福强派出所调解室	6人	地铁会展中心站	2人
北京市东元（深圳）律师事务所（6人）		广东穗江律师事务所（4人）	
通心岭派出所调解室	6人	景田派出所调解室	4人
广东海埠律师事务所（5人）		广东广和律师事务所（5人）	
天安派出所调解室	5人	华富派出所调解室	5人

四　政府应为人民调解服务提供经费保障

（一）人民调解工作的经费保障

《中华人民共和国人民调解法》第六条规定："国家鼓励和支持人民调解工作。县级以上地方人民政府对人民调解工作所需经费应当给予必要的支持和保障，对有突出贡献的人民调解委员会和人民调解员按照国家规定给予表彰奖励。"司法部、财政部修订的《司法业务费开支范围的规定》："人民调解工作经费的开支范围包括司法行政机关指导人民调解工作经费、人民调解委员会工作补助经费、人民调解中补贴经费。"据此,人民调解组织的经费应由地方人民政府财政提供保障,人民调解员的工资标准、福利待遇等也应由地方人民政府制定。

（二）人民调解员薪资待遇现状

由于人民调解员没有国家编制,缺乏国家认可的专业技术资格,我国早期阶段的人民调解员是半义务工作或兼职工作,工资福利严重短缺,许多地区的人民调解员的调解业绩与经济待遇不挂钩,缺乏相应的奖励制度和补贴办法。而且,人民调解工作具有工作不定时、工作强度高、工作风险和压力大等特点。

由于全国各地经济发展水平不同,各地人民调解员的工资标准、福利待遇也大不相同。例如,深圳市福田区原先是参照政府一般雇员的助理的标准,制定人民调解员的工资标准、福利待遇,按岗定薪。后来,深圳市福田区政府将人民调解员工资标准、福利待遇提高到政府一般雇员的标准。在一般雇员标准继续提高存在一定财政困难的情况下,为了想方设法提高人民调解员的地位和待遇,2016年1月深圳市福田区司法局组织成立了福田区人民调解员协会,使全区2000多名人民调解员有了自己的行业组织,第一次有了自己的"家"。

影响人民调解员工资标准、福利待遇的因素很多,从程序上,政府与提供基层调解法律服务的律师事务所签订法律服务合同,划拨经费给律师事务所,律师事务所与人民调解员签订劳动合同,向人民调解员发放工资、福利待遇。但在律师事务所需要扣除发票税、管理费、培训费、社会保险费和住房公积金的个人承担部分后,人民调解员到手的工资不算多,加上市场物价、房租上涨等外部因素的抵消作用,一般人民调解员工资大多不高于深圳市平均工资水平,而根据深圳市统计局公布的数据,2015年度深圳市国企在岗职工年平均工资为81034元,深圳市平均工资折算为在岗职工月平均工资为6753元。

(三) 同行业薪资待遇比较

深圳律师年平均收入已超过人民币 20 万元，深圳实习律师（律师助理）的年平均收入（含提成收入）也在人民币 5 万元上下。实习律师（律师助理）担任人民调解员的工资远远低于深圳律师的平均收入，有的人民调解员的工资甚至低于实习律师（律师助理）的平均收入。如果工资、福利待遇与同业差距继续拉大，长此以往，有可能影响人民调解员工作积极性和队伍的稳定性。

(四) 人民调解员经费保障制度的完善

1. 按级别和岗位定薪，保障人民调解员的基本生活水平

由于工资、福利待遇是关系到稳定人民调解员队伍，防止人才流失，保障人民调解工作可持续发展的重大问题。因此，建议人民调解经费除由中央财政给予补贴外，还应由地方政府根据地方经济发展水平，保障人民调解员的工资标准、福利待遇。除了参照人才市场行情和职业风险程度因素外，可以划分职级，例如，参照政府"一般雇员""高级雇员""资深高级雇员"三种级别，按级别和岗位定薪。调解员的工资结构通常包括基本工资、社保、住房补贴、伙食补贴、交通补贴、岗位补贴、奖金等，并且逐步提高人民调解员的工资、福利待遇，争取人民调解员的工资、福利待遇能够达到深圳市国企的平均收入待遇，保障人民调解员的基本生活水平，从而解除人民调解员的后顾之忧，让其安心工作，为调解员队伍的长远发展奠定坚实的经济基础。

2. 预留人民调解员的职业发展空间

相比工资、福利待遇水平的提高，为人民调解员创造一个可提升的职业发展空间更为重要。在人民调解员队伍中，除了少数是执业律师外，大多数是考取法律职业资格不久，处于实习律师（律师助理）阶段的法律人，他们对工资、福利待遇的渴望远没有对职业发展前途那么迫切。如果人民调解员的职业发展前途不明朗甚至堵塞，就可能影响对调解工作的积极热情。所以，除了政府需要保障人民调解员的基本生活水平外，还要关注人民调解员的职业发展前景，这方面聘用人民调解员的律师事务所应当承担起职责，为人民调解员创造一个可提升的职业发展空间，建立人民调解员在调解岗

位上任期届满一定年限后，人民调解员可以转回律师事务所改做执业律师的流转机制，并由律师事务所招聘培养新的人民调解员接任岗位，保证新老交替的顺利进行，让人民调解员岗位始终充满活力，有源源不断的生力军，从而保障人民调解工作的可持续发展。

第三节　人民调解"福田模式"的后续创新实践

一　福田区公共法律服务中心的创建的必要性

党的十八大和国家"十二五"规划特别强调了政府开发建设基本公共服务体系，公共法律服务是公共服务体系的重要组成部分，通过政府购买公共法律服务的方式，由政府运用公共资源，组织专业力量参与提供公共法律服务，有助于社会管理创新，强化政府法治方式，实现法治国家、法治政府、法治社会之契合。它在促进服务经济社会转型升级、化解社会矛盾、促进民生幸福等方面将发挥重要作用。

（一）公共法律服务在我国社会矛盾纠纷化解工作体系中具有基础性作用

基本公共服务是建立在一定社会共识之上，由政府提供的供全社会共同消费、平等享用的产品和服务。公共法律服务是基本公共服务的重要组成部分，包括：为全民提供法律知识普及教育和法治文化活动；预防和化解民间纠纷的人民调解活动；开展公益性法律顾问、法律咨询、辩护、代理、公证、司法鉴定等法律服务；为经济困难和特殊案件当事人提供法律援助等。公共法律服务的纠纷解决机制是一个很好的"替代性纠纷解决方式"，公共法律服务在我国社会矛盾纠纷化解工作体系中具有基础性重大作用。

（二）推进人民群众的公共法律服务体系建设，加强民生领域法律服务的战略部署

党的十八届四中全会通过的《中共中央关于全面推进依法治国若干重大问题的决定》指出："推进覆盖城乡居民的公共法律服务体系建设，加强民生领域法律服务。"全会做出创新社会治理体制，加

强公共服务体系建设,改进政府提供公共服务方式的决策部署,这是适应全面建成小康社会新形势需要做出的战略部署,意义十分重大。当前,我国正处在全面建成小康社会的关键历史时期。建立健全基本公共服务体系,促进基本公共服务均等化,是促进社会和谐稳定、维护社会公平正义的迫切需要,是全面建设服务型政府的内在要求。推动每一位公民都能获得公共法律服务的政策,犹如提供公共基础设施一样,是服务型政府行政管理的应有之义。

(三)建设公共法律服务体系,是完善我国基本公共服务体系的重要举措

基本公共服务旨在保障全体公民生存和发展的基本需求,包括保障基本民生需求等领域的公共服务。今天,这些基本民生需求的满足往往呈现为法律关系的调整和法律问题的解决。因此,公共法律服务体系是基本公共服务体系的重要组成部分,完善我国基本公共服务体系,是完善政府提供公共服务方式、创新社会治理的重要途径,有利于促进社会和谐稳定、增强社会发展活力、提高社会治理水平,有利于实现、维护、发展最广大人民的根本利益。

(四)建设公共法律服务体系,是人民群众的现实期待

平等地获得法律帮助是法律赋予公民的基本权利。随着我国经济社会全面发展,整个社会的法治化管理水平和全体公民的法律素质明显提高,越来越多的群众通过法律途径表达利益诉求、维护自身权益的意识进一步增强,平等享受改革发展成果和法律保护的愿望更加强烈。建设公共法律服务体系是回应人民群众热切期待的现实要求,对于满足人民群众法律需求、保障公民平等享受社会公平正义,具有重要保障作用。要成为一名法治社会的合格公民,首先应培养自身的法律素养,将"学法、用法、守法"作为维权意识的思维模式与行为习惯。

(五)建设公共法律服务体系,是法律服务健康发展的需要

在党中央、国务院和各级党委、政府的领导下,各级司法行政机关整合工作资源,为服务经济社会发展和改善民生做出了贡献。但随着形势的发展变化,法律服务网络覆盖不全、供给不足、发展不平衡的矛盾日益显现,法律服务提供能力与群众日益增长的法律

需求还有一定差距，需要各级司法行政机关以改革创新精神，推动法律服务工作上新水平，使法律服务更直接、更充分地靠近人民群众的学习、生产和生活。法律服务提供能力的大小应当与群众需求的多少保持正相关的同步提升关系。

二　福田区公共法律服务中心的基本要求

（一）推进公共法律服务体系建设的基本要求

其一，坚持以人为本、服务为民。及时便捷、优质高效的公共法律服务，关系到人民群众最现实的利益问题。推进公共法律服务体系，要着眼于维护人民群众的根本利益，有效满足人民群众基本法律服务需求，维护人民群众合法权益。要找准服务的切入点，不断丰富服务内容，健全服务标准，为人民群众提供高质量、信得过的法律服务。法律服务的内容与形式依据人民群众的现实需求以及利益诉求逐渐地丰富和完善。

其二，坚持公益均等、因地制宜。公共法律服务是保障社会全体成员平等享有的公共服务。要把公共法律服务均等化、城乡服务一体化放在重要位置，统筹城乡，强化基层，推动公共法律服务资源向农村、基层和经济欠发达地区以及社会弱势群体倾斜，建设与当地经济社会发展水平相适应的公共法律服务体系，实现城乡公共法律服务广泛覆盖。

其三，坚持改革创新。建立公共法律服务体系涉及体制、机制、政策等诸多方面，应当运用改革思维和改革方式创新服务体制机制和工作模式，形成保障服务体系有效运行的长效机制，实现服务资源合理配置和高效利用。要积极引入竞争激励机制，调动社会力量，扩大服务规模，提高服务质量。汇集民智，广纳共识，激励更多的民间机构与人士参与到调解工作中来。

（二）建设公共法律服务体系的工作要求

其一，健全公共法律服务网络是组织基础。健全公共法律服务网络、优化公共法律服务区域布局的任务非常迫切。加强城乡公共场所及基层村（居）普法阵地建设，推动在行政村、居委会、社区建立完善基层法制宣传教育公共设施体系。鼓励和支持律师事务所、公证处、司法鉴定机构等向基层地区延伸，努力满足基层人民群众法律服务需求。织密人民调解组织网络，积极推进行业性、专业性人民调解组织建设，着力打造"半小时法律服务圈"。公民的法律服务获得感是政府提供公共法律服务便捷与否的有效投射。

其二，整合司法行政各项业务职能。要形成公共法律服务的新优势，促进资源共建共享。建立健全各项公共法律服务有机协调的工作机制，做到多支力量并举、并重、并抓，多角度、多方位、多层次地开展公共法律服务。进一步建立健全区、街道、社区法律服务中心网点，街道办事处与辖区内的几个下属社区工作站进行来访调解人员的信息联动，解决信息不对称的问题。设立法律服务窗口，集中受理和解决群众的法律服务事项，实现提供主体和提供方式多元化，提供综合性、"一站式"服务。

其三，拓展服务领域。民生领域是公共法律服务的重点领域，要围绕重点公共服务领域，大力拓展教育、就业、社会保障、医疗卫生、住房保障、文化体育等领域的法律服务，促进基本民生工程建设。切实做好婚姻、家庭、邻里间常见性、多发性纠纷调解工作，积极参与企业改制、征地拆迁、环境保护等领域矛盾纠纷调解工作，让人民群众在每一起案件中都能感受到公平正义。越是贴近人民群众日常生活的调解纠纷越要引起重视，坚持走群众路线，从群众中来，又到群众中去。

其四，提高服务质量。加大公共法律服务的规范化、标准化和便利化建设，加强质量监管，提升服务水平，努力提高公共法律服务诚信度和公信力。制定各类法律服务机构资质认定、设施建设、人员配备、业务规范、工作流程等具体标准，加快建立健全公共法律服务标准体系。强化服务全程化监管，建立健全服务质量评价机制、监督机制、失信惩戒机制，推行岗位责任制、服务承诺制、限时办结制、服务公开制等制度。方便群众办事，利于社会监督。通过对提供公共法律服务的团队进行评价机制促进良性竞争，在监督的过程中针对调解的程序性工作更加详细地规范。

（三）深圳市福田区构建公共法律服体系的建设

1. 党的十八届四中全会为福田区公共法律服务中心诞生创造了

良好机遇、环境与挑战

深圳市提出创建法治城市、福田区提出创建法治城区、法治福田，而法律服务环境是法治福田的重要组成部分，是"法制福田""法治城区"建设不可缺少的配套工程。党的十八届四中全会为福田区公共法律服务中心诞生创造了良好机遇、环境与挑战。构建公共法律服务体系需要做好系统内纵向资源整合和系统外横向部门联动两篇文章。建立起福田区司法行政机关、法律服务机构和行业协会"三结合"的运行机制。充分利用网络信息化，建立综合信息平台。逐步形成"政府主导、司法行政部门组织、部门联动、社会协同、法律服务机构实施、社会各界力量参与的实体化、网络化服务新格局"。加强与公、检、法等部门的协调，积极探索与综治维稳、信访、劳动保障、工青妇等部门的工作对接模式，促进公共法律服务职能的有效发挥。

2. 构建福田区公共法律服务中心的规划

福田区构建公共法律服体系，需要用战略的眼光、创新的方法和系统的思维大力推进。主要是围绕区委区政府全面建设一流国际化中心城区的目标，整合司法行政多项职能和工作，为全民提供法律知识普及教育和法治文化活动，为经济困难和特殊案件当事人提供法律援助，开展公益性法律顾问、法律咨询、辩护、代理、公证、司法鉴定等法律服务，预防和化解民间纠纷的人民调解活动等。以落实法治宣传育民、人民调解和民、法律服务便民、法律援助惠民、矫正安帮安民的公共法律服务"五项"工程为内容，加强公共法律服务实体平台、公共法律服务信息化网络平台和规范标准平台三个支撑平台建设，推进公共法律服务志愿者队伍建设不断完善工作机制，逐步建立起覆盖全区的公共法律服务体系，做到有效为民解忧。2015年，福田区将初步建成公共法律服务体系；到2020年，公共法律服务实体和信息化平台网络覆盖全区，服务对象全面覆盖在福田区工作和生活的各类人群，基本建成政府主导、覆盖全区、多方参与、管理有效、丰富多样、优质便捷、普惠均等、可持续的公共法律服务体系。现阶段福田区主要打造公共法律服务体系的拳头产品——福田区公共法律服务中心，以带动福田区公共法律服务体系的建设。

福田区司法局创新基层政府提供基本公共法律服务项目,充分利用辖区法律服务资源,采取政府采购法律服务方式,集中辖区司法行政人员、律师、法律志愿者和义工组成法律服务资源队伍,建立集法治宣传、法律咨询、人民调解、法律援助、社区矫正、安置帮教、公证、司法鉴定等一站式公共法律服务平台,打造区、街道、社区三级公共法律服务中心,构建纵向到底、横向到边的全区域、全行业公共法律服务网络。目前,福田区三级公共法律服务中心运作情况良好,已经取得初步绩效,正在总结、提高和完善阶段。

该项目的目标是从基层社会治理体系和治理能力的视角,对福田区三级公共法律服务中心做系统的梳理和分析,总结福田区公共法律服务中心"福田方案(范式)"的成功经验和成果,论证和评估福田区公共法律服务中心"福田方案(范式)"的示范性和普适性的价值。

3. 构建福田区公共法律服务中心的思路

福田区公共法律服务中心的筹划和建设过程,也是一个不断的学习、思考、资源整合的过程。在打造福田区公共法律服务中心的过程中,我们主要有以下五个方面的思考和探索:

一是着眼于现代社会治理体系和治理能力的形成,将法律服务纳入到党委和政府所提供的基本的公共服务上来。以前我们讲政府的基本公共服务一般是指科、教、文、卫、体,现在,我们要在科、教、文、卫、体上面加一个"司",通过对十八届四中全会有关精神和中央其他一些文件的解读,公共法律服务也是党委和政府所必须提供的基本的公共服务。比如说,文化服务有文化馆,那么法律服务就应该有法律馆,所以我们可以将福田区公共法律服务中心理解为福田的法治馆,如果我们福田区或全市、全省建立起像文化馆一样多的法治馆,一定会促进我们现代社会治理体制和治理能力的巨大提升。

二是抓住司法改革的机遇,实现司法工作的新发展。十八届四中全会之后的司法体制改革,法院、检察院的动作比较大,但司法行政部门还比较平静,我们要认真地分析司法行政工作在这种情况下所面临的机遇和挑战，比如，基层的法院、检察院等都要由省里统一管理，司法行政工作就成为地方党委和政府可以直接发号施令的职能部门，司法行政部门应该更多地承担起法律普及、化解社会矛盾、维护法治环境等方面的积极作为。当然，如果司法改革进一步深入，将法院、检察院现有的部分职能直接划归到司法行政部门，那也是司法行政部门新的发展和机遇。我们筹划和建立公共法律服务中心，拓展了司法行政的空间和领域，提升了司法行政的社会影响力。

三是融合各种社会组织和社会力量，共同为实现建设法治中国的目标而奋斗。福田区公共法律服务中心综合引入了中国政法大学、西北政法大学的研究机构，引入了法律服务，特别是律师服务的公益性组织，还支持法治文化创客的创意性活动开展。让福田区公共法律服务中心成为司法行政机关，法律研究机构，法律服务从业人员，法治文化创作、推广人员共同的交流平台和精神家园。

四是探索软法治理的方向和模式，发挥软法治理的成本效益优势。一般而言，将靠国家强制力保证其实施的法律法规，称为"硬法"；而主要以人民调解、社区矫正、法律普及等方式而开展的法治，称为"软法"。软法治理具有超前性，预防性，大众易接受参与性，低社会成本等特性。相对于公安机关主要是惩处犯罪等，司法行政工作所从事的基本上都是软法治理的范围。习近平曾经引用过的我国古代的法治理念"德主刑辅，理法合治"，从现代意义上讲，就是要发挥道德和软法治理的作用。我们作为司法行政机关要主动作为，放大软法治理的边际效益，靠软法治理的理念引导社会，在法治的共同信仰下，达到法治的共同行为规范。

五是充分学习和利用"互联网+"，发现和利用好互联网的实用领域和实用价值。在公共法律服务中心，成立了网络法律服务小组，固定专门人员研究推广法律服务的新形式新途径。现在主要运用三个微信平台："福田普法""法润福田"和"一社区一法律顾问"大众点评系统微信系统。"福田普法"主要是推送，传导法治知识与信息。"法润福田"是福田区公共法律服务中心的延伸服务平台，主要是实现司法行政服务的咨询、预约的互动，实现法律服务的物理在岗与服务在岗,全方位记录法律服务与服务考勤,达到成本效益与社会效益的最大化。"一社区一法律顾问"大众点评系统是我们创设的升级版的服务,"一社区一法律顾问"工作是2016年全省的重点工作,全省各个地方都在发力,就深圳和福田而言,早就实现了"一社区一法律顾问"甚至一小区一法律顾问,现在的问题是如何落到实处,让老百姓能得到政府提供的真正有效的法律服务。我们根据互联网的思维,拟专门就此创设"一社区一法律顾问"大众点评系统,让服务对象直接对法律顾问进行点评,对法律顾问的评价不是由我们,而是由服务对象做出,更容易接近真实。

4. 构建福田区公共法律服务中心的路径

(1) 提供和拓展司法行政基本服务和延伸服务公共平台。以"马上办"的精神,把该办的事情在规定的时间办好,在福田区公共法律服务中心,区司法行政机关的所有一般性的服务如行政许可、非行政许可项目,咨询和业务办理项目,都可以在这里进行办理;如法律援助从咨询到委托,公证委托的证据采集和保全,社区矫正的入矫,入矫宣告,警示教育,以至于解矫,都可以在这里完成。同时我们也注重延伸和关联性服务,如前来申请法律援助的公民,由于有没有达到法律援助的最低收入要求,但确实比较困难的,我们就可以将其推荐到设在中心的公益法律服务中心,有300多名公益在册律师可以提供免费的包括法律文书、简易诉讼等方面的服务。

(2) 研究和探索法律服务的前沿性发展。在福田区公共法律服务中心搭建两个研究基地——中国政法大学社区矫正创新研究基地和西北政法大学人民调解福田模式研究基地:一是和中国政法大学合作建立中国特色社区矫正研究基地,为正在进行立法的社区矫正等方面的工作提供实践项目和研究项目;二是联合西北政法大学建立人民调解"福田模式"研究基地,人民调解"福田模式"为福田区首创,在新的历史条件下,人民调解"福田模式"怎样才能更加深化,焕发出持久的生命力,这是需要大学研究机构和我们基层共同面对和破解的题目。

(3) 培育和推进法律服务类社会组织的良性发展。福田区公共法律服务中心打造社会组织的培育空间,主要引入两类社会组织:

一是要将福田区人民调解员协会、社会矫正协会、律师协会等行业内中介机构纳入其中，充分发挥法律类协会的自律和自我管理、自我发展的作用；二是律师发展和律师公益服务空间，将福田区律师事务所主任联席会议，福田区青年律师团、维德法律服务中心等纳入其中。这类律师团体举起了福田近六千名律师公益法律服务的旗帜，这里为他们提供了空间。

（4）创设和展示福田法治文化的发展平台。提供法治文化传播和法治文化创客空间，在福田区公共法律服务中心筹建有300多平方米的法治大讲坛，100多平方米的法治文化馆和法治文化创客展示专区。在这里可以传播法律理念，学习法律知识，展示法治创客的创新智慧，并向社会展示五项服务品牌：一是展示政府为社会提供的新的公共法律服务，二是展示福田乃至深圳市公共法律服务产品和成果，三是展示福田优秀的律师队伍和律师人才，四是展示福田乃至深圳市法治文化和法治创客，五是展示福田共同体的法治人文精神。

（5）推进和打造公共体验性互动性的普法教育平台。福田区公共法律服务中心集中了政府和社会的法律服务资源，是难得的法律教育和学习的地方。我们拟定期举行"福田区公共法律服务中心"开放日，邀请党代表、人大代表、政协委员、群众和学生等，进行普法法治教育活动，既接受监督指导，又传播法治的理念和声音。可组织旁听社区矫正宣告活动，可以参与模拟法庭辩论，可以参与法援现场咨询和案例分析，可以分享人民调解典型案例并可以参加人民调解等体验式活动，建立体验式、互动性普法的新方式。

三 福田区公共法律服务中心架构

（一）福田区三级公共法律服务系统

福田区司法局在构建"法制福田""法治城区"中，依靠公共法律服务化解矛盾纠纷这一重要抓手，"政府主导、司法行政牵头、部门联动、社会协同"。通过整合区、街道、社区三级司法行政资源，建设区、街道三级公共法律服务系统，组建福田区公共法律服务中心，全方位为人民群众提供法律服务，化解矛盾纠纷，该中心将积极推进法制宣传育民、人民调解和民、法律服务行业便民、法律援助惠民、帮矫"两类人群"安民五项服务项目。这是福田区司法局提供公共法律服务的创新举措,也是福田区司法局对人民调解"福田模式"的后续创新。

(二) 实体平台和虚拟平台

福田区公共法律服务中心是由福田区政府会同福田区司法局,通过整合区、街道两级司法行政资源,建设区、街道三级公共法律服务的实体平台和虚拟平台。该中心办公面积约1500平方米。该中心设立信访接待分流值班室、法制宣传室、人民调解室、公益法律服务室、法律援助室、社区矫正室、安置帮教室、公证室、司法鉴定室、福田区法院、检察院、福田分局、劳动争议仲裁等巡回办案室、培训中心、福田区公共法律服务中心在线(网站)等,实现"互联网+福田模式"的创新模式。

(三) 人力资源

福田区公共法律服务中心由福田区司法行政工作人员、辖区律师事务所律师、法律志愿者和义工三支队伍组成人力资源,与区政府、区人民法院、区公安分局、区人民检察院等合作,组建专家顾问团队。除了志愿无偿服务的工作人员,其他工作人员的开支在财政预算中拨款,经费充足保证人力资源的到位和稳定。

(四) 覆盖范围

福田区政府专家顾问团队在区政府的领导下打造集法治宣传、法律咨询、人民调解、法律援助、公益法律服务、社区矫正、安置帮教、公证、司法鉴定业务于一体的一站式公共法律服务平台,打造福田公共法律服务指挥中心、福田区司法行政内务中心、福田公共法律服务监督中心、福田区公共法律服务中心在线(网站)、福田区公共法律服务中心。打造纵向到底、横向到边的全区域、全行业公共法律服务网络,打造全区15分钟法律服务圈,最后一公里法律服务全覆盖。福田区政府致力于打造人民调解"福田模式"的全地域内覆盖,使得该项惠民服务落到实处。

(五) 财政预算

拟将公共法律服务事项纳入政府购买服务项目,列入财政预算,落实公共法律服务经费预算保障，建立公益性法律服务补偿机制，通过奖励、表彰、免费培训等方式给予补偿和激励。政府通过采购法律服务的渠道，与多个律师事务所签订采购合同，达到引入专业团队进驻政府基层单位，参与到公共法律服务中来。

（六）绩效目标

福田区公共法律服务中心的绩效力争达到以下目标：（1）110接处警50%以上由福田区公共法律服务中心调解解决；（2）各街道办50%以上纠纷由福田区公共法律服务中心指导、移送或支援解决；（3）重大群体性纠纷由福田区维稳办会同福田区公共法律服务中心、各个行政部门和各街道办解决。实现"为政府解忧、为公安减压、为法院减负、为群众排难"的绩效，福田区公共法律服务中心从开始的辅助地位转变为独立地位，能够与传统解决纠纷方式并驾齐驱。

四 福田区公共法律服务中心与人民调解"福田模式"的衔接

福田区公共法律服务中心作为一个多功能、多层次的法律服务机构，不仅为基层百姓提供多样化的法律服务，而且能实现资源的整合，避免社会资源的浪费，极大提高了效率。福田区公共法律服务中心同样整合了调解资源，实现人员的更好配置，在福田区公共法律服务中心的调解部门与人民调解"福田模式"于基层设立的调解室，既要联合又要分工，产生互动效果。俗话说得好，术业有专攻，因此，福田区公共法律服务中心调解部门可以由擅长不同专业领域的律师组成，这样能有针对性地解决群众问题或者成立不同的调解部门，如婚姻家庭调解室、医患纠纷调解室、房地产纠纷调解室、劳动争议调解室等，有利于扩大调解的社会认可度、提高调解成功率和调解协议的履行率。

（一）福田区公共法律服务中心与驻公安派出所的调解

公安派出所除了要加强自身规范化建设、办理刑事案件和治安案件打击违法犯罪、强化人口管理、建立互联网信息外，无一例外地都要开展矛盾化解工作。派出所民调室的调解是人民调解和治安行政调解衔接机制的具体表现。通过这几年的调解数据可以看出，驻公安派出所调解室调解的案件类型多，有人身权利纠纷、财产权益纠纷、损害赔偿纠纷、生产经营纠纷、劳动争议纠纷、婚姻家庭纠纷以及其他纠纷。如果将这些类型繁多的案件类型做一个合理的分配，不仅能够提高调解的成功率，而且能够缓解民警的压力。

福田区公共法律服务中心通过设立不同类型的调解机构，及时有效地处理从公安派出所分流出来的案件。公安派出所民警先期对报警纠纷进行初审，对符合人民调解范围的，经当事人申请，由派出所分流到福田区公共法律服务中心的调解室，由调解室进行立案审查和调解。另外，调解室依法受邀参与治安调解民事赔偿部分的调解。

根据不同纠纷的类型，具体分工如下：第一，如果案情较为简单的，可以直接在驻派出所调解室直接处理；第二，经初步判定案情较为复杂、涉及人数较多、调解时间较长的（可具体制定量化标准），驻派出所调解室或者民警直接介绍到公共法律服务中心，由法律服务中心的调解人员独立调解或者邀请民警参与，共同化解。

案件分流到福田区公共法律服务中心以后，中心的调解接待处先对案件做一个初步判断，看应该由哪个专业调解部门处理，并把案件转入该专业调解室，人民调解室主要按照以下程序调处纠纷。

其一，首先是权利义务告知。

其二，民间纠纷受理。用"民间纠纷受理表"编号、登记。载明受理时间，双方当事人姓名、住址、身份证号、性别、年龄、联系电话，纠纷类别，接办调解员的姓名等基本信息。

其三，做调解笔录。调处笔录主要载明时间、地点（驻何派出所调解室）、双方当事人的基本信息、调解员让当事人讲述事情的经过和要求，以及当事人的意见、当事人签名。

其四，人民调解协议书。主要载明当事人的基本信息、纠纷简要情况、经调解后自愿达成的民事协议、履行期限地点和方式（一般为当场履行），以及当事人签名、调解员签名、时间。

其五，民间纠纷受理调解表。主要载明当事人的基本信息、纠纷简要情况介绍、调解协议达成的内容、协议履行情况（一般是当场履行），以及登记人姓名（调解员）和时间。

其六，收据。收据是依据协议书的内容，一方接受另一方支付的赔偿钱款并签名。

其七，结案报告。主要载明案件编号、调解室名称、纠纷类型、受理方式（一般为派出所移交）、双方当事人姓名、设立日期和结案日期、调解结果、履行情况、回访情况、归档日期、承办人、卷内页数等。

其八，归档。归档时，需要制作卷宗，在卷宗封面，载明案件编号、当事人的简要信息、调解员姓名、受理方式（一般为派出所移交）、是否调解成功、是否当场履行等基本信息。

（二）福田区公共法律服务中心的医患纠纷调解

福田区公共法律服务中心的专业调解室不能缺少医患调解室，因为复杂的原因，医患关系日益紧张，医患纠纷更需要专业的人员（具有医学和法学背景的调解员）从中斡旋解决纠纷。纠纷类型的特殊性，决定了我们应该在人员选择和工作方式上更为符合该纠纷的特点。

1. 福田区公共法律服务中心医患纠纷调解室调解员的选拔

从一定意义上来说，医疗调解对调解员的素质要求是最高的。医疗纠纷的调解，既涉及法学专业知识，也涉及医学知识。而且在医疗纠纷中，当事人的对立情绪非常激烈。因此，民调员不仅要态度认真、具备扎实的法学专业知识，而且要具备较为丰富的调解经验和具备较为高超的调解技巧。为此，在遴选医患纠纷调解室的调解员的过程中，选拔出来的调解员都应具有法律本科以上学历和律师资格，部分具有医学专业或心理学专业背景。调解员经过司法局培训考核合格后，持证上岗，保证医调室专业水准和调解能力。

2. 医患纠纷的特点

医患纠纷的调解，和普通治安案件、民事经济纠纷案件等都不同，其主要特点为：

其一，纠纷冲突激烈。很多医患纠纷，涉及的是人身伤亡即巨额的赔偿请求，医患双方矛盾冲突激烈，甚至引发大规模的冲突。而很多医疗纠纷中，医患双方的信息不对称，导致很多患者往往容易认为医院有过错，认为医院的医疗行为给自己造成了伤害，易出现患方的非理性维权，甚至出现了职业"医闹"。因此，纠纷的调解难度较大。

其二，纠纷往往涉及医学、法学两大领域的问题，而且往往涉及的问题都比较专业，因此，要介入调解，往往需要更为专业的知识，甚至需要进行医疗事故鉴定或者司法鉴定。

其三，纠纷当事人往往情绪对立比较严重，调解工作占用时间多，调解难度较大，相对来说，调解的成功率较低。

其四，从程序上来讲，是否构成医疗事故需要医学会的医疗事故专业鉴定。但是，一般来说，医疗事故的鉴定程序较长、费用较高，医疗鉴定的结果公信力也不高，容易出现反复鉴定的情形。因此，对人民调解室来讲，如何尽可能在不进行医疗事故鉴定的情形下开展民事调解，是有难度的。即很多医疗事故的事实是不太容易确认的。

3. 福田区公共法律服务中心对医患纠纷调解的主要流程和关键环节

福田区的医患纠纷调解，形成了以下流程和关键环节：

其一，双方都同意福田区公共法律服务中心调解，这是前提条件。调解申请由医院、患者双方各自以书面提出"调解申请书"，当然，调解申请书是由公共法律服务中心制作好的格式文本。当事人只需要填写本人信息、纠纷事实及申请事项并签名即可。

其二，权利义务告知。医疗纠纷调解中关于案件受理和权利义务的告知内容。其中，人民调解室不仅要履行告知权利义务，从操作的角度来讲，需要被告知人在医患纠纷调解受理书签收单上签字确认。

其三，调查笔录和调解笔录。在权利义务告知之后，通常情况下，调查笔录主要是调查纠纷事实和原因，调解笔录得以记录调解的医患纠纷的整个过程，医患双方往往对于医疗事实本身没有分歧。在此前提下，医疗纠纷调解往往才有可能。拟定调解内容以后，调解笔录上应当由双方签字确认调解结果。当然，核心是对赔偿数额的确认。

其四，调解协议书。调解协议书是纠纷得到解决的内容记载，也是调解取得成果的证明，更是纠纷得以化解的体现。

其五，收据。收据是调解协议已履行的凭证，同时也是纠纷终结的重要标志。至少从法律上来讲，纠纷一旦达成协议，并且已经履行，当事人就不适宜再行向法院起诉。因此，一般来说，收据是案件得以履行的明证。

其六，特别情形。如果医患双方对医疗事故的原因和事实争议较大，涉及复杂的医疗方案或疑难原因问题，若经双方对医疗事故鉴定协商一致的，可以申请医疗事故鉴定。然而，在实践中，许多患者不愿申请医疗事故鉴定，表示要求申请是否是医疗过错的司法鉴定（这种司法鉴定具有一定仲裁性质），但是，这种司法鉴定不是伤残评定那么简单，司法鉴定机构往往不接受患者单方面委托，需要医患双方共同委托或者人民法院委托司法鉴定。因此，为了解决这个难题，福田区医患纠纷人民调解室正在试点经医患双方一致协商同意，由人民调解组织出面委托司法鉴定机构进行司法鉴定的做法。

4. 福田区公共法律服务中心在化解医患纠纷中的作用

福田公共法律服务中心医患纠纷调解部门，可以视为医患纠纷的缓冲器、医患沟通的连接者和医患纠纷解决的促进者。

其一，防止医患冲突升级。医患双方直接解决纠纷，容易发生直接对峙，矛盾冲突容易激化。而人民调解进入医院，作为独立第三方机构参与医患纠纷的调解，实际上是在医患双方之间建立了一个缓冲地带，调解员的介入，有助于防止医患双方的冲突升级。

其二，建立了医院与患者之间的纠纷解决沟通机制。从福田区的经验来看，由于医患纠纷的独特性，人民调解室在医院的调解结案率没有在派出所或其他民调室的调解结案率高。但是，调解员的介入，至少使纠纷的解决有了一个沟通的平台和机制。

其三，医疗调解形式灵活，调解协议自觉履行率较高，有效缓解了医患矛盾，从制度上降低了"医闹"的产生空间。而医院人民调解室通过对医疗纠纷的调处，提高了民众对于医患纠纷处理工作的满意度，有效减轻了法院的诉讼工作量，降低了上访、信访的数量，促进了社会的和谐安定。

（三）福田区公共法律服务中心的劳动争议调解

近年来，劳资纠纷不断增加。福田区公共法律服务中心采取联动劳动局、劳动争议纠纷仲裁委员会，解决劳动争议问题。中心招聘具有丰富经验的劳动争议方面的律师以及仲裁员担任调解员，他们熟悉劳动法和劳动合同法，能为劳动者提供最专业、最及时的法律问题。

分流到福田区公共法律服务中心的劳动争议，多具有以下特点：

（1）案件数量多，当事人情绪对立严重。不少劳动合同案件，往往涉及很多当事人，处理不好，容易演化为群体性事件。

（2）诉请到劳动局的案件当事人，多为劳动者而不是用人单位，并且很多属于进城打工的农民工。由于劳资双方地位的天然不平等性，因此，劳动者要维权，往往处于弱势被动的地位。

（3）劳动者进入劳动局，多为了"维权"，为了依法讨回属于自己的工资、补偿等。

（4）很多案件争议标的额较小。进入劳动局的纠纷争议类型多为工资欠款、承包合同履行、劳动合同履行、工伤认定与赔偿。很多案件涉及的金钱争议额度不过为几个月工资、劳动合同解除后数额不大的补偿，或者是工伤赔偿。

（5）很多案件很难真正按照正规的法律程序进行操作。因为，很多劳动用工，当事人都没有订立书面的劳动合同，往往只有口头协议，有的甚至连对方的身份信息都不了解。因此，一旦发生争议，劳动者很难依法举证，很难去申请劳动仲裁或者到法院起诉。因此，如果完全按照仲裁、诉讼法律程序去操作，这些纠纷很难化解。但是，如果借助人民调解室的调解，则更可能促进纠纷的化解。

（6）劳动合同纠纷的调解具有较强的专业性。不少劳动合同纠纷涉及知识面广，有的涉及非常专业的知识。例如，工伤认定、伤残鉴定、劳动能力鉴定、抚养费的计算，一次性补偿金的计算、一次性补偿金的税款代扣代缴等。因此，需要运用更为专业的知识去开展调解工作。

（7）很多劳动合同纠纷的调解周期长，尤其是涉及工伤认定、伤残鉴定、工伤死亡、后续康复等案件，周期往往很长，有的甚至超过一年，因此，对这些案件的调解，更耗时耗力。

对福田区公共法律服务中心的调解员来说，要完成调解工作，不仅需要专业的知识，更需要平和的心态和超常的耐心。尤其经常要面对很多文化程度不高的当事人，更是如此。调解人员还需要有效沟通劳资双方，当然，必要时，人民调解室还可以适度借助劳动局的行政监管力量，为那些不遵纪守法的企业施加必要但合法的压力，督促企业依法用工，依法履行劳动合同，从而实现对劳动者弱势群体的合法权益的维护。

五 福田区公共法律服务中心与人民调解"福田模式"相比较的特点

福田区公共法律服务中心与人民调解"福田模式"相比较，具有以下突出特点：

（一）福田区公共法律服务中心具有强大的综合法律服务团队资源

人民调解"福田模式"是将律师事务所的律师派驻到各个基层专门机构的专业调解室，如驻公安派出所调解室、驻交警大队调解室、驻信访大厅调解室等。而福田区公共法律服务中心在福田区司法局的组织下，具有更强的法律服务团队，整合了各种法律资源，其处理各类纠纷的能力远远大于单一的派驻调解室。福田区公共法律服务中心的目标是110接处警50%以上可以由福田区公共法律服务中心调解解决；各街道办50%以上民间纠纷由福田区公共法律服务中心指导、移送或支援解决。

（二）福田区公共法律服务中心处理各类纠纷类型范围更加广泛

人民调解"福田模式"特点主要是设立了基层专门机构的专业调解室，各专业调解室受理范围受到专业范围的限制，而福田区公共法律服务中心设立了综合调解室，基本不受专业调解室专业范围的限制，处理各类纠纷类型范围更加广泛。

（三）福田区公共法律服务中心提供法律服务方式更加多元化

人民调解"福田模式"解决纠纷主要是调解方式，不能提供其他法律服务。而福田区公共法律服务中心是集合了法治宣传、法律咨询、人民调解、法律援助、公益法律服务、社区矫正、安置帮教、公证、司法鉴定等业务于一体的一站式公共法律服务平台，提供法律服务方式更加多样化，更能满足人民群众对法律服务的多元化需求。

（四）福田区公共法律服务中心可以处理重大群体性纠纷

人民调解"福田模式"派驻的专业调解室的法律专业力量有限，难以处理重大的群体性纠纷。福田区公共法律服务中心具有一定的政府资源，便于协调各个政府职能部门，更适合与福田区综治维稳部门共同参与处理重大群体性纠纷。

第四节 福田区司法局其他创新服务做法

一 创建法律"五进"社区

2014年以来，福田区全面铺开以"法律宣传、法律咨询、法律代理、法律援助和专业调解"为主要内容的法律"五进"社区工作，扩大基层法律服务领域和覆盖面，把法律服务送到百姓家门口，营造社区居民学法、懂法、守法、用法的法律环境。目前，有46家律师事务所与全区街道、社区签订"法律进社区服务"协议，律师进社区人数达到了488人，保证每个社区有3名律师挂点联系，定点服务。2008年，律师参与解答法律咨询14390人次，上法制课210场，开展了多层次的社区法制宣传教育活动，律师普法进社区覆盖率达到了100%。

福田区司法局本着服务大众、共享公益、便民的理念，为社区群众提供方便、快捷、高效的法律服务。司法局连同街道、社区、律师定期开展法制宣传活动，重点宣传与人民群众生产生活密切相关的法律法规，增强居民的法律意识。协助司法所、社区居委会对一些复杂疑难纠纷进行及时有效的调处化解，对调处不成的，正确引导按法律程序表达诉求，并协助处理其他涉法事务，增强居民依法办事、依法维权的观念，"五进"社区服务同时加强对青少年法制宣传教育，利用寒（暑）假和节假日，为少儿举办法制培训班；加强外来务工人员、个体工商户、下岗失业人员、企业职工的法制宣传教育。

为了更好地向社区居民提供服务，进社区的律师定期到现场办公，将法律服务工作延伸到社区甚至居民家中。社区居民可通过多种渠道预约律师，针对社区中行动不便的老年人、残疾人，工作站律师提供上门服务；对于困难弱势群体，开辟绿色通道提供法律服务和法律援助。

二 "法治的突破"活动以及法治文化公园活动

2014年福田区司法局以提升居民法治素养为重点，在传统普法形式上，以弘扬法治文化为主线，不断创新形式，精心制作丰富多彩、色香味俱全的普法文化产品，提升普法宣传实效。福田区司法局主办"法治的突破"系列法治文化普及活动，邀请多名国内知名法学专家来到福田，走进基层，开展法治文化系列讲座，普及法治通识，通过以法律图书为主线串联的优秀法治图书评选、阅读，法学名家讲座等系列活动，宣传普及法治文化。

福田区利用景田社区公园改造升级的契机，打造法治文化公园，融入深圳改革开放以来法治发展历程和中国传统法律智慧等古今法治文化元素，完成了景田法治公园的升级，搭建了法治文化阵地。公园以艺术形式融入了"深圳法治发展历程""古代法律格言"等古今法治文化元素，居民们在娱乐休闲时感受法治文化的熏陶。

三 开展普法文化新模式

2015年福田区政府持之以恒地开展了各项深入基层、深受群众喜爱的普法宣传活动，这使得福田区的法治文化建设大步向前，城市的法治氛围愈发浓厚，市民的法律意识不断提升。福田区司法局召集多部门联合推出"新雨计划"，由专业律师参与校园青少年法制教育工作。还全力打造新媒体普法空间"福田普法"微信平台，创设"福田普法"手机微站，每天发送最新法律资讯和法治动态。举办了"法治城区众议汇"等一系列法治文化活动。

四 设立"法律援助联络点"

福田区司法局在其辖区范围内,挂牌成立了"法律援助联络点",承担受理困难群众法律援助申请、提供法律咨询、核实经济困难状况。围绕城市拆迁改造、企业欠薪等与困难群众紧密相关的热点,深入现场开展法律咨询,积极引导群众依法表达利益诉求,协助有关部门做好矛盾疏导工作。实现了"哪里需要法律援助,流动工作站就出现在哪里"。

五 创立律师志愿服务中心

2013年福田区司法局在国内无先例可循的情况下,经充分论证,批准设立了福田区维德志愿法律服务中心,招募志愿律师,充分利用社会资源和民间力量,提供社会弱者获得免费法律服务的机会,补充政府法律援助的不足。执业律师参与法律志愿服务是其履行社会责任的直接见证,具有公益性质的法律服务惠及社会底层人民。

六 "所所结对子"与"一社区一法律顾问"

早在2011年,福田区司法局就开始街道办司法所与律师事务所之间签订"所所结对子"法律服务合同,开展法律进社区活动。2012年3月,广东省司法厅下发了《关于开展律师进村居活动积极服务基层社会管理工作的意见》,要求各地组织律师事务所与镇街司法所"所所结对"。2014年3月广东省司法厅开始向全省推广落实"一村(社区)一法律顾问"制度。福田区司法局积极部署落实"一村(社区)一法律顾问",目前,福田区"所所结对子"已经转化为"一村(社区)一法律顾问",实现了一社区一法律顾问对10个街道办事处、94个社区的全覆盖。

七 创立人民调解员行业协会

在福田区司法局组织下,2016年1月20日上午,福田区人民调解员协会成立大会隆重召开。会议表决通过了《福田区人民调解员协会章程》，与会人民调解员代表选举产生了福田区人民调解员协会理事会理事 7 名，选举了会长、副会长、秘书长等协会负责人。

福田区人民调解员协会是由全区人民调解员、人民调解相关指导工作人员和各类人民调解组织自愿组成的非营利性社会团体。协会的宗旨是团结全区人民调解员、人民调解相关指导工作人员和各类人民调解组织，坚持服务群众，化解矛盾纠纷，促进社会和谐，维护公平正义，推进民主法治，为全区经济社会发展做出贡献。福田区人民调解员协会的成立，使全区 2000 多名人民调解员有了自己的行业组织，对于人民调解行业的自我教育、自我管理、自我发展和行业工作交流将起到积极促进作用，有利于推动福田区人民调解工作进一步发展。

人民调解员协会成立以后，将发挥好"三个作用"，一是发挥好参谋助手作用，积极协助司法行政机关宣传有关政策、法规，引导和推动各项政策法规的实施。二是发挥好服务会员作用，把服务会员作为协会工作的出发点和落脚点，不断拓宽服务领域，全力为广大会员提供高效、优质、便捷的服务。三是发挥好协调各方作用，主动加强与相关政府部门和社会各界的沟通和联系，积极争取帮助和支持。通过建立广泛的联系形成网络优势，积极扩大人民调解工作的社会影响力，为人民调解事业发展营造良好的外部环境。

八 "新雨计划"

"新雨计划"是由福田区司法局（区普法办）、福田区教育局、共青团福田区委员会、维德志愿法律服务中心联合开展的校园学生普法项目，于 2014 年启动。该项目把法治教育与"小公民"教育相结合，以素质培养、理念培养和能力培养为重点，以专业普法志愿者和法治知识课程进校园的方式，让中小学生更好地树立法律和规则意识、了解实用的法律常识和掌握公共参与的技能，从而实现增长知识、培养独立思考能力、提升参与技能、培养积极的人生态度和预防犯罪的效果。"新雨计划"致力于在中小学阶段便开展普法讲座，潜移默化地引导学生成为遵纪守法的好公民。

第七章

调解的方法和技巧

第一节 我国内地常见的调解方法和技巧

一 交替运用"背靠背""面对面"方法

"面对面"调解法是指调解员在调解过程中,将双方当事人聚在一起,当面调查询问、摆事实、普法说理,最后达成调解的方法。

"背靠背"调解法是指调解员在调解时,不是当着双方当事人的面就某些问题或建议公开直接地进行沟通,而是分别对当事人进行沟通、引导、劝服,最后促成双方达成调解协议的方法。

对于双方争议不大态度较为缓和的案件优先使用"面对面"调解方法。但在调解过程中常常会遇到"死要面子活受罪"的当事人,他们在当众或当面面对对方当事人的情况下,总是不肯退让一步。即使夫妻之间父母子女亲属之间也一样,始终存在情感冲突,有时由于一方出言不逊或听到不良信息极易使矛盾激化。遇到这种情况,调解员应当把双方当事人分开分别置于不同场所,由调解员中间斡旋沟通,平息双方情感上的冲突,拉近情感距离,促进调解成功。

"背靠背"调解方法在民事调解中有时确实发挥着其独特的不可替代的作用。因为在调解过程中,由于当事人双方本身就已存在情感冲突,因此,有时在受到来自对方或其他方面不良信息的刺激后,就极易使冲突进一步升级或恶化。同时,在调解过程中,双方也往往会碍于面子而不愿意调解。此时,调解员有必要暂缓调解,待双方冷静下来后再寻找时机调解。调解员可以通过分别找各方做调解工作,反而柳暗花明出现转机,最终调解成功。

对于调解是应该"背靠背"还是"面对面"进行都应当灵活运用。许多案件都是交替运用两种调解方法而调解成功的。如交替面谈的方式实际上也是两种方式的交替使用。

二　第三人介入法

这里的第三人既可以是当事人的父母、子女、配偶、兄弟姐妹，也可以是当事人的亲友、同事或者单位领导以及对当事人有影响的其他人，尤其是权威人物对转变当事人态度的作用尤为重要。

具体可分为以下几种情况：

（1）对婚姻家庭纠纷、邻里纠纷，邀请当事人的亲友协助调解是比较有效的方法。因为亲情是温柔的、容易感动人、感化人的，那种血浓于水的情感是任何事物都难以阻挡的。哪怕是铁石心肠的人面对亲情、温情，内心也会发生感应和变化。血亲关系在调解中的作用好比催化剂，依据"情、理、法"三个方面，居中向当事人双方做好调解工作，亲情的角度无疑是最好的切入点。

（2）对涉及土地、房屋、林木等不动产财产纠纷，邀请有关的单位领导、当地基层组织负责人参加，或者双方认可的同事参加调解，会达到事半功倍的效果。因为单位领导有较高的威信，受到当事人尊重和认可，说话比较有分量，容易让当事人接受。

（3）社会关系或者背景较为复杂的案件，主动邀请权威人士协助调解，调解的效果也非常好。因为这类案件的当事人往往有恃无恐态度强硬，很难听得进去调解员的话，由权威人士出面，他们会大大转变态度。主要是因为权威人士基于职务等因素具有较高的社会声望，易为当事人所信赖。古语云："人微言轻，人贵言重。"因此，调解员一方面应加强自身修养，提高自身素质。同时，还可以邀请双方当事人心目中有权威的第三人参与调解。例如，双方当事人的领导、专家等，利用这些"权威人士"的影响力，对当事人进行疏导、规劝，往往能收到事半功倍的调解效果。

（4）邀请当事人代理律师或代理人协助调解工作。当事人对其代理律师或者法律工作者比较信赖，易于接受其代理人的意见，律师或者法律工作者具有专业知识，易于理解并支持人民调解委员会的调解工作。因此，邀请代理人参与调解工作效果也不错。由法律的专业人士介入调解，在法律允许的范围内保障当事人的合法权益。双方在进行妥协的基础上，达成的调解协议书才是最终互为满意的结果。

三　模糊处理法

模糊调解是指在调解过程中，调解员在查清事实的基础上，以保障双方当事人的主要权利为前提，对其他不重要部分问题进行合理的"忽略"处理。有些矛盾或冲突并不是重大原则问题，采取模糊调解、合理忽略、大事化小、小事化了的方式，既有利于合意的达成，也恰当地照顾到了双方当事人的心理。如果不论什么问题都小题大做，不仅不利于解决纠纷，反而可能会使纠纷升级。但是，调解员要坚守法律的底线，以是非责任为基础进行调解。模糊处理法通常用在涉及感情因素的纠纷中，如婚姻家庭继承纠纷。

如果民间纠纷的部分细节不能清晰地厘清，在这些枝节问题上斤斤计较反而会影响调解的整体效果。但是，这并不意味着对原则的放弃，不是"和稀泥"。它同样需要在分清主要是非责任的基础上进行调解，在坚持原则的基础上灵活进行处理。

在调查纠纷情况的过程中，调解员将纠纷基本事实查清，足以分清是非责任即可。若调解员细究每个细节，力求"打破砂锅问到底"，一方面，可能容易引起当事人反感，引起怀疑；另一方面，调解员问得太细，被询问的当事人当然要将纠纷过程详细地重现一遍，这可能重新激起双方当事人的矛盾和冲突。模糊处理只是手段之一，而促使争议双方定纷止争方是调解的实质目的。

对于双方意见分歧过大、情绪激动、对抗性较强的纠纷，调解员在向一方当事人传达另一方当事人陈述和请求时，要进行适当、合理的"筛选"和"过滤"。这是为了避免双方的分歧进一步扩大、对抗情绪更激烈，对调解工作不利。当然，这并不意味着调解员可以任意地"切割"当事人的重要陈述或主要请求。所谓"模糊"，只是当事人交流的一种间接方式，调解员在中间起到一个"缓冲"的作用。调解员作为居间的传话者，处于公正的地位，取得当事人双方的信任，在表达每一方的陈述与请求时需要运用更委婉的方式转述原意。

四　冷处理法

所谓"冷处理"调解法，是指针对某些纠纷的特殊原因或特殊需要，在调解时不是一鼓作气、一气呵成，而是暂时"搁一搁""拖一拖"等待时机观察"火候"，认为对调解有利时，才继续调处纠纷。实践中，一般对下列两种纠纷需要"冷处理"：一是人数众多的共同诉讼或集团诉讼一方或双方对立情绪较大甚至有一触即发之势的纠纷；二是一方或双方抵触情绪很大，矛盾易于激化的，如急于求成很可能引发治安事件或刑事案件的纠纷。特别是一些一气之下提出的离婚案件，夫妻感情尚未破裂，双方和好的可能性很大的纠纷，决不能"快刀斩乱麻"，而是暂停调解工作，留给当事人一段冷静考虑利害得失的时间，而后再恢复调解。

运用冷处理法，是先安抚当事人的情绪，使其冷静下来，待其心平气和后，再与其进行沟通，着手调解。这种技巧通常适用矛盾尖锐、冲突激烈、性格暴戾容易冲动的当事人，如果不先安抚其情绪，使其心态平稳，即使调解员的法律水平再高，说的话再合情合理，当事人也难以听进去。

冷处理法并非意味着调解员对当事人不理不睬，只是权宜之计，"冷"的时间不宜太长，当事人冷静下来后，调解工作应当及时跟进。在当事人恢复理性的前提下，调解员再继续调解，这样的效果较之情绪化的双方对立表述各方观点要好很多。

五　步步为营法

"步步为营法"是指调解员在面对一些关系纷繁复杂、千丝万缕的纠纷时，戒骄戒躁，不要一味地想一次性解决，而应稳扎稳打、一步一个脚印地进行调解，最终解决纠纷。

在调解实践中，通常都会遇到不同的法律关系、不同的当事人、不同的利益冲突，整个纠纷错综复杂。在这种情况下，调解员第一要务是要戒快，应先稳住自己的阵脚。具体操作可分为以下三个方面：

其一，若发现当事人之间存在多重法律关系，应迅速对各个法律关系进行分析，法律关系最清晰的应列为第一阶段解决，复杂、模糊的法律关系放在后面。避免眉毛胡子一把抓，欲速则不达，束缚住调解员的手脚，使调解工作难以进行。

其二，面对双方当事人或多方当事人时，调解员通过最初的调查、询问、沟通后，应对各个当事人的文化水平、个人素质、脾气秉性、思维方式做出初步判断。接下来，调解员可以采取"背靠背"的方法，从最可能接受调解建议的当事人入手，说服其接受某项调解建议。然后，再对其他当事人进行劝导，逐步分批说服当事人，最后达成协议。

其三，调解员在了解纠纷概况后，应以当事人最关注、最迫切希望解决的冲突为基础，将各个冲突进行排序。首先，解决当事人最不迫切、最易和解的冲突，以此类推，逐个攻破。这是因为在当事人都有冲突焦点时，其视角和心理均放在此处，对于其他问题一般不会斤斤计较，较易接受调解和建议。反之，若在解决主要矛盾时已经争得面红耳赤、誓不罢休，再想解决其他次要矛盾，只会更难。另外，由易入难，双方的气氛比较缓和，随着问题逐个解决，会在潜意识上缓解当事人之间的敌对情绪，有利于营造轻松的调解环境，对矛盾的最终解决有百利而无一害。

六 换位思考法

换位思考法主要是指在调解纠纷过程中，调解员以当事人和纠纷性质及过程为基础，从不同的立场、角度、层次对纠纷的主体、经过和后果进行深入调查和细致分析的调解方法。以期尽可能地照顾到纠纷当事人双方的感受和利益，既周全、合理地解决纠纷，又彻底、圆满地使当事人解开心结、和谐共处。换位思考对于调解，乃至于其他谈判都是一种至关重要的思维模式。

在运用换位思考法引导当事人考虑对方的感受和利益时，调解员应尽量避免和减少向当事人直接告知对方当事人的想法，应当通过描述对方当事人精神上和物质上的境遇，来引导当事人自己去体会对方的切身感受。这种使当事人"被动引导、主动感受"的方式，可以避免当事人对调解员的抗拒或不信任。一般来说，这个引导换位思考的过程是循环往复的，并不是一次引导就能成功，所以这需要调解员拿出极大的耐心循序渐进地引导当事人。

调解员最忌讳主观臆断，自以为是地替当事人着想，通常都是好心办坏事。只有通过不断的换位思考，反复从当事人的立场和角度来考量纠纷的各个方面，切实感受并理解当事人的真实想法与处境，才能顺畅地与当事人交流，消除当事人的抗拒心理，与当事人建立起和睦的关系，在这个基础上，当事人对调解员提出的纠纷解决方案，通常都会以接纳的潜意识来考虑，这使得调解员的调解工作大大畅通。

第二节　香港常见的调解方法和技巧

一　构思解决困难的技巧

人在互相竞争有限的资源时，一般会采用单向谈判方法，这种单向谈判有时会产生非此即彼的选择状况，即对一方有利，就会对另一方不利，即零和博弈。

那么，调解员必须打破这些困局，协助当事双方争取双赢的局面。假若调解员能够扩大有限资源，将有限资源膨胀，然后才进行分配，那么便可增加争议双方达成和解的机会，这就是最好的方法。当事双方主要是由以下情形导致他们没有采用双赢的方法：（1）惯性批判意识阻碍构思；（2）寻找单一答案的思维；（3）不懂扩大有限的资源；（4）缺乏合作的决心。因此，为了突破零和游戏的局面，调解员必须要营造可以刺激争议人思考力的环境，突破争议人常犯的错误，一起发展符合彼此利益的解决方案。

因此，调解员必须协助争议双方，把"构思行为"与"判断行为"分开，扩大选择方案，而不只是寻找一种解决方法，寻找双赢的解决方案，寻找彼此容易做决定的方式。

二　把忧心化为争论点的技巧

一般来说，当事双方只懂得按自己的立场向对方表达他们对问题的观点及诉求。因此，当事人双方只会不断地向对方施予压力，使用各种手段打击或威吓对方，迫使对方妥协让步，从而取得最大利益和最后的胜利，成为大赢家。调解员可以尝试邀请争议双方谈论他们的忧虑，从而引导他们说出他们的需求、利益及立场。调解员可以将这些忧虑记录下来，把忧虑事项转化为讨论事项，变为双方要面对的问题。在这个过程中，调解员可以尝试用这些谈判焦点替代个人自我的观点和立场，以客观的问题作为双方谈判的焦点。调解员要善用这个技巧，引导争议人放弃立场，朝着满足双方所需要的方向进行协商。

三　"脑力震荡"技巧

"脑力震荡"调解技巧是调解员经常应用在调解中的一个技巧工具，是一种尽量收集解决问题的各种创意的方法。主要是鼓励当事人双方运用想象力进行构思创意，当事人双方不必顾虑自己的构思是否愚蠢，所有的构思创意都可以天马行空、毫无顾忌，无论好坏，是实际的还是不切实际的，绝不会被批评和评价，均会被鼓励及记录下来。主要的优点在于可以激发当事者双方无穷无尽的创意，不会害怕别人批判其思考空间，帮助双方降低忧虑，缔造多种和解方案，而无须顾虑别人的看法。

调解员在"脑力震荡"中，担任过程的经理人及推动人，引导双方进行创意构思，引导当事人参与讨论的方向，确使每个人都有说话的机会、维持基本规则，以及接着提问来刺激构思创意。最后，调解员与当事人双方一起分析不同的解决方案，按着他们的期望、可行性及涉及的费用，来做出不同的选择。

第三节 美国常见的调解方法和技巧

一 改变争议双方看法的策略

在调解过程中,出现僵局时,调解员应当要求当事人双方在单独会面时提出如何推动谈判进展的想法。告诉当事人双方,如果纠纷没有达成和解,后果是由双方来承担的。因此,调解员可以询问争议双方是否还希望继续调解,还是另行延期调解或者终止调解。如果一方或双方有继续调解的想法,则这时由调解员转告对方比较合理一些。调解员可以扮演状况的代言人,帮助一方修改其观点,从更广阔的视野角度去看问题,或更有效地评估所得的信息。调解员可以指出双方已经达成部分共识,已取得的进展,双方已经做出的让步,从而寻找解决纠纷的最佳方法。

二 重新安排参与人的角色

调解员在调解过程中可以改变看问题的角度,或者去探讨一下当事人双方思考和谈判中言犹未尽之意。特别是当事人之间是过去有业务往来或者私人关系的,谈判双方彼此的了解比任何其他人更深刻些,有时候当事人实际知道的东西其实比他们感觉知道的要多。因此,如果争议方是多数人时,可以将一些成员暂时分开。如果争议方中存在对谈判具有影响力的人,可以考虑将其纳入,进行调解。有说话分量的人士参与调解可以改变调解陷入僵局的情形,化被动为主动。

三 保留面子

在调解过程中,有时候,当事人反而会因为预设底线而被自己的谈判战术困住,而出现"这是我的底线,不打算再让步"的说辞。尽管尚余的分歧可能微不足道,一方却感觉会被自己早前扬言或对调解员说过的声明而困住,下不了台。此时,调解员可以帮当事人保留颜面。指出新问题,可允许当事人改变立场,而不会让大家觉得立场前后不一致。因为，如果采取某一个特定的立场，会导致一方坚守，这是不明智的。调解只要存在一丝成功的概率则力求促成，适当地调整立场不代表原则的随意改变。

四　评估型技巧

调解员在调解的过程中，同样肩负着评估工作。在当事双方出现调解僵局时，可以动用评估的技巧来协助当事人。评估型技巧主要包括两种技巧，第一种是尽量简化提问式，往往最简单的问题，有时候如果问得彻底、真诚，会引导另一方想得更为深刻。在调解过程进行到一半的时候，要求当事人回答问题，可能会比刚开始调解时的想法更为深思熟虑。第二种是尽量将重点放在最佳选择上。如果当事人由律师代理，通常会直接涉及这一问题。调解员可就法律诉求中欠缺要素或者较弱的因素，向另一方提出反问或者证人可信度等问题。如果调解员一直保持中立、不做任何批判，在这一阶段提出类似尖锐的问题，当事人双方及其律师都会特别认真对待。

第八章

人民调解"福田模式"的第三方评价

第一节 人民调解"福田模式"的历史地位和作用评价

一 人民调解"福田模式"的项目成果鉴定会

（一）人民调解"福田模式"项目成果鉴定会概况

2012年9月7日上午，人民调解的"福田模式"项目成果鉴定会在北京召开，此次会议由司法部、西北政法大学、中共深圳市福田区委、深圳市福田区人民政府联合主办。这是第一次在司法部举办的项目成果鉴定会，来自中央政法委员会、最高人民法院、最高人民检察院、司法部、西北政法大学《人民调解的"福田模式"》课题组、中国人民大学、广东省司法厅、深圳市司法局、《人民调解》杂志社、《法制日报》社等单位的30位专家学者参加了鉴定会。参加鉴定会的主要领导、部分专家学者有：中央政法委政法研究所所长黄太云；司法部基层工作指导司副司长韩秀桃；司法部办公厅副主任兼犯罪预防研究所所长查庆九；司法部司法研究所所长王公义教授；最高法院民三庭庭长金克胜；最高人民检察院刑事申诉检察庭副庭长鲜铁可；中国法学会研究部主任方向；中国人民大学教授范愉；西北政法大学校长贾宇教授、西北政法大学《人民调解的"福田模式"》课题组校长助理汪世荣教授（组长）、冯卫国教授、杨建军教授、侯学华教授、龚会莲教授；深圳市福田区司法局局长谷廷兰；西北政法大学副校长王瀚教授主持了成果鉴定会。参与鉴定的专家、学者对人民调解"福田模式"给予了充分肯定。

评审组在前期审阅送评材料、现场观看视频资料基础上，经过充分讨论沟通后认为，通过政府购买专业化服务的方式，吸纳律师事务所、律师投身于人民调解事业的做法，很好地实现了人民调解与法律专业知识、专业力量的结合，为未来人民调解的发展积累了宝贵的经验。人民调解"福田模式"的成功经验表明，加强法治建设，更加注重通过法治的方式来化解社会矛盾和纠纷，是创新基层社会管理的必然发展方向。

近年来，中央以及司法部、省、市领导多次视察福田区派驻人民调解室，都对人民调解的"福田模式"给予了充分肯定。认为这一模式使更多的纠纷解决在基层，化解在萌芽状态，节约了行政成本和司法资源，切实维护了社会的和谐稳定。同时还解决了人民调解工作长期存在的人员不足和服务质量问题，强化了人民调解的独立性和中立性，提高了人民调解公信力，扩大了人民调解工作领域。福田区的这一做法得到了在北京召开的人民调解"福田模式"项目成果鉴定会上的与会司法专家的一致赞许。

(二)"福田模式"项目成果鉴定会专家评价

1. 中央政法委政法研究所所长黄太云发言

黄太云指出，"福田模式"在社会管理创新方面有独特价值，政府发挥宏观设计、监督管理的主导作用，拓展了政府服务领域，专业组织参与社会管理，创新了社会管理模式。司法部司法研究所所长王公义教授认为，律师介入、调解纠纷，谈判很容易成功，国外已经有成熟的做法，"福田模式"是国内专业律师调解纠纷的成功经验，值得深入探索，将其经验推向世界，为人类纠纷的解决提供有益的探索。

人民调解的"福田模式"不仅实现了政府主导，还推动了理论界与实务界的交流合作。西北政法大学的专家学者从2009年就跟踪研究"福田模式"，取得了一系列研究成果。西北政法大学校长贾宇教授认为，西北政法大学倡导面向司法实践、扎实深入调研的教研新风，思考和解决基层司法中存在问题的科学研究方向。"福田模式"研究的系列成果是理论与实践相结合的优秀科研成果，是对政府管理模式、社会治理模式的理论升华。

2. 司法部基层工作指导司副司长韩秀桃发言

韩秀桃在北京召开的人民调解的"福田模式"项目成果鉴定会上说:"福田模式"的创新主要有四个方面:它在调解的组织形式方面有所创新,建立有专业的机构,专业的人员;在工作的方法方面有所创新,在调解中看到了法律的力量,这跟以往传统的调解有差别;在调解的体制及机制方面有所创新,是一种政府引导,社会协助,公众参与的自治化的解决纠纷的模式;研究模式是对社会管理的一种创新,将法学理论与实践相结合。

韩秀桃在鉴定会上的总结性发言中指出:"深圳市福田区在创新人民调解的组织形式、工作方式、体制机制方面走在了全国的前头,创造了非常好的经验,西北政法大学利用它的科研优势组织专家教授,深入到一线,把福田经验总结出来、提炼出来、归纳出来,具有非常好的价值。"

3. 司法部办公厅副主任兼犯罪预防研究所所长查庆九发言

查庆九在北京召开的人民调解的"福田模式"项目成果鉴定会上说:

这个课题是一个理论与实践相结合的,有理论创新价值和实践价值的一个质量比较高的课题。可以从三个层面来看它的理论创新价值和实践价值:一是解决了在新的形势下,人民调解的发展方向和生命力的问题。我们国家有几千年是一个封建的乡土社会,人员很少流动,国家的公权力很难延伸到乡村,矛盾纠纷自然就由熟人社会当中所谓德高望重的人士、有社会地位的人士来解决。现在在市场经济的条件下,社会人员的流动成为常态,流动的速度越来越快,民间调解的社会基础已发生根本性改变,调解作为一个非诉讼的纠纷解决方式,还有没有发展的空间,有没有存在的价值,"福田模式"在方向上很好地解决了这个问题。政府购买服务、专业人员实施、依托行业领域、高效化解纠纷,这是在新形势下对人民调解的一个创新和发展,这是其价值所在。

第二个价值,它解决了新社会组织在社会矛盾化解,进而在社会管理创新中角色地位和作用的问题。新社会组织在社会治理当中究竟能发挥一个什么样的作用,"福田模式"在矛盾纠纷化解的这个点上，可以说是探索出来了一条路子，即运用律师这个群体、律师事务所这个新社会组织，利用它的专业力量，利用它的独立、中立的一个身份来化解社会矛盾纠纷。

第三个价值，它还在一定程度上解决了社会管理创新的路径问题。一个很重要的标志就是政府购买专业化的社会服务来解决社会矛盾纠纷，政府没有直接迈到前台。本来政府是看得见的手，是公权力，是社会管治力量，但在"福田模式"中，政府变成了看不见的手，这在很大程度上改变或避免了我们现在一些地方政府不管什么事情特别是在公共管理当中走上前台，直面社会矛盾，没有任何回旋余地，没有腾挪空间的局面。

4. 司法部司法研究所所长王公义教授发言

王公义教授认为，律师介入、调解纠纷，谈判很容易成功，国外已经有成熟的做法，"福田模式"是国内专业律师调解纠纷的成功经验，值得深入探索，将其经验推向世界，为人类纠纷的解决提供有益的探索。

5. 最高法院民三庭庭长金克胜发言

金克胜在北京召开的人民调解的"福田模式"项目成果鉴定会上说：福田区通过招标购买专业的法律服务，由律师充当人民调解员，一方面对当事人攻心力强，当事人的协议履行率高，尽可能地使矛盾不需要通过诉讼程序解决，而是化解在萌芽状态。从法院的角度来说对于释放一线警力、节约司法资源是特别有意义的。

"福田模式"对于矛盾纠纷的调解不仅具有节约时间成本的意义，从制度层面上讲还有助于化解一些依据正规诉讼程序无法化解的矛盾，介入很多诉讼程序无法受理或应对的案件，从而使通过诉讼完全无法解决的某些案件、纠纷和矛盾有了沟通化解的可能。

此外，"福田模式"能够发挥律师的积极作用，律师是推动社会法治的重要力量，这一点也是值得充分肯定的。

6. 最高人民检察院刑事申诉检察庭副庭长鲜铁可发言

鲜铁可在北京召开的人民调解的"福田模式"项目成果鉴定会上说：

这个课题的研究非常有意义，是社会管理创新的一项积极的探索。现实中，随着市场经济的迅速发展，人口流动的日益频繁，利益冲突的加剧，大量的社会矛盾和纠纷不断涌现。因此，在当前社会转型期，司法应当适度调适回应不断发展的社会需求。在理论发展和实践需求等诸多背景下，调解在很多地方都得到了重视，个中缘由在于实践中确实存在很多不适宜采用审判方式解决的社会纠纷。但纠纷既然已经发生，化解纠纷对社会就具有积极意义。

人民调解的"福田模式"不仅契合了政府职能转型的社会发展趋势和公共服务理论的原理，而且契合了社会转型与社会发展中，社会纠纷日益增加和民众权利意识不断增强等背景下的社会需求。在调解的运作机理上，实现了由主要依靠政府力量的传统"综治"模式向主要依靠社会力量、专业化队伍的转型，从而使得人民调解实现了向民间自治的真正回归。

7. 中国法学会研究部主任方向发言

方向在北京召开的人民调解的"福田模式"项目成果鉴定会上说：

这项课题是从丰富的基层实践中提炼出来的，福田区自2008年10月以来已设立了23个人民调解室，配备法律专业人士132名，已成功调解社会矛盾纠纷35000多宗，可以说课题本身具有重要意义。我们的研究就是要从实践的创新当中，围绕着正在进行的实践进行理论上的说明和引导，探讨人民调解的制度设计，这对于推动人民调解的制度创新、理论创新和实践创新的良性循环具有重要意义。

8. 中国人民大学教授范愉发言

范愉在北京召开的人民调解的"福田模式"项目成果鉴定会上说：

人民调解的"福田模式"课题研究，一方面体现了基层司法部门在体制上的创新，另一方面西北政法大学参与这种创新模式的总结，是理论与实践的结合。"福田模式"强调人民调解的专业性、中立性，这些都是非常有价值的，也是人民调解发展的趋势。律师参与社会矛盾纠纷的调解，作为当事人的代理人参与和解，这是一种比较常见的现象。但是作为中立的第三方介入社会矛盾纠纷的调解，如何实现自己的利益是一个障碍，"福田模式"通过政府购买的形式解决了这个问题，可以说是一个创新。

（三）评审组专家一致评价

在北京召开的人民调解的"福田模式"项目成果鉴定会上的评审组专家同时认为，人民调解的"福田模式"项目选题紧紧抓住了中国当前社会基本矛盾化解这一主题，因而具有很强的理论意义和重大的现实价值。项目成果注重多学科交叉研究，从法学、社会学、政治学、经济学等多个视角，较为系统地解读了人民调解的重要经验，项目设计和实施实现了政产学研用的良好结合。吸纳律师事务所、律师投身于人民调解事业的做法，很好地实现了人民调解与法律专业知识、专业力量的结合，为未来人民调解的发展积累了宝贵的经验。人民调解"福田模式"的成功经验表明，加强法治建设，更加注重通过法治的方式来化解社会矛盾和纠纷，是创新基层社会管理的必然发展方向。

二 西北政法大学人民调解"福田模式"课题组评价

近年来，随着社会纠纷数量的急剧增长和社会冲突的加剧，人们开始思索在诉讼之外如何更快速、便捷、有效地化解社会纠纷。在这一社会背景驱动下，学术界关于调解的理论研究成果不断涌现，域外的最新理论成果也不断被引进。而官方也逐步大力倡导对多元化纠纷解决方式的运用和对民间化解纠纷力量的调动，以减轻案件不断涌向法院带来的巨大司法压力。

在理论推动、现实需求和政策导引下，很多基层组织开始探索符合当地实际的人民调解方式，由此也涌现出了很多人民调解的新做法。人民调解的"福田模式"，就是从改革开放的前沿阵地——深圳市福田区涌现出来的人民调解新模式。

（一）人民调解"福田模式"的突出特点

福田区按照"以事定费、购买服务"的供给模式，通过招投标向有资质的律师事务所购买服务，中标律师事务所派遣法律专业人员进驻派出所人民调解室担任调解员，经司法局考试合格后持证上岗，24小时值班，随时调解派出所接警后分流出来的民事矛盾纠纷。以政府购买法律服务拓展人民调解是福田区人民调解专业化的有益探索，这一模式走出了人民调解的制度瓶颈，打破了"养机构、养人、办事"和面对《劳动合同法》实施后财政供养人员积淀以致加重行政成本的困局，优化了基层调解组织人员的配置，提高了专业服务质量。福田区调解这一发展模式被广东省司法厅誉为"福田模式"。

根据《人民调解法》和政府采购法律服务的相关规定，通过招投标向有资质的律师事务所购买服务，中标律师事务所派遣法律专业人员担任调解员、确保调解室的独立性和中立性，也提高了人民调解的公信力。

人民调解"福田模式"，具有以下几个突出特点：其一，政府采购而不是政府直接供给调解服务。其二，调解的专业化。其三，免费调解，矛盾化解成本低。其四，调解覆盖面宽，哪有矛盾，哪有调解。其五，24小时提供调解服务，方便快捷。其六，调处成功率和当场履行率高。其七，调解程序规范。

（二）人民调解"福田模式"的合理性

"福田模式"面向基层服务基层，突出了模式优势和调解成效。

一是突破机构设置，人员配置和经费保障困境，释放了人民调解的活力。在社会矛盾凸显期，人民调解的制度瓶颈和入口不畅，造成专业人才难以进入人民调解工作领域，调解队伍也难以稳定，缺乏一支能打硬仗的正规军，监督管理也难以到位。通过政府购买法律服务，引入律师事务所投入人民调解工作体系，利用律师事务所的专业和职业优势开展调解工作，优化了基层调解组织人员配置，提高了调解服务质量水平，提升了人民调解工作的社会化、专业化程度。

二是贴近百姓，依法调解，建立了一个便捷高效的矛盾纠纷解决模式。专业法律人士全天候参与人民调解，第一时间第一现场调解矛盾纠纷，对大部分纠纷能做到当场受理、当场调解、当场履行、当场结案，大量分流了可能进入人民法院的民事案件。特别是驻派出所人民调解室在八小时之外，非工作时间内，让老百姓既充分享受到了及时周到的法律服务，又确保及时、依法和有效调处矛盾纠纷，贯彻了调解优先的原则，实现了人民调解和治安调解的无缝对接，为维稳工作筑起坚固的"第一道防线"。

三是人民调解和治安调解的有效衔接，更多矛盾纠纷化解在基层。派出所接报民事纠纷案件的70%以上在调解室得到了解决，交通事故赔偿纠纷的40%—50%能够通过人民调解方式化解，更多的纠纷解决在基层，化解在萌芽状态，盘活了基层一线警力。

（三）人民调解"福田模式"的制度价值

人民调解"福田模式"对中国法律实施和社会管理创新有独特而重要的价值。

一是律师事务所这种专业化社会组织参与社会管理、预防和化解基层社会矛盾纠纷，创新了社会管理的新模式。在基层派出所、交警大队等行政部门设立人民调解室，可以减少法院诉讼，更重要的是可以减少政府信访。福田区通过招标购买专业的法律服务，由律师充当人民调解员，一方面，对当事人的攻心能力强，当事人的协议履行率比较高，尽可能使矛盾不通过诉讼程序解决，和和气气化解在萌芽状态；另一方面，释放了一线警力，减轻了法院压力，从而实现了"双赢"。

二是能实现社会矛盾纠纷化解与法律专业知识普及的结合。调解以实现社会矛盾的有效化解为直接目标，但是，单纯追求矛盾化解的调解追求，无疑降低了调解工作的社会价值。调解无疑要有效处理社会矛盾，使当事人受损失的利益得以维护和补偿，失去的尊严能够得到挽回，受伤害的心灵创伤能够得到抚平。但在一定意义上，调解也必须分清是非，在分清是非的前提下，开展调解。其必要性在于：

其一，社会需要公正，追求公正是人的天然需求。即便在简易案件、细微案件中，分清是非，才有助于当事人认识到自己的错误。

其二，公民法律素养的提高，离不开法律知识的普及。而在自己为当事人的纠纷当中，最能够实现法律的"教育"功能。

其三，通过法律上的是非判断，有助于当事人感受和明了法律的惩罚，在此过程中，反思自己的行为选择，进而有助于提升市民素质，促进社会的进步。

其四，人民调解工作通过调解纠纷，开展了生动的法制宣传和道德教育，提高了纠纷当事人的法制观念和道德水平，为促进社会和谐做出了积极的贡献。

三是探索了人民调解的新型模式，创新了中国特色的司法制度。"福田模式"不仅有效解决了社会纠纷，更重要的是为中国基层社会矛盾纠纷的化解和预防，探索了一种新模式，积累了一整套可供推广的制度和经验，实现了法律专业化社会服务与矛盾纠纷化解的良性结合。从这个意义上来说，"福田模式"的贡献，具有创新司法制度的重大贡献。

四是"福田模式"具有很大的普适价值。当前，虽然全国都在推行人民调解，但是，在总体思路上，依然没有脱离既有调解模式的路径依赖，因此，很多地方的人民调解的所谓"创新"，不过是既有调解模式的变形或者重新包装，大多数没有脱离"政府操控"，或者是过度"民间化"的调解模式。就前者而言，政府的介入过度，难免丧失调解的中立性、公正性等基本要求；就后者而言，也难免会降低调解的专业性和法律性。而且过度"行政化"和过度"民间化"的调解，都难免存在以下致命缺陷：队伍不稳定、专业知识不足、和稀泥和就事论事多于是非判断、过分集中于纠纷化解而丧失了对公民的法律警醒。

人民调解的"福田模式"，则突破了上述局限，如：政府仅仅成为公共产品的采购方和调解服务质量的监督者和考核者，队伍稳定乃至专业化规范化的法律服务有助于增进民众对人民调解的信赖感，全天候24小时的调解服务符合了细微纠纷随时发生及时调解的社会需求，把纠纷化解和分清是非结合起来促进了民众的社会公正感，细致规范的档案管理有助于为全国的人民调解累积经验和调解人员素质的训练提高。

研究推广人民调解"福田模式"是新时代解决社会纠纷的要求，人民调解"福田模式"将在解决社会纠纷的道路上不断完善和发展，不断取得突破性的进展，将这一模式打造成为"福田特色"，甚至是"中国特色"。

三 人民调解的"福田模式"项目成果鉴定结论

《人民调解的"福田模式"》项目成果鉴定会于 2012 年 9 月 7 日在司法部召开。参加会议的鉴定专家,分别来自司法部、最高人民法院、最高人民检察院、中央政法委员会、中国法学会、中国人民大学、西北政法大学、东方毅文化扩展协会,以及新闻媒体单位。

项目成果鉴定专家在审阅送审材料的基础上,经过充分的讨论、沟通,一致认为:

其一,《人民调节的"福田模式"》项目选题,紧紧抓住了中国当前社会基层矛盾化解这一主题,因而具有很强的理论意义和重大的现实价值。项目研究立足于大量的认真调查,梳理出了人民调解的"福田模式"的基本做法,准确地勾勒了福田模式的运作程序、管理机制,较为全面地总结了深圳市福田区人民调解委员会驻派出所民调室、驻医院民调室、驻法院民调室、驻交警队民调室、驻劳动局民调室共 22 个民调室 3 年多来探索人民调解专业化发展的经验。项目研究对人民调解的福田模式的合理性、普适性进行分析和解读,实现了理论与实践的很好结合。

其二,项目成果注重多学科交叉研究,从法学、社会学、政治学、经济学等多个视角,较为系统地解读了人民调解的重要经验。项目设计和实施实现了政产学研用的良好结合。项目研究合作者西北政法大学与深圳市福田区联手合作,对来自中国改革开放前沿阵地的深圳特区的基层法治建设经验予以关注和研究,促进了学术研究与实践经验的良好结合,很好地发挥了高校学术研究咨政育人、服务社会的社会功能。

其三,人民调解"福田模式"积极探索了人民调解迈向专业化和规范化发展的路径。通过政府购买专业化服务的方式,吸纳律师事务所、律师投身于人民调解事业的做法,很好地实现了人民调解与法律专业知识、专业力量的结合,为未来人民调解的发展积累了宝贵的经验。人民调解"福田模式"的成功经验表明,加强法治建设,更加注重通过法治的方式来化解社会矛盾和纠纷,是创新基层社会管理的必然发展方向。(见图 8—1、图 8—2)

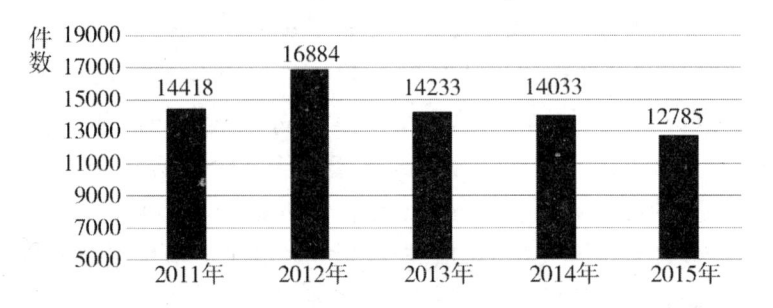

图 8—1　福田区历年调解案件统计图

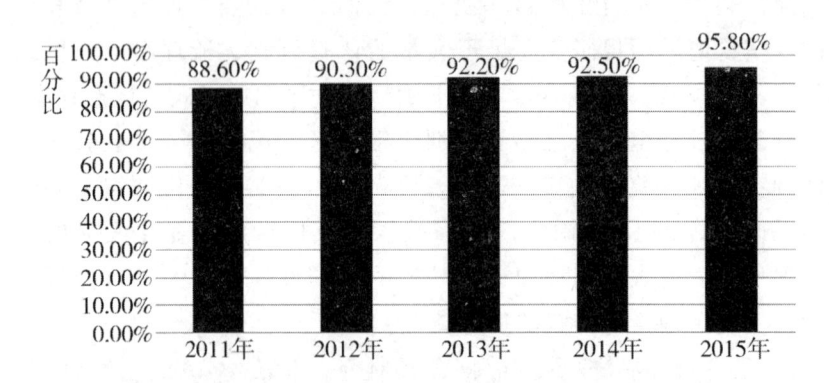

图 8—2　福田区调解案件回访满意度示意图

第二节　人民调解"福田模式"的可复制性、局限性

一　人民调解"福田模式"的可复制性

人民调解"福田模式"的特点决定了其具有可复制性，它具有以下几个突出特点：一是"养事不养人，以事定费"；二是政府向具有资质的专业律师事务所采购法律服务，人民调解专业化；三是派驻基层机构的调解组织相对独立，中立第三方调解；四是人民调解机制对基层社会的全覆盖，让人民群众体验到党和政府的公共服务就在基层、就在身边；五是人民调解组织专业化改革，提高了人民调解工作的效率；六是科学规范化操作方式；七是提高了人民调解的

地位和作用；八是党委政府重视支持基层人民调解室建设。人民调解"福田模式"具有普适性，可以重复复制，只要是有条件的地区和基层单位，都可以推广人民调解"福田模式"。

二 人民调解"福田模式"的局限性

（一）需要专业人力资源提供法律服务

任何一种法律服务模式都有优缺点，人民调解"福田模式"既有其优势，又有其局限性。人民调解"福田模式"需要律师事务所专业律师以及其他法律服务工作者来提供法律服务，"福田模式"推广地区和基层单位专业人力资源的供给数量、质量和管理水平，在某种程度上决定了人民调解服务的质量和成效。

（二）需要政府财政资金的保障

人民调解"福田模式"需要以政府购买法律服务为基础条件，购买法律服务资金源于政府财政预算，更加适合在大、中城市推广人民调解"福田模式"。我国边远穷困地区，如果由于政府财政资金的短缺，将难以提供财力保障。

（三）地域条件有一定限制

我国地域辽阔，各地社会和经济发展不平衡，东部地区与西部地区差距较大。我国边远穷困地区的专业法律服务人力资源的数量和质量较之经济发达的沿海地区有出入，人力资源的短缺，财政资金相对困难，使得人民调解"福田模式"难以完全延伸到边远穷困地区，边远穷困地区人民群众难以直接受益。

第三节 对于创建福田区公共法律服务中心的初步评价

一 抓住创建福田区公共法律服务中心的良好机遇

党的十八届四中全会通过的《中共中央关于全面推进依法治国若干重大问题的决定》指出："推进覆盖城乡居民的公共法律服务体系建设，加强民生领域法律服务。"福田区提出创建"法制福田"，而法律服务环境是"法制福田"的重要组成部分，是"法制福田"

建设不可缺少的配套工程。党的十八届四中全会为福田区公共法律服务中心诞生创造了良好机遇、环境与挑战。

福田区司法局在构建"法制福田"中，依靠公共法律服务化解矛盾纠纷这一重要抓手，建立起福田区司法行政机关、法律服务机构和行业协会"三结合"的运行机制。充分利用网络信息化，建立综合信息平台。逐步形成"政府主导、司法行政部门组织、部门联动、社会协同、法律服务机构实施、社会各界力量参与的实体化、网络化服务新格局"。加强与公、检、法等部门的协调，积极探索与综治维稳、信访、劳动保障、工青妇等部门的工作对接模式，促进公共法律服务职能的有效发挥。

福田区司法局通过整合区、街道两级司法行政资源，建设区、街道、社区三级公共法律服务系统，组建福田区公共法律服务中心，全方位为人民群众提供法律服务，化解矛盾纠纷，该中心将积极推进法制宣传育民、人民调解惠民、法律服务行业便民、法律援助惠民、帮矫"两类人群"安民五个服务项目。这是福田区司法局提供公共法律服务的创新举措。

二 福田区公共法律服务中心主要优势

（一）转变政府职能，打破政府办事的陈规陋习

福田区公共法律服务中心的建立改变以往"政府包办""养机构、养人"的传统模式，"政府主导、司法行政牵头、部门联动、社会协同"，以事定费，养事不养人，置换出了大量警力和政府人力资源，节省大量政府人力、财力。

（二）产生规模社会效应和范围经济效应

福田区公共法律服务中心将福田区分散的人力资源集中配置，组建专职化、专业化、规范化的法律服务团队，实现了由弱变强规模社会效应和范围经济效应。

（三）实现了福田区公共法律服务中心法律服务对基层社会的全覆盖

建设区、街道、社区三级公共法律服务系统，法律服务的触角深入到基层社会的各个角落，纵向到底，横向到边，实现了最后一

公里，30分钟法律服务圈。

（四）建立了大调解的工作格局

建立福田区公共法律服务中心弥补了人民调解与行政调解、司法调解、仲裁调解各自为战的缺陷，实现了人民调解与行政调解、司法调解、仲裁调解无缝对接，人民调解的地位从过去的辅助地位，上升到人民调解机制与传统纠纷解决机制并驾齐驱，"三分天下有其一"。

（五）解决了长期存在的基层调解人员素质、专业和服务问题

政府向专业律师事务所购买法律服务，突破了以往基层法律服务队伍松散、素质不高的瓶颈，解决了长期存在的基层人员素质、专业和服务质量问题。

（六）政府财政预算保障了福田区公共法律服务中心团队的稳定

党委政府重视支持福田区公共法律服务中心建设，将各项法律服务经费列入政府财政预算，有力地保障了福田区公共法律服务中心专业团队队伍的稳定。

三 福田区公共法律服务中心的意义

（一）福田区公共法律服务中心制度的理论价值和实践价值

福田区公共法律服务中心是政府提供公共服务的重要组成部分。有利于营造"法制福田""法治城区"的法治环境；有利于完善福田区各类纠纷解决机制；有利于形成福田公共法律服务大市场的规模效应；有助于提高福田中心城区的知名度。因此，建立"福田区公共法律服务中心"，是一件有利于各方共赢的好事，对福田公共法律服务的创新具有较大理论价值和实践价值，值得尝试。

（二）对社会矛盾化解机制的创新举措

福田区公共法律服务中心对社会矛盾化解机制的创新。（大调解的背景、社会矛盾化解机制、纠纷特征、针对性强的纠纷化解机制、其他地区的经验与特征）做到了为群众解难、为公安减压、为法院解困，为政府分忧。此外，有助于维护公平正义、人民权益，实现社会矛盾的标本兼治。法律专业人员对矛盾纠纷的处理尤其是对派出所矛盾的处理，大部分能够做到当场受理、当场解

决、当场履行、当场结案,从而分流了大量进入到人民法院的案件。这种及时、合法、有效的矛盾调处,实现了各种纠纷解决方式的无缝对接。

(三) 对公共服务供给模式的创新

福田区公共法律服务中心对公共服务供给模式的创新。福田区公共法律服务中心依托人民调解的福田模式的探索,恰好契合了新公共管理运动的发展潮流。始自20世纪80年代的世界性的行政改革中,各国政府以提高公共行政效能、改善公共服务质量、加强对民众和社会对政府服务期待的回应,而政府购买公共服务则是其中令人瞩目的内容。公共服务作为社会生活和经济活动必不可少的基础产品,其消费在某种程度上具有非排他性和非竞争性。因此,政府对公共服务供给负有义务,从而可以成为对市场失灵的补充。在历史发展中,形成了三种公共服务供给机制,即市场供给、科层供给和社会供给三种模式。其中,市场供给和科层供给都有其优越的一面,但也存在经济学上所谓的公共产品生产中的政府失灵和市场失灵问题。而从80年代开始,公共服务的第三种提供机制即社会自组织机制,日益为世界各国所关注,逐渐成为和政府、市场一样重要的公共服务供给机制。相对于政府和市场,由社会组织提供公共服务有某些特殊优势。首先,社会组织提供公共服务能够更好地满足公众的消费需求。其次,社会组织供给公共服务的成本受到现实或潜在竞争的约束,可以大幅节约社会服务的成本。最后,社会组织特有的非营利性驱动动机可以减少服务供给中的机会主义行为,减少公共服务中的自利性,其公益色彩则更加浓厚。而显然,三种公共服务供给的供给机制各有其适应性条件和优劣。能够形成市场均衡价格的,由市场自行提供效率较高;不能形成均衡价格的,则由政府和社会提供。社区性的俱乐部公共服务由社会组织提供,广区域的规模较大的纯公共服务由政府提供。但是,不论采用哪一种公共服务提供方式,作为公共利益最终受托方的政府都要担负起对服务分配的最终监督和调节职责。当然,一般来说,政府购买公共服务的一般动机主要有财政、服务能力、服务质量和政治上的考量。从财政角度来看,政府购买社会服务的方式,可以降低公共服务提供成本，降低财政开支；从服务能力来看，规模庞大、分化细密的当代社会所需求的公共服务种类繁多，数量巨大，有限政府既无足够的资源，也无充分的能力，更无可能掌握相关信息、知识。但通过政府采购服务的方式，则可以引导和整合社会力量，搭建公共服务的有效供给平台。从服务质量来看，通过科学的购买程序和过程、结果控制，政府购买公共服务一方面可以寻找到更为专业的公共服务商，另一方面，作为摆脱运动员身份的政府，可以更好地发挥裁判员的监督责任。从政治需要来看，政府购买公共服务可以强化政治权力对社会、市场的良性渗透，推进政治意志向社会和市场的扩散，从而加强政府的合法性。

（四）福田区公共法律服务中心对社会矛盾化解机制的创新

福田区公共法律服务中心的社会价值与创新意义主要体现在以下方面：（1）福田区公共法律服务中心有助于发掘社会资源参与纠纷解决。从国际社会来看，在美国和英国，已经有超过3000家公司以及1500家律师事务所设立了公共援助中心（Center for Public Resources，简称CPR），并为当事人提供ADR的规则、条款、中立者、法律顾问，或者参与解决海事、破产、消费者保护和劳动争议等方面相互协作，进行调解、小型审判等。这些也充分表明，积极吸纳民间力量参与社会事务的管理，符合国际司法领域的最新发展潮流。（2）福田区公共法律服务中心，具有强大的自治性，是一种群众自治的形式。在长期的实践中，我们存在着司法行政机关对人民调解的包办代替、行政权力的过度干预等做法，严重侵蚀人民调解的民主性、自治性，损害人民调解的公信力。"福田模式"通过"政府购买服务"这样契约化的管理方式，在为当事人提供便捷、经济的纠纷解决方式的同时，保障了人民调解的民间性和社会性特性，使得调解更好地回归其自治属性。（3）福田区公共法律服务中心有助于促进人民调解制度的规范运作。从机构设置、人员配置、经费保障、工作机制、运行程序等多方面着手，建立了一套行之有效的规范化运作体系，为加强我国人民调解制度的规范化提供了一个可资借鉴的样本。（4）福田区公共法律服务中心推动了人民调解与行政调解、司法调解三大调解模式的有机衔接。（5）福田区公共法律服务中心有助于拓展律师职业的发展空间，更好地树立律师的"公益服务"形象，减少人们对于律师"唯利是图""嫌贫爱富"的社会偏见，从长远来讲，也有助于促进作为一个职业群体的律师职业团队更好地反思律师职业的社会定位、社会责任，促进律师从一个简单的挣钱谋生的职业成长为一个富有铁肩担道义精神的团体，在中国社会发展中更好地发挥推进力量。（6）福田区公共法律服务中心有助于强化人民调解化解社会矛盾的功能和作用。

（五）探索了专业化中介组织解决民间纠纷的新路径

当下，中国社会正处在急剧的社会转型期。伴随着社会的转型，社会矛盾纠纷的多样化、复杂化，社会公众权利意识、规则意识的不断加强，单靠传统的说服、教育、感化等为主的调解手段，已经不足以有效解决纠纷。纠纷解决应实现从"威信型"向"法理型"转变，实现调解中情理法融合的基础上，强化法律纠纷解决的基础作用。

在福田区公共法律服务中心这个平台上，政府主要充当了领导、宏观设计、监督管理评价者的角色；而专业中介组织主要通过自身的专业优势，从而合理有效完成为百姓提供法律服务，形成纠纷解决中的合力。

现代社会对纠纷解决最基本的需求是纠纷解决人员的专业化。（1）经过专门训练的调解员不仅能够有效识别纠纷的性质，而且能够采取及时的措施预防纠纷的激化，通过调解活动使纠纷得到解决。（2）基层纠纷解决的关键是建立有效的纠纷解决渠道。有效的渠道有利于节约当事人的经济成本的支出，便利当事人的参与，有利于节约当事人的时间和精力付出，并有利于恢复当事人之间的和睦关系。只有专业化的法律服务人员，才能起到基层纠纷解决的作用。（3）法律服务职能的实现，有赖于法律服务人员对专业技巧的掌握与运用。法律服务人员应该把握纠纷现状，预见纠纷趋势，并具备采取措施的能力。（4）在专业化建设方面，福田区公共法律服务中心实现了对政府提供法律服务的创新和发展。福田区公共法律服务中心提供的法律服务则由社会中介组织实施，这些中介组织同样具备调解解决民间纠纷的专门知识和能力。既实现了调解组织和人员的专门化、知识化和专业化，又克服了行政调解的不足，充分发挥了社会力量解决民间纠纷，实现了社会管理模式的创新措施，同时也扩大了政府职能范围，拓展了政府服务社会的领域。

第九章

附录篇

第一节　各级领导调研人民调解"福田模式"照片

图9—1、图9—2、图9—3、图9—4为2013年4月18日,司法部部长吴爱英在省、市领导陪同下到福田区交警大队调解室调研考察人民调解工作。

图9—1

图9—2

图9—3

图9—4

第二节　国家哲学社会科学成果鉴定材料

《人民调解的福田模式》研究成果鉴定会

（一）2012年9月7日在司法部召开《人民调解的"福田模式"》研究成果鉴定会

（二）西北政法大学《人民调解的"福田模式"》课题组成员参加人员

1. 校长助理汪世荣教授（组长）
2. 冯卫国教授
3. 杨建军教授
4. 侯学华教授
5. 龚会莲教授

（三）深圳市福田区司法局局长谷廷兰参加

（四）研究成果鉴定会评审情况

2012年9月7日上午，人民调解的"福田模式"项目成果鉴定会在北京召开，此次会议由司法部、西北政法大学、中共深圳市福田区委、深圳市福田区人民政府联合主办。这是第一次在司法部举办的项目成果鉴定会，来自中央政法委员会、最高人民法院、最高人民检察院、司法部、中国人民大学、广东省司法厅、深圳市司法局、《人民调解》杂志社、《法制日报》社等单位的30位专家学者参加了鉴定会。西北政法大学副校长王瀚教授主持了成果鉴定会。时任深圳市福田区司法局局长谷廷兰参加了研究成果鉴定会。

评审组在前期审阅送评材料、现场观看视频资料基础上，经过充分讨论沟通后认为，通过政府购买专业化服务的方式，吸纳律师事务所、律师投身于人民调解事业的做法，很好地实现了人民调解与法律专业知识、专业力量的结合，为未来人民调解的发展积累了宝贵的经验。人民调解"福田模式"的成功经验表明，加强法治建设，更加注重通过法治的方式来化解社会矛盾和纠纷，是创新基层社会管理的必然发展方向。这一做法得到了中国司法专家的一致赞许。中央政法委政法研究所所长黄太云指出,"福田模式"在社会管理创新方面有独特价值,政府发挥宏观设计、监督管理的主导作用,拓展了政府服务领域,专业组织参与社会管理,创新了社会管理模式。司法部司法研究所所长王公义教授认为,律师介入、调解纠纷,谈判很容易成功,国外已经有成熟的做法,"福田模式"是国内专业律师调解纠纷的成功经验,值得深入探索,将其经验推向世界,为人类纠纷的解决提供有益的探索。

人民调解的"福田模式"不仅实现了政府主导,还推动了理论界与实务界的交流合作。西北政法大学的专家学者从2009年就跟踪研究"福田模式",取得了一系列研究成果。西北政法大学校长贾宇教授认为,西北政法大学倡导面向司法实践、扎实深入调研的教研新风,思考和解决基层司法中存在问题的科学研究方向。"福田模式"研究的系列成果是理论与实践相结合的优秀科研成果,是对政府管理模式、社会治理模式的理论升华。

评审组专家一致认为,人民调解的"福田模式"项目选题紧紧抓住了中国当前社会基本矛盾化解这一主题,因而具有很强的理论意义和重大的现实价值。项目成果注重多学科交叉研究,从法学、社会学、政治学、经济学等多个视角,较为系统地解读了人民调解的重要经验,项目设计和实施实现了政产学研用的良好结合。

最后,司法部基层工作指导司韩秀桃副司长做总结性发言,他指出:"深圳市福田区在创新人民调解的组织形式、工作方式、体制机制方面走在了全国的前头,积累了非常好的经验,西北政法大学利用它的科研优势组织专家教授,深入一线,把福田经验总结出来、提炼出来、归纳出来,具有非常好的价值。"(见图9—5、图9—6、图9—7、图9—8)

图9—5　研究成果鉴定会会场照片

《人民调解的"福田模式"》项目成果鉴定结论

《人民调解的"福田模式"》项目成果鉴定会于2012年9月7日在司法部召开。参加会议的鉴定专家，分别来自司法部、最高人民法院、最高人民检察院、中央政法委员会、中国法学会、中国人民大学、西北政法大学、东方毅文化拓展协会，以及新闻媒体等单位。

项目成果鉴定专家在审阅送审材料的基础上，经过充分的讨论、沟通，认为：

其一，《人民调解的"福田模式"》项目选题，紧紧抓住了中国当前社会基层矛盾化解这一主题，因而具有很强的理论意义和重大的现实价值。项目研究立足于大量的认真调查，梳理出了人民调解的"福田模式"的基本做法，准确地勾勒了福田模式的运作程序、管理机制，较为全面地总结了深圳市福田区人民调解委员会驻派出所民调室、驻医院民调室、驻法院民调室、驻交警队民调室、驻劳动局民调室共22个民调室3年多来探索人民调解专业化发展的经验。项目研究对人民调解的福田模式的合理性、普适性进行分析和解读，实现了理论与实践的很好结合。

其二，项目成果注重多学科交叉研究，从法学、社会学、政治学、经济学等多个视角，较为系统地解读了人民调解的重要经验。项目设计和实施实现了政产学研用的良好结合。项目研究合作者西北政法大学与深圳市福田区联手合作，对来自中国改革开放前沿阵地的深圳特

区的基层法治建设经验予以关注和研究，促进了学术研究与实践经验的良好结合，很好地发挥了高校学术研究容政育人、服务社会的社会功能。

其三，人民调解的"福田模式"，积极探索了人民调解迈向专业化和规范化发展的路径。通过政府购买专业化服务的方式，吸纳律师事务所、律师投身于人民调解事业的做法，很好地实现了人民调解与法律专业知识、专业力量的结合，为未来人民调解的发展，积累了宝贵的经验。人民调解的"福田模式"的成功经验表明，加强法治建设，更加注重通过法治的方式来化解社会矛盾和纠纷，是创新基层社会管理的必然发展方向。

2012年9月7日

鉴定专家签名：

图9—6　人民调解的"福田模式"项目成果鉴定结论照片

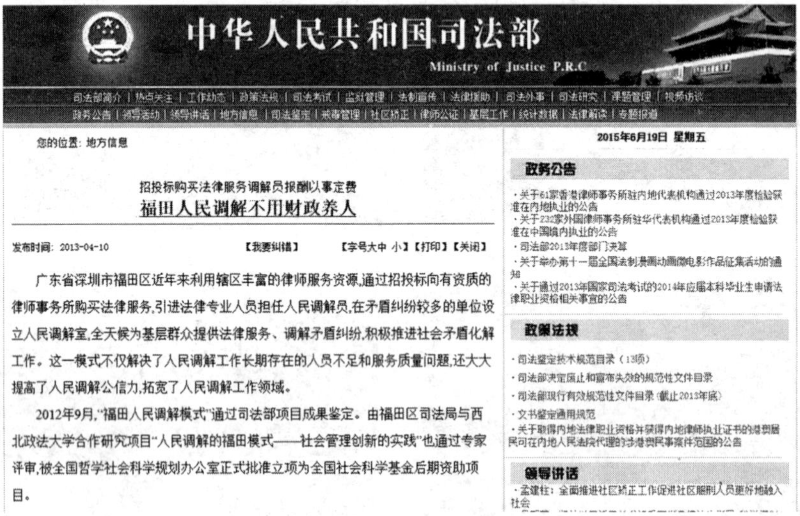

中华人民共和国司法部

Ministry of Justice P.R.C

司法部简介 | 热点关注 | 工作动态 | 政策法规 | 司法考试 | 监狱管理 | 法制宣传 | 法律援助 | 司法外事 | 司法研究 | 课题管理 | 视频访谈

政务公告 | 领导活动 | 领导讲话 | 地方信息 | 司法鉴定 | 戒毒管理 | 社区矫正 | 律师公证 | 基层工作 | 统计数据 | 法律解读 | 专题报道

您的位置：地方信息

2015年6月19日 星期五

招投标购买法律服务调解员报酬以事定费

福田人民调解不用财政养人

发布时间：2013-04-10　【我要纠错】　【字号大中 小】【打印】【关闭】

广东省深圳市福田区近年来利用辖区丰富的律师服务资源,通过招投标向有资质的律师事务所购买法律服务,引进法律专业人员担任人民调解员,在矛盾纠纷较多的单位设立人民调解室,全天候为基层群众提供法律服务、调解矛盾纠纷,积极推进社会矛盾化解工作。这一模式不仅解决了人民调解工作长期存在的人员不足和服务质量问题,还大大提高了人民调解公信力,拓宽了人民调解工作领域。

2012年9月,"福田人民调解模式"通过司法部项目成果鉴定。由福田区司法局与西北政法大学合作研究项目"人民调解的福田模式——社会管理创新的实践"也通过专家评审,被全国哲学社会科学规划办公室正式批准立项为全国社会科学基金后期资助项目。

政务公告

· 关于61家香港律师事务所驻内地代表机构通过2013年度检验获准在内地执业的公告

· 关于232家外国律师事务所驻华代表机构通过2013年度检验获准在中国境内执业的公告

· 司法部2013年度部门决算

· 关于举办第十一届全国法制漫画动画微电影作品征集活动的通知

· 关于通过2013年国家司法考试的2014年应届本科毕业生申请法律职业资格相关事宜的公告

政策法规

· 司法鉴定技术规范目录（13项）

· 司法部决定废止和宣布失效的规范性文件目录

· 司法部现行有效规范性文件目录（截止2013年底）

· 文书鉴定通用规范

· 关于取得内地法律职业资格并获得内地律师执业证书的港澳居民可在内地人民法院代理的涉港澳民事案件范围的公告

领导讲话

· 孟建柱：全面推进社区矫正工作促进社区服刑人员更好地融入社会

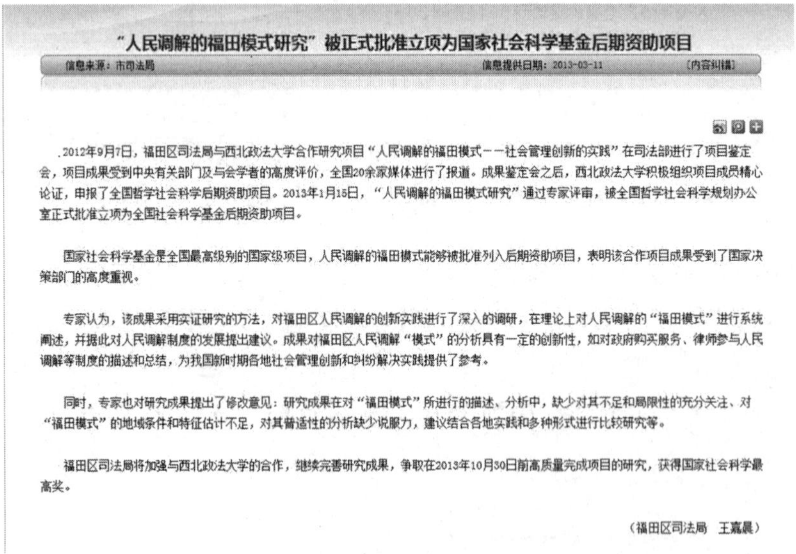

"人民调解的福田模式研究"被正式批准立项为国家社会科学基金后期资助项目

信息来源：市司法局　信息提供日期：2013-03-11　〔内容纠错〕

.2012年9月7日，福田区司法局与西北政法大学合作研究项目"人民调解的福田模式－－社会管理创新的实践"在司法部进行了项目鉴定会，项目成果受到中央有关部门及与会学者的高度评价，全国20余家媒体进行了报道。成果鉴定会之后，西北政法大学积极组织项目成员精心论证，申报了全国哲学社会科学后期资助项目。2013年1月15日，"人民调解的福田模式研究"通过专家评审，被全国哲学社会科学规划办公室正式批准立项为全国社会科学基金后期资助项目。

国家社会科学基金是全国最高级别的国家级项目，人民调解的福田模式能够被批准列入后期资助项目，表明该合作项目成果受到了国家决策部门的高度重视。

专家认为，该成果采用实证研究的方法，对福田区人民调解的创新实践进行了深入的调研，在理论上对人民调解的"福田模式"进行系统阐述，并据此对人民调解制度的发展提出建议。成果对福田区人民调解"模式"的分析具有一定的创新性，如对政府购买服务、律师参与人民调解等制度的描述和总结，为我国新时期各地社会管理创新和纠纷解决实践提供了参考。

同时，专家也对研究成果提出了修改意见：研究成果在对"福田模式"所进行的描述、分析中，缺少对其不足和局限性的充分关注、对"福田模式"的地域条件和特征估计不足，对其普适性的分析缺少说服力，建议结合各地实践和多种形式进行比较研究等。

福田区司法局将加强与西北政法大学的合作，继续完善研究成果，争取在2013年10月30日前高质量完成项目的研究，获得国家社会科学最高奖。

（福田区司法局　王嘉晨）

图 9—7　司法部网站宣传报道人民调解"福田模式"

图 9—8 人民调解"福田模式"项目成果鉴定宣传报道照片

第三节 深圳市司法行政系统开展宣传推广人民调解"福田模式"的活动

一 深圳市司法行政系统宣传推广人民调解"福田模式"

深圳全面推广"福田人民调解模式"

法制网记者 游春亮

深圳作为改革开放的最前沿,在经济社会深刻发展变革的同时,也不可避免地伴随着各类矛盾纠纷的增长和社会冲突的加剧。在当前各类群体利益诉求多元化的情况下,这些矛盾纠纷极易迅速爆发,引发大量的上访、群访事件,严重影响社会稳定。深圳市福田区人民调解的"政府主导、群众自治、专业服务、规范高效"的"福田模式"正是在这个背景下,以其非官方的专业服务和依法规范高效调解在社会管理创新大潮中应运而生并脱颖而出的。

本报于2009年11月3日和2013年4月6日分别用两个头版头条、标题为《"横向联合"走宽调解路》和《福田人民调解不用财政养人》报道的深圳市"福田人民调解模式",经深圳市委政法委今年中旬推广后,目前,该经验模式已在深圳市全市遍地开花。

全面推广"福田模式"

记者近日从深圳市司法局了解到,为使"福田模式"这一在基层社会管理创新中总结出来的新时期人民调解工作成功经验发挥更大作用,深圳市委政法委于5月8日在福田区召开了推广人民调解"福田模式",完善"大调解"工作体系现场会,并转发了深圳市司法局《关于推广人民调解工作"福田模式"的实施方案》,在全市推广"福田模式"。自此以来,深圳市各区纷纷行动起来,结合自身实际制定出相应的推广实施方案。

全面推行"政府购买服务"

深圳市司法局在制定"福田模式"推广方案时,将"政府购买服务"列为最重要的一项举措。通过深圳市委政法委、市综治办的推广督导工作,以"政府购买服务"的方式扶持人民调解工作发展,已经成为深圳全市上下的共识。

罗湖区在财政紧张的情况下,区政府仍拨出719万元专项用于推广工作。宝安区按照市司法局制定的标准新增设10个驻公安派出所调解工作室,实现了人民调解工作对辖区派出所的全覆盖,专职调解员队伍从78名增加到118名。龙华新区安排274万元用于34名律师、司法社工派驻到人民调解工作室。

据不完全统计,推广"福田模式"以来,全市各区(新区)投入了超过2000万元用于向律师事务所、社工机构购买专业人民调解服务,并将相关购买服务费用列入了区年度财政预算。在各个派驻调解室的建设中,全市大部分地方采取了政府制定招投标方案,律师事务所、专业社工机构等社会组织提供纠纷调解服务,司法行政部门进行定期考核的方式。

图9—9　福田区司法局宣传栏

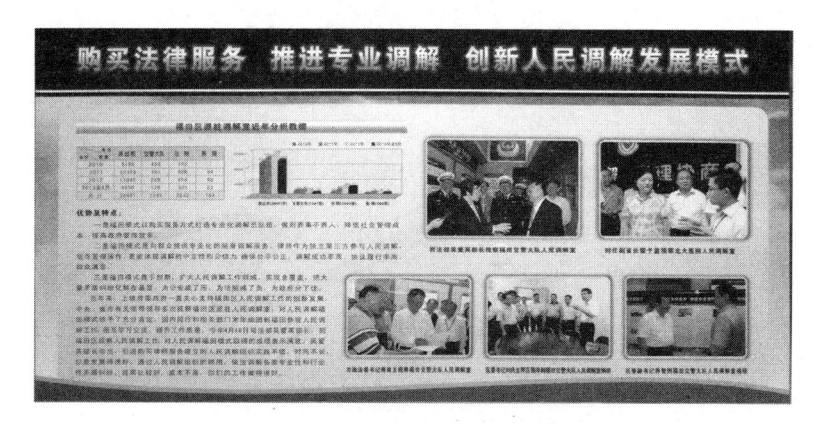

图9—10　福田区司法局宣传栏

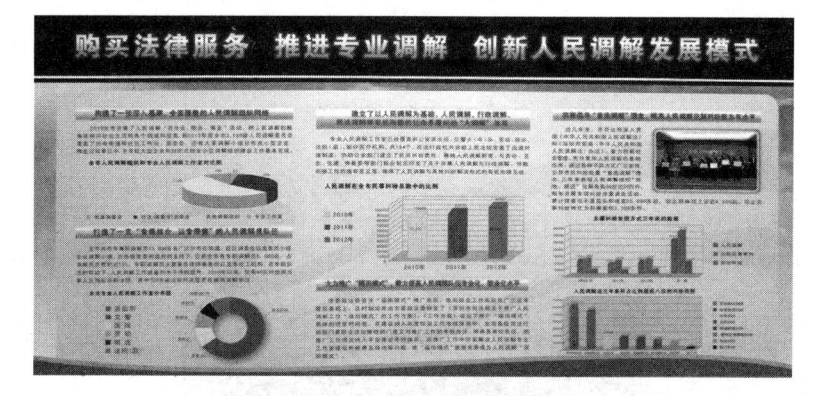

图9—11　福田区司法局宣传栏

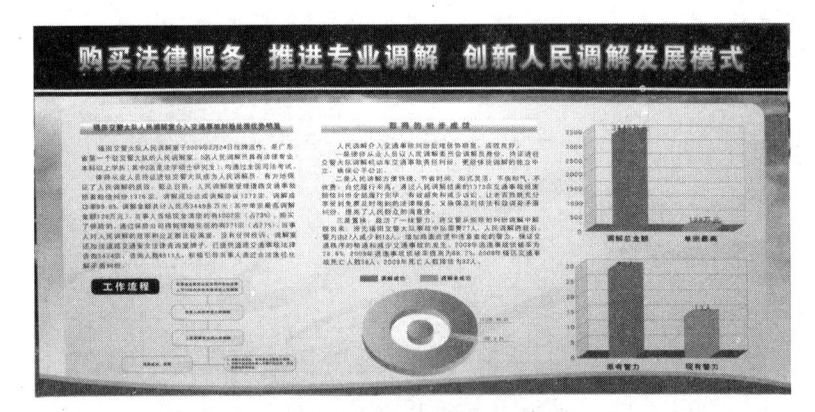

图9—12 福田区司法局宣传栏

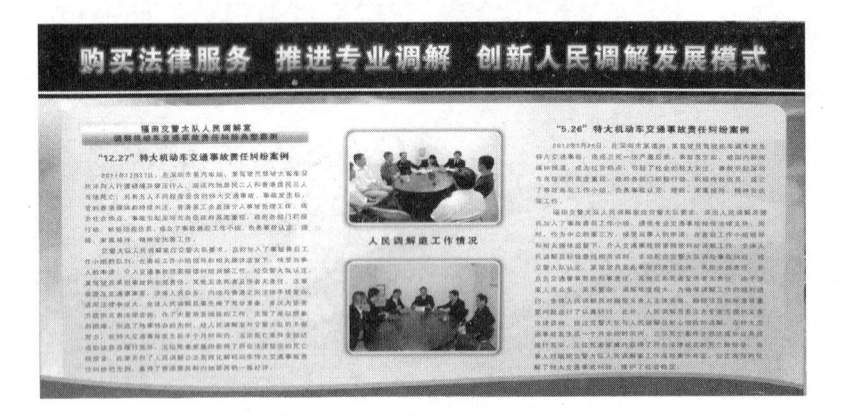

图9—13 福田区司法局宣传栏

二 西北政法大学人民调解"福田模式"调研组

图9—14 西北政法大学人民调解"福田模式"调研组

第四节 人民调解"福田模式"相关图表

一 人民调解工作量化考核表（见表9—1、表9—2）

表9—1　　2014年度福田区派驻人民调解室量化考核表

单位（姓名）：　　　　街道人民调解委员会驻　　　　人民调解室

考核时间：　　年　　月　　日　　　　　　　　总分：

考核项目	考核内容	要素分	评分标准	自评分	司法所考核分	司法局复查分
一、硬件配置（10分） （一）办公场所（4分）	1. 有独立的办公室、档案室、调解庭，办公总面积达到40平方米	3分	每缺少1间独立用房，扣1分；办公总面积达不到40平方米，扣2分			
	2. 有值班休息场所及必需的物品	1分	没有值班休息场所及必需的物品，扣1分			
（二）办公设备（4分）	3. 有能够正常使用的办公桌椅、调解台凳、档案柜、档案盒、电脑、多功能一体机等办公用品	2分	每缺少1种办公用品或每1种办公用品无法正常使用的，扣0.5分			
	4. 有悬挂规范的门牌标示	2分	没有悬挂规范的门牌标示的，扣2分			
（三）悬挂上墙（2分）	5. 有规范的制度上墙	2分	没有规范的上墙制度的，扣2分			

续表

考核项目	考核内容	要素分	评分标准	自评分	司法所考核分	司法局复查分
二、人员配备（35分）	（四）调解人员（15分）	6. 每个人民调解室按照合同签订人数进驻调解员，且具有法律本科学历以上	15分	没有按照合同签订人数进驻调解员的，少1人，扣15分			
	（五）值班安排（18分）	7. 每个人民调解室按调解人员每月制定值班表，分别报送司法所、派驻单位。派驻派出所人民调解室实行24小时排班、上班，白天值班至少2名调解员（值班调解员至少1名具有法律本科以上学历），晚班1名调解员。每个人民调解室不能超过1名挂点律师，挂点律师应当安排参与值班	18分	没有制定值班表，分别报送司法所、派驻单位的扣3分；没有按要求安排调解员在派驻人民调解室值班的，扣15分；挂点律师没有参与值班或参与值班没有记录的，扣15分。工作时间无人在岗；情节严重，弄虚作假的，给予严肃处理			
	（六）工作交接（2分）	8. 每个调解员每天要无缝交接，做好交接班记录	2分	交接班记录不完善或有交接班不规范的情况，扣2分			
三、调解实务（25分）	（七）规范调解（7分）	9. 上班穿工作服、佩戴工作证	2分	未穿工作服上班的，扣1分；未佩戴工作证上班的，扣1分			
		10. 守法、守规、文明调解的	2分	强制调解、辱骂当事人、殴打当事人不文明调解，当事人有投诉的，扣2分			
		11. 案件管辖正确	1分	超范围调解、无故不调解的，扣1分			

续表

考核项目	考核内容	要素分	评分标准	自评分	司法所考核分	司法局复查分
（七）规范调解（7分）	12. 一般在1个月内调解纠纷	1分	调解不符合法定期限的，扣1分			
	13. 调解不成功的民间纠纷，告知当事人到法院或有关部门处理	1分	未告知的，扣1分			
（八）调解质量（2分）	14. 调解成功率高	2分	调解成功率在90%以下的，扣1分；80%以下的，扣2分			
三、调解实务（25分）（九）卷宗规范（10分）	15. 调解成功的，依照有关规定制作规范的人民调解协议书	2分	缺少人民调解协议书的，扣2分；人民调解协议书制作不规范的，扣1分			
	16. 调解成功的，有规范的民间纠纷受理表	1分	缺少民间纠纷受理表或不规范的，扣1分			
	17. 调解成功的，有规范的主要权利义务告知书等告知性材料	1分	缺少权利义务告知书等告知性材料或不规范的，扣1分			
	18. 调解成功的，有规范的调解申请书	1分	缺少调解申请书或调解申请书不规范的，扣1分			
	19. 调解成功的，有规范的调解笔录、调查笔录	1分	缺少调解笔录或调查笔录不规范的，扣1分			
	20. 调解成功的，有规范的民间纠纷受理调解登记表	1分	缺少民间纠纷受理调解登记表或不规范的，扣1分			
	21. 调解成功的，有当事人身份证复印件或其他当事人身份记录	1分	缺少当事人身份证复印件或其他当事人身份记录的，扣1分			

续表

考核项目		考核内容	要素分	评分标准	自评分	司法所考核分	司法局复查分
三、调解实务（25分）	（九）卷宗规范（10分）	22. 调解成功的，有相应的证据、材料	1分	缺少相应的证据、材料的，扣1分			
		23. 调解不成功或自行和解的，有记载调解工作的相应材料	1分	缺少相应材料的，扣1分			
	（十）台账记录（6分）	24. 有规范的纠纷受理台账，对所有受理的纠纷进行登记	2分	没有规范的纠纷受理台账，扣2分			
		25. 有规范的回访记录台账，对人民调解协议的履行情况进行回访记录	1分	没有规范的回访记录台账，扣1分			
		26. 有规范的移交记录台账，对派出所移交来的案件及向派出所移交的案件进行登记	2分	没有规范的移交记录台账，扣2分			
		27. 有规范的统计台账，对每月调处纠纷情况进行登记	1分	没有规范的统计台账，扣1分			
四、档案管理（20分）	（十一）卷宗保管（5分）	28. 有指定兼职的档案管理人员	1分	没有指定兼职档案管理人员的，扣1分			
		29. 管理人员严格执行借阅保密制度	1分	借阅卷宗没有经过批准和登记的，扣1分；卷宗内容保管不善造成严重后果的，扣1分			
		30. 卷宗放置规范、清晰	1分	卷宗放置凌乱的，扣1分			
		31. 分年立卷存放卷宗，且有统一的流水卷号	2分	没有分年立卷存放的，没有统一流水卷号的，扣2分			

续表

考核项目		考核内容	要素分	评分标准	自评分	司法所考核分	司法局复查分
四、档案管理（20分）	（十二）立卷归档（11分）	32. 立卷要一案一卷	10分	调解成功案件没有立卷的，扣5分；一案多卷或多案一卷的，扣10分；虚报或弄虚作假的，扣10分，并严肃处理			
		33. 每一个卷宗的立卷人为承办该案件的调解员	1分	调解员不是卷宗立卷人的，扣1分			
	（十三）卷宗装订（4分）	34. 有封皮、封底，按规定填写封面、卷内目录、备考表和编写页码	2分	卷宗没有封皮、封底的，扣2分			
		35. 卷面规格为A4纸，非A4纸的要通过折叠、加贴补纸保证整齐	1分	卷面规格不符合要求的，扣1分			
		36. 装订用线绳并贴封签	1分	装订不规范的，扣1分			
五、其他制度（10分）	（十四）公章管理（2分）	37. 由指定的公章管理人保管公章	1分	没有专门的公章管理人保管公章的，扣1分			
		38. 有规范的公章使用登记，每次使用公章均经人民调解室负责人同意	1分	未经人民调解室负责人同意使用公章，没有对公章使用规范登记的，扣1分			

续表

考核项目	考核内容	要素分	评分标准	自评分	司法所考核分	司法局复查分
五、其他制度（10分） （十五）情况上报（4分）	39. 定期（每周、月）向司法所等部门上报工作情况	2分	没有定期上报工作情况的，扣2分			
	40. 及时向司法所等部门上报调处的重大疑难纠纷和典型案例	2分	未及时向司法所等部门上报调处的重大疑难纠纷和典型案例的，扣2分			
（十六）学习例会（4分）	41. 每周召开1次学习例会	2分	没有每周召开1次学习例会的，扣1分			
	42. 例会情况在《学习例会记录簿》上登记	2分	有例会情况未在《学习例会记录簿》上登记的，扣1分			

说明：

对人民调解室的考核要素分共100分，考核内容为第一至第五项所有内容。分值分配为：第一项硬件配置10分；第二项人员配备35分；第三项调解实务25分；第四项档案管理20分；第五项其他制度10分。计总分时直接填写要素分之和。

对调解员的考核要素分共50分，考核内容为第二项（五）、（六）项内容、第三项（七）、（九）项内容和第四项（十二）项内容。计总分时，将要素分之和乘2填写。

总分95分以上为优秀，80分以上为良好，70分以上为合格。人民调解室得分70分以下的终止服务合同，调解员得分70分以下，应予更换。

表9—2　2014年度福田区派驻人民调解室工作情况检查表

派驻（　　　　）人民调解室　　一年调解案件总数　　宗

1		
2		
3		

派驻人民调解室意见：

组长签名：

　年　月　日

派驻单位对人民调解室工作总评：

分管领导签名（盖章）：

　年　月　日

司法所检查核实意见：

司法所所长签名（盖章）：

　年　月　日

二 各类案件人民调解流程图

（一）治安行政案件人民调解流程图（见图9—15）

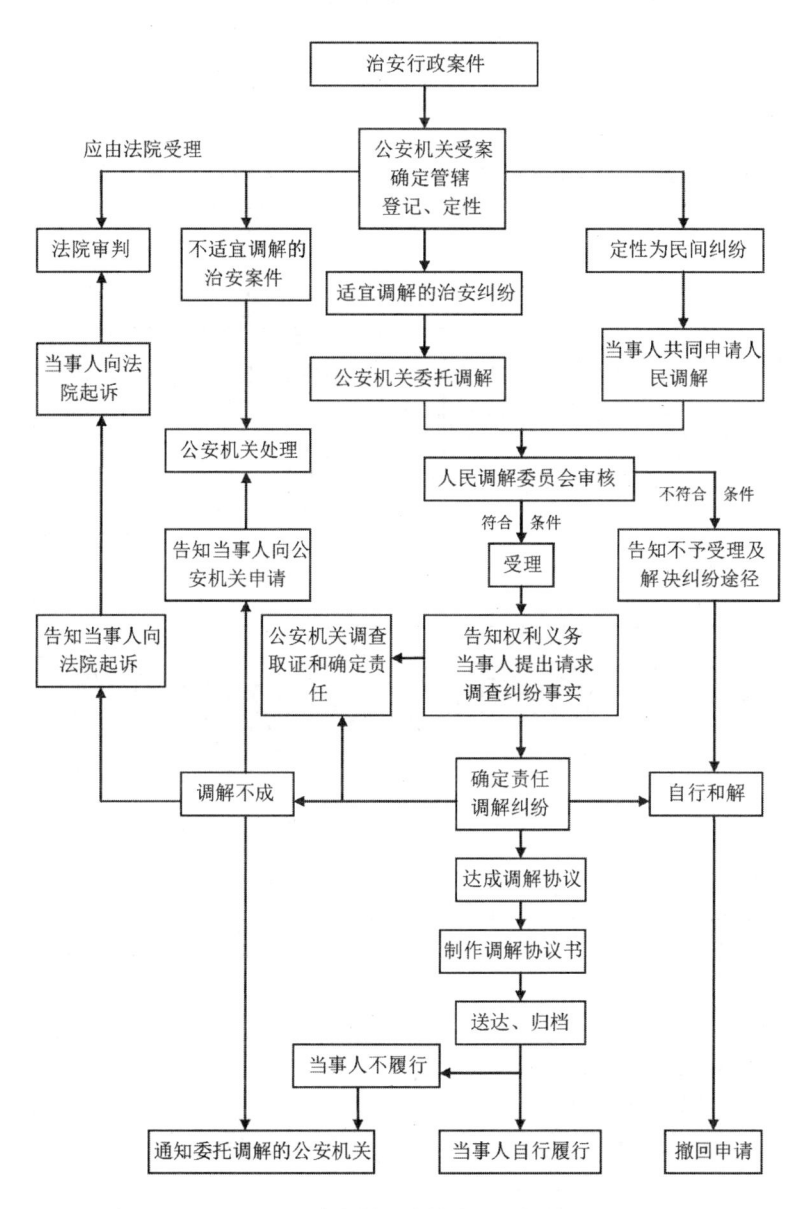

图9—15 治安行政案件人民调解流程图

（二）刑事诉讼程序流程图（见图9—16）

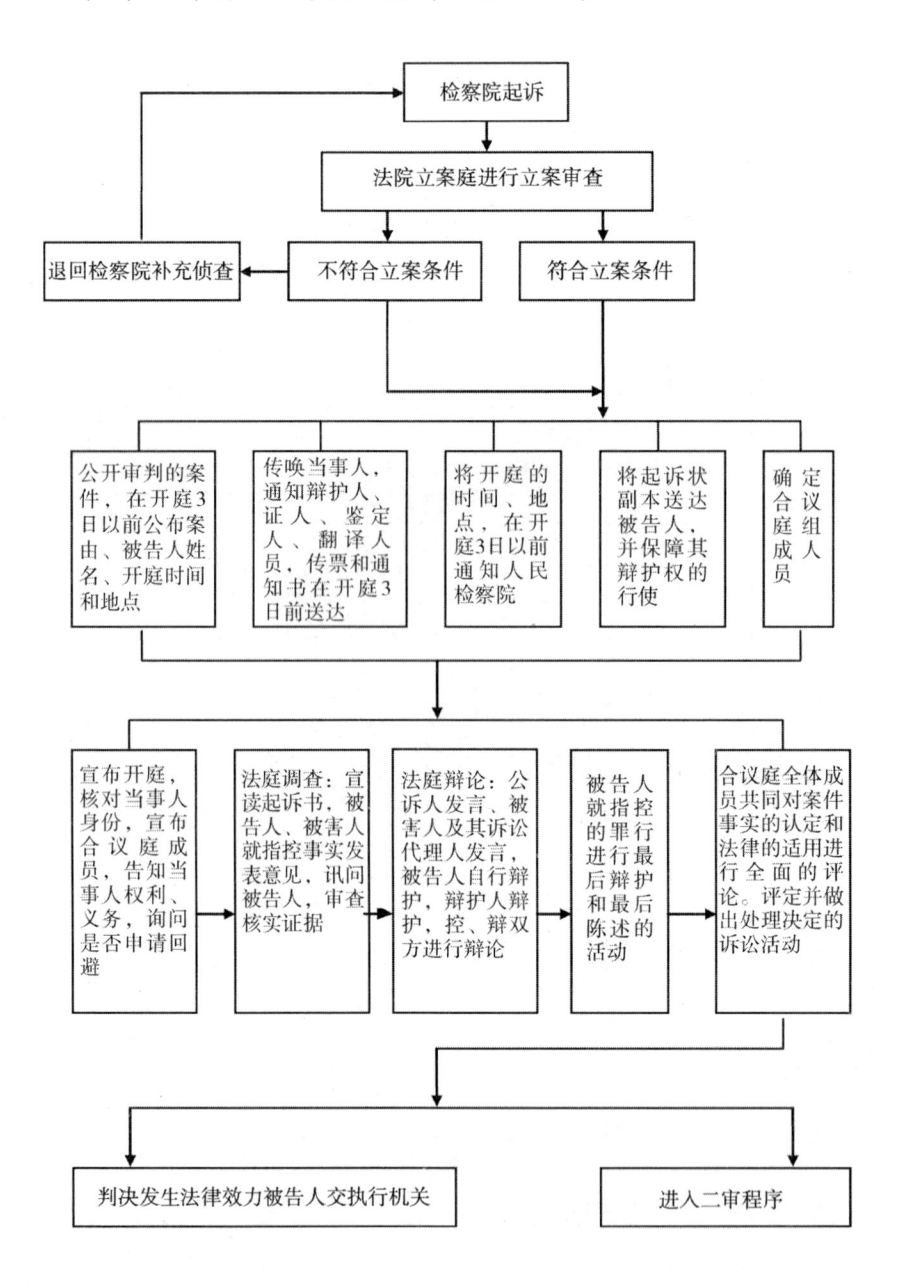

```
                        检察院起诉
                             ↓
                  法院立案庭进行立案审查
                      ↓           ↓
        退回检察院补充侦查 ← 不符合立案条件   符合立案条件
                                       ↓
```

- 公开审判的案件，在开庭3日以前公布案由、被告人姓名、开庭时间和地点
- 传唤当事人，通知辩护人、证人、鉴定人、翻译人员，传票和通知书在开庭3日前送达
- 将开庭的时间、地点，在开庭3日以前通知人民检察院
- 将起诉状副本送达被告人，并保障其辩护权的行使
- 确定合议庭组成人员

- 宣布开庭，核对当事人身份，宣布合议庭成员，告知当事人权利、义务，询问是否申请回避
- 法庭调查：宣读起诉书，被告人、被害人就指控事实发表意见，讯问被告人，审查核实证据
- 法庭辩论：公诉人发言、被害人及其诉讼代理人发言，被告人自行辩护，辩护人辩护，控、辩双方进行辩论
- 被告人就指控的罪行进行最后辩护和最后陈述的活动
- 合议庭全体成员共同对案件事实的认定和法律的适用进行全面的评论。评定并做出处理决定的诉讼活动

↓   ↓
判决发生法律效力被告人交执行机关   进入二审程序

图9—16　刑事诉讼程序流程图

（三）刑事自诉案件人民调解流程图（见图9—17）

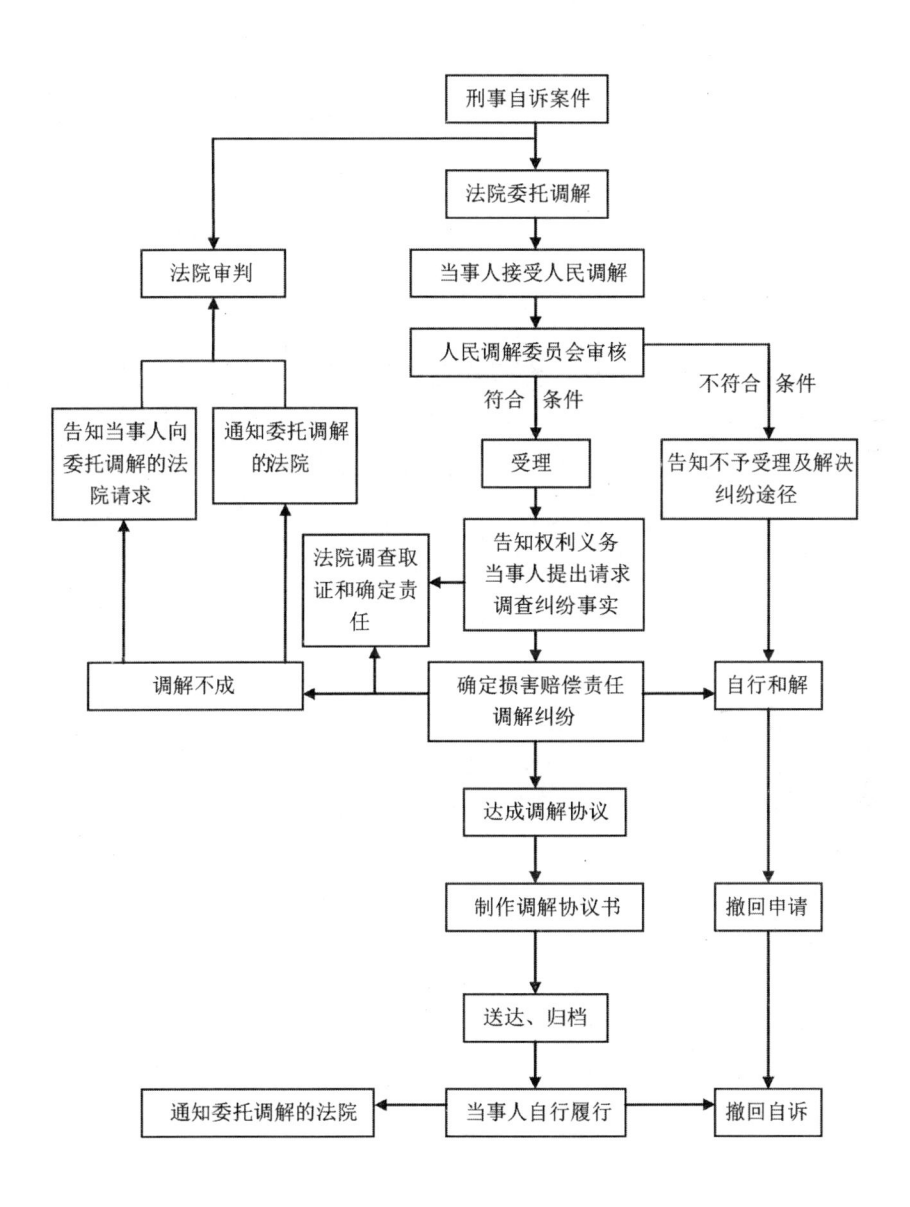

图9—17　刑事自诉案件人民调解流程图

（四）刑事附带民事诉讼案件人民调解流程图（见图9—18）

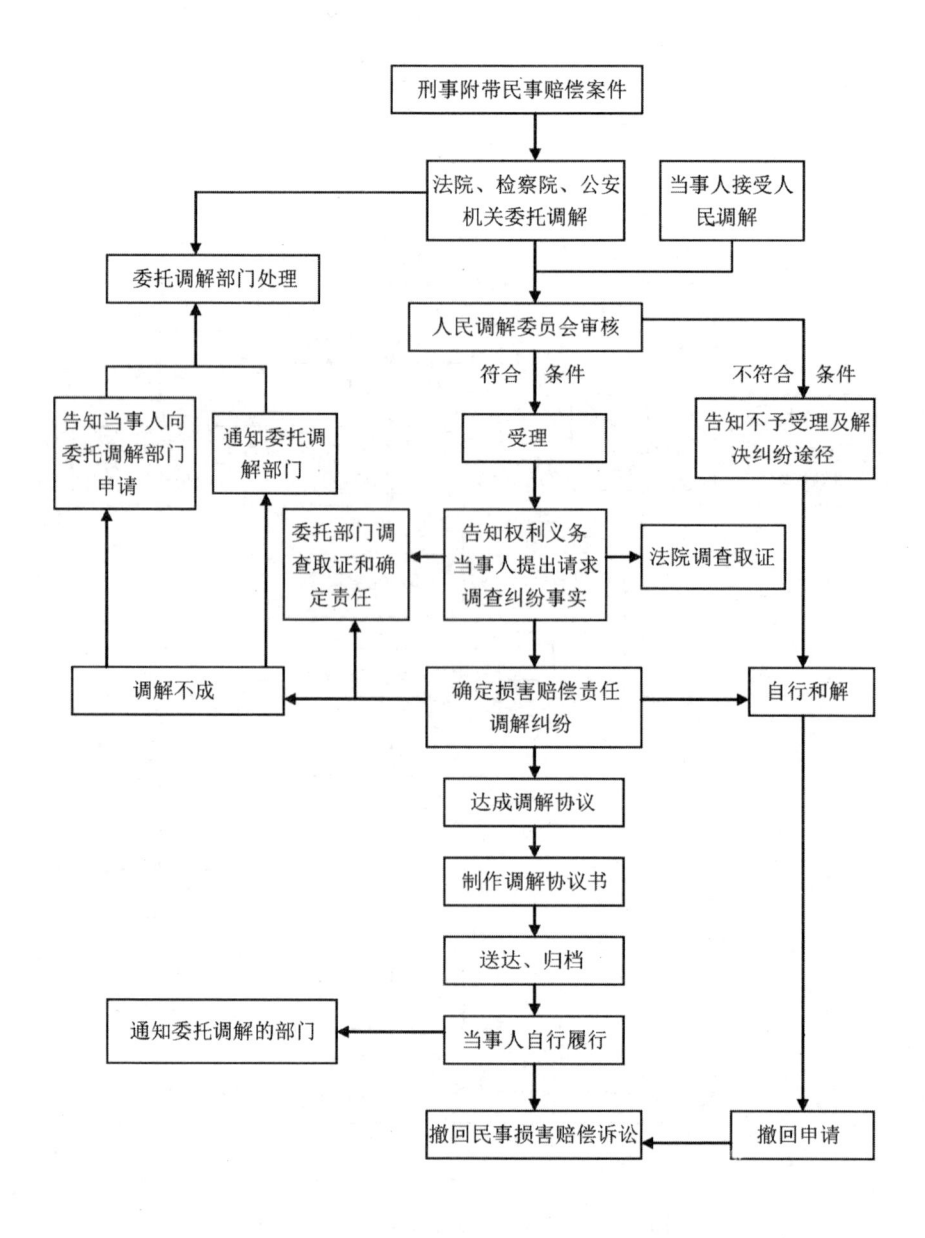

图9—18　刑事附带民事诉讼案件人民调解流程图

（五）公诉轻微案件刑事诉讼人民调解流程图（见图9—19）

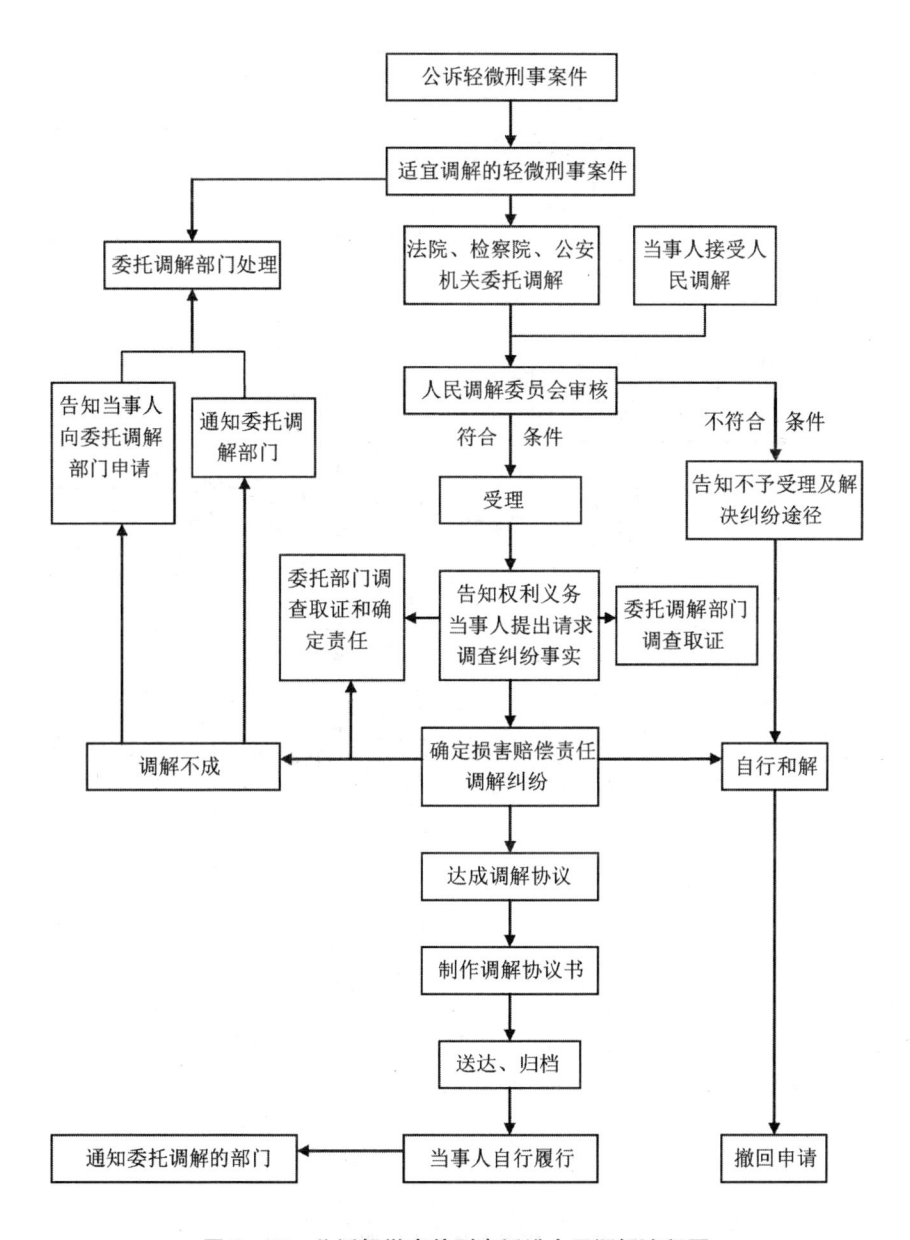

图9—19 公诉轻微案件刑事诉讼人民调解流程图

（六）群体性事件人民调解示意图（见图9—20）

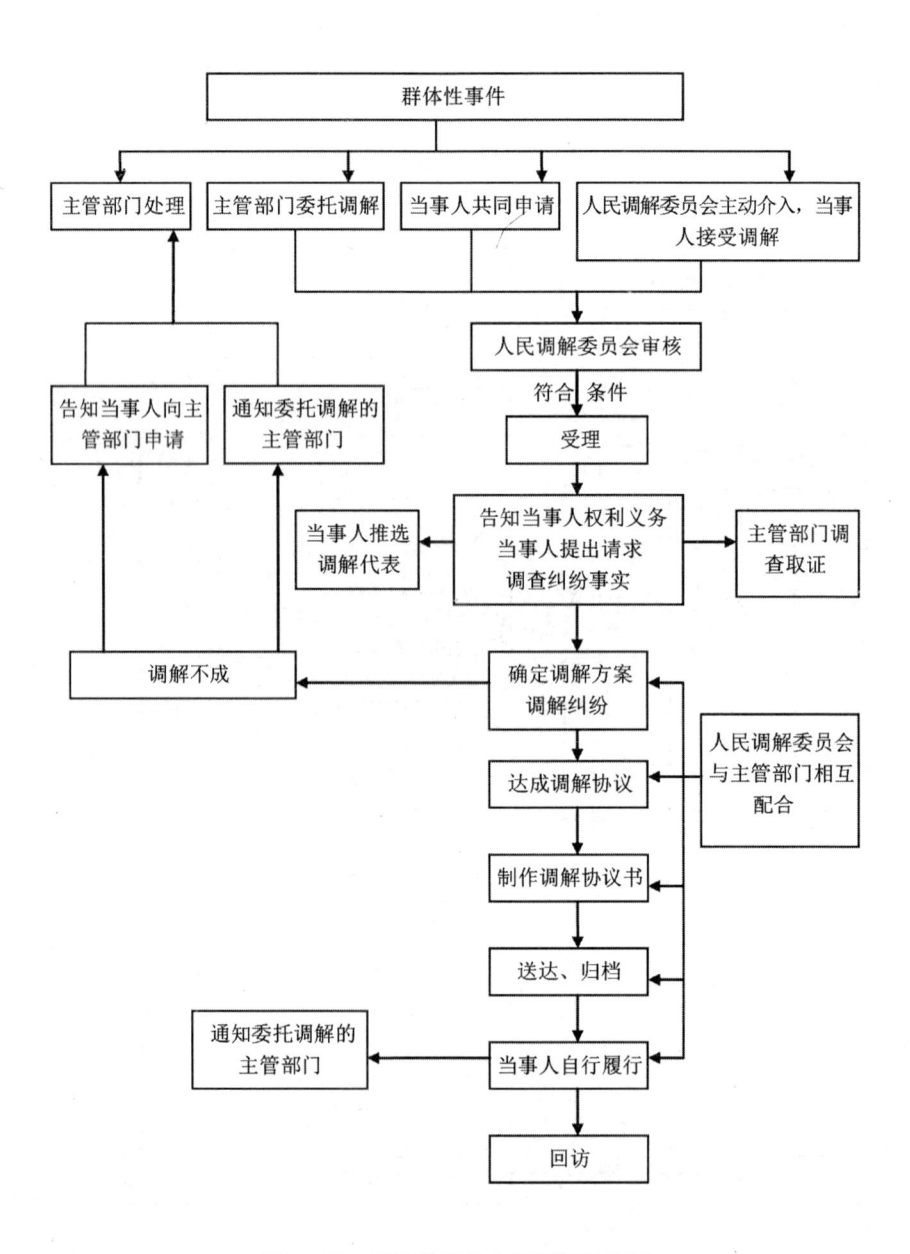

图9—20 群体性事件人民调解示意图

（七）人民调解与人民法院确认衔接流程图（见图9—21）

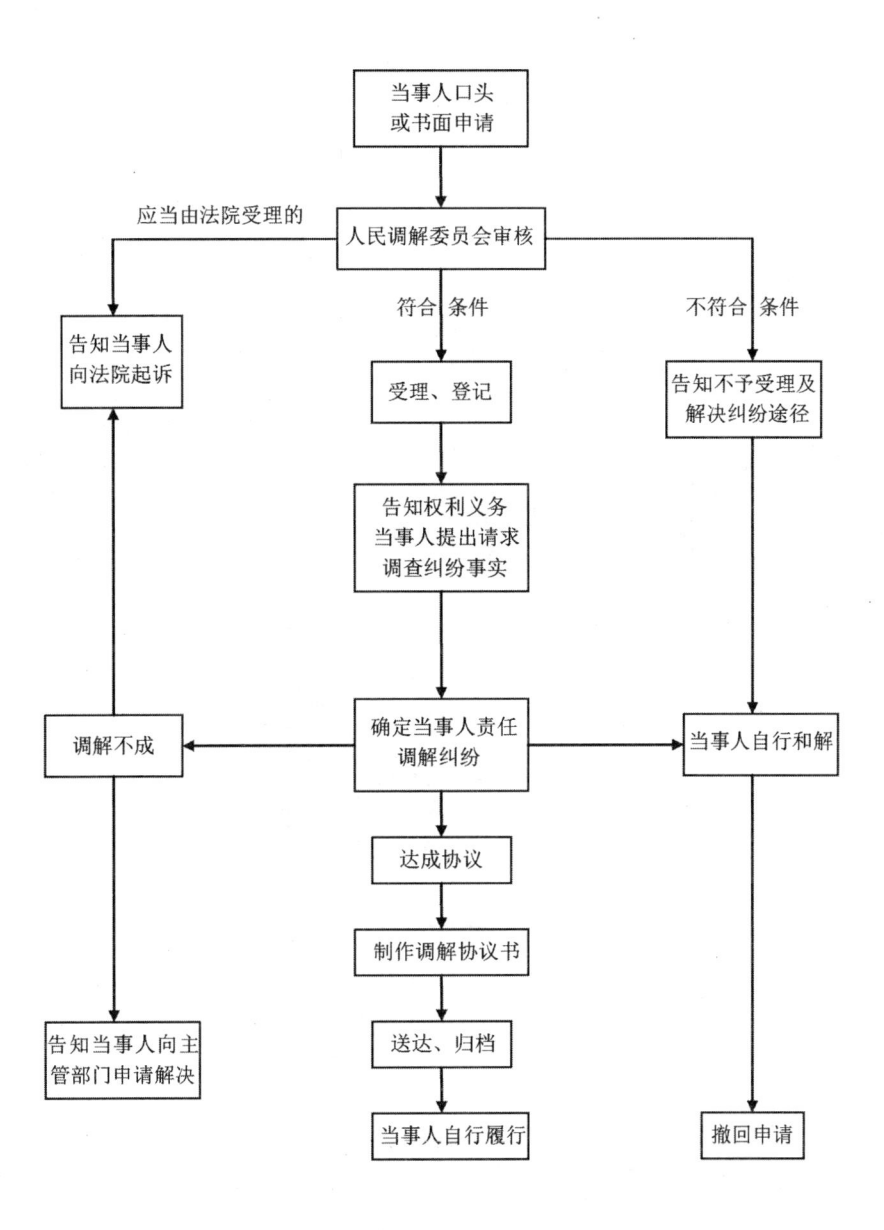

图9—21 人民调解与人民法院确认衔接流程图

176　现代社会治理体系的有效探索

（八）民间纠纷人民调解流程图（见图9—22）

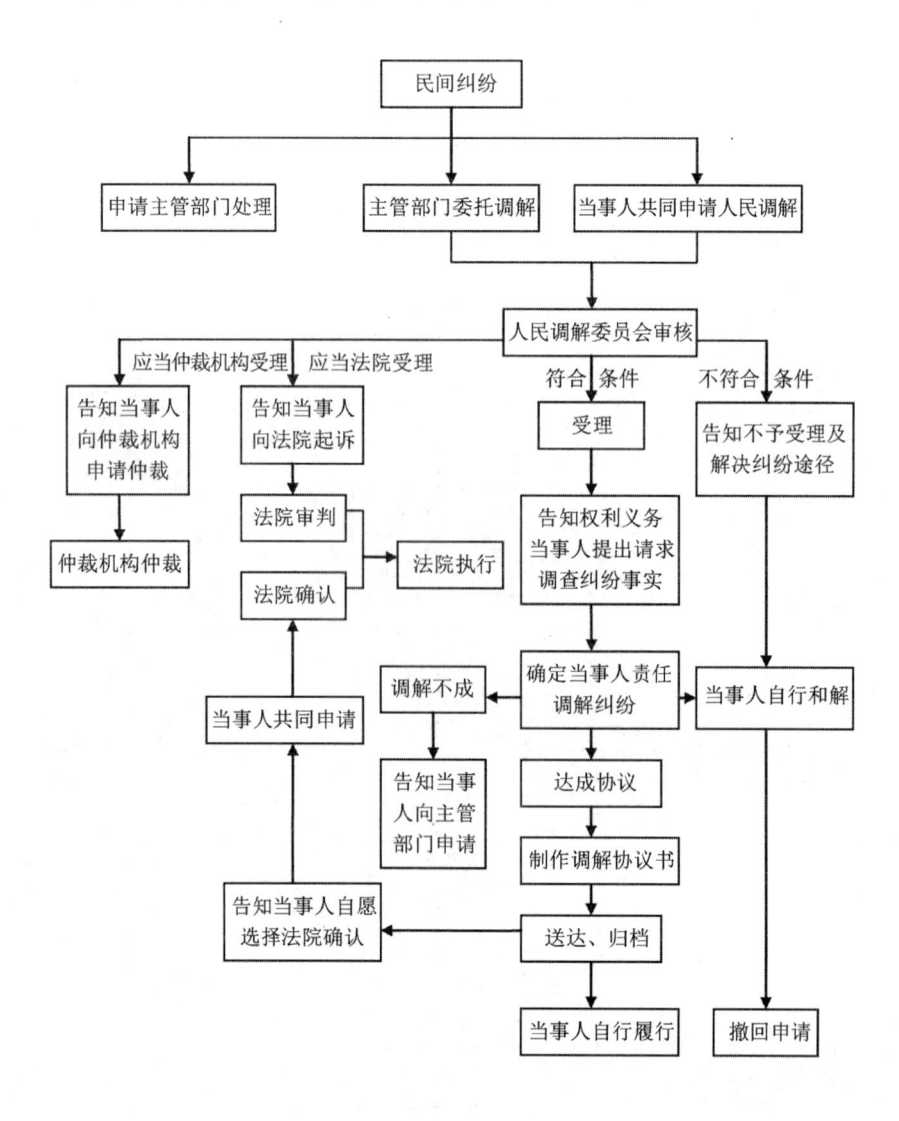

图9—22　民间纠纷人民调解流程图

（九）机动车交通事故人民调解与人民法院诉前保全衔接流程图（见图9—23）

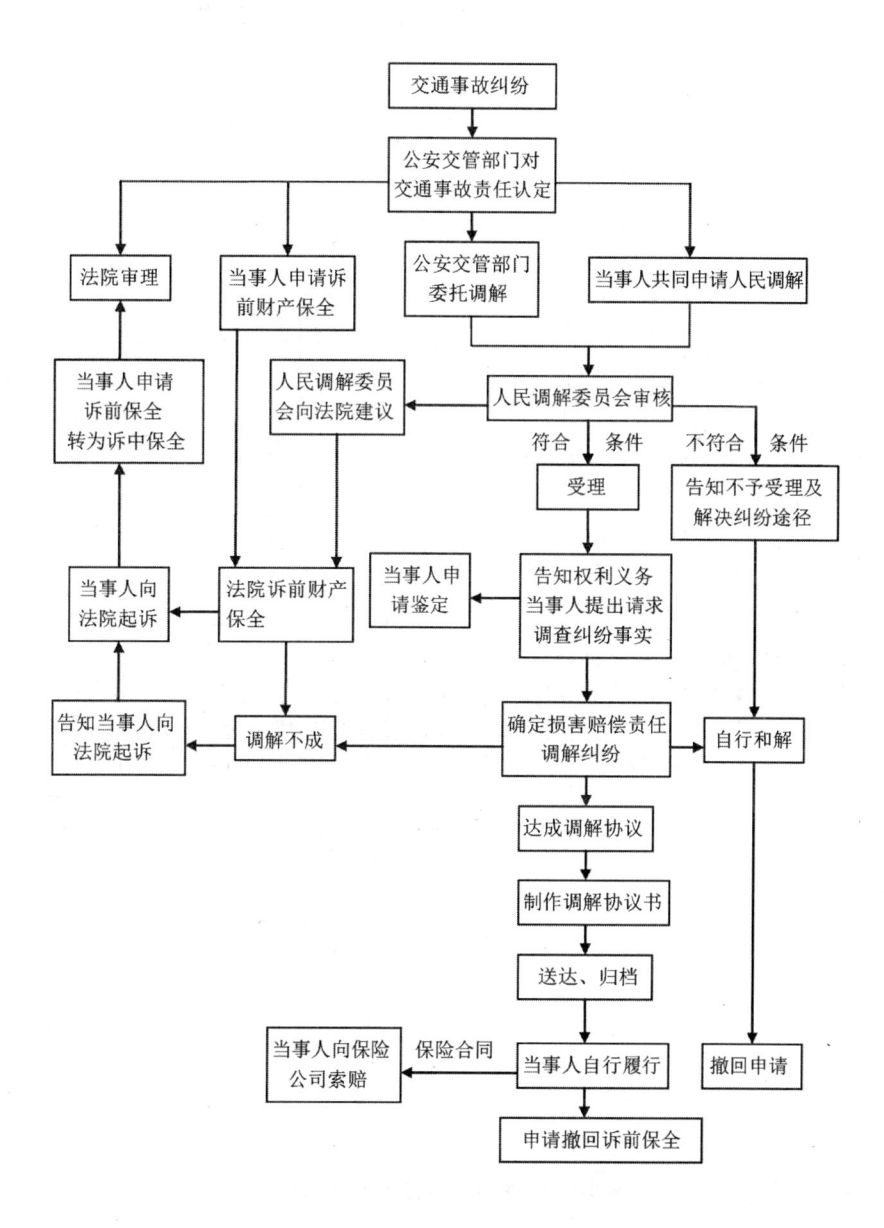

图9—23 机动车交通事故人民调解与人民法院诉前保全衔接流程图

（十）经营纠纷人民调解流程图（见图9—24）

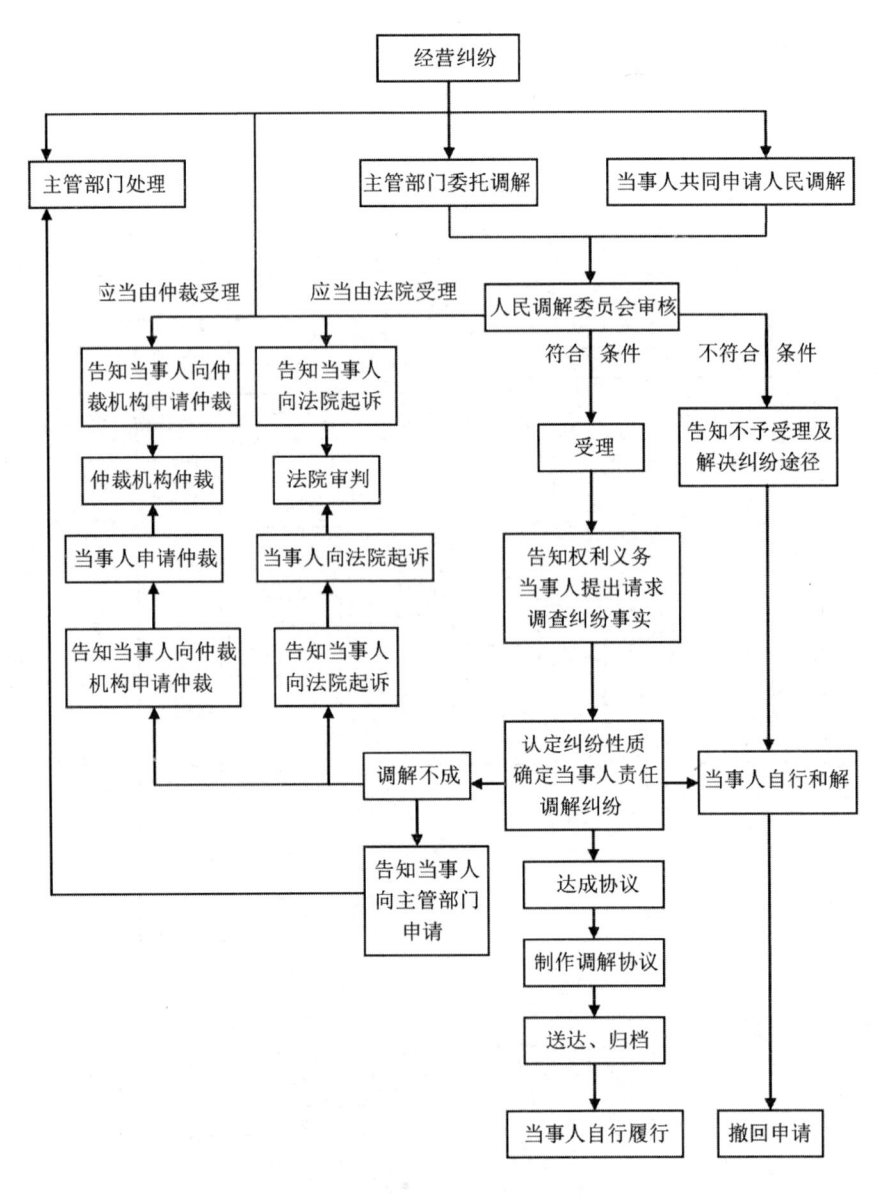

图9—24　经营纠纷人民调解流程图

（十一）公司纠纷人民调解流程图（见图 9—25）

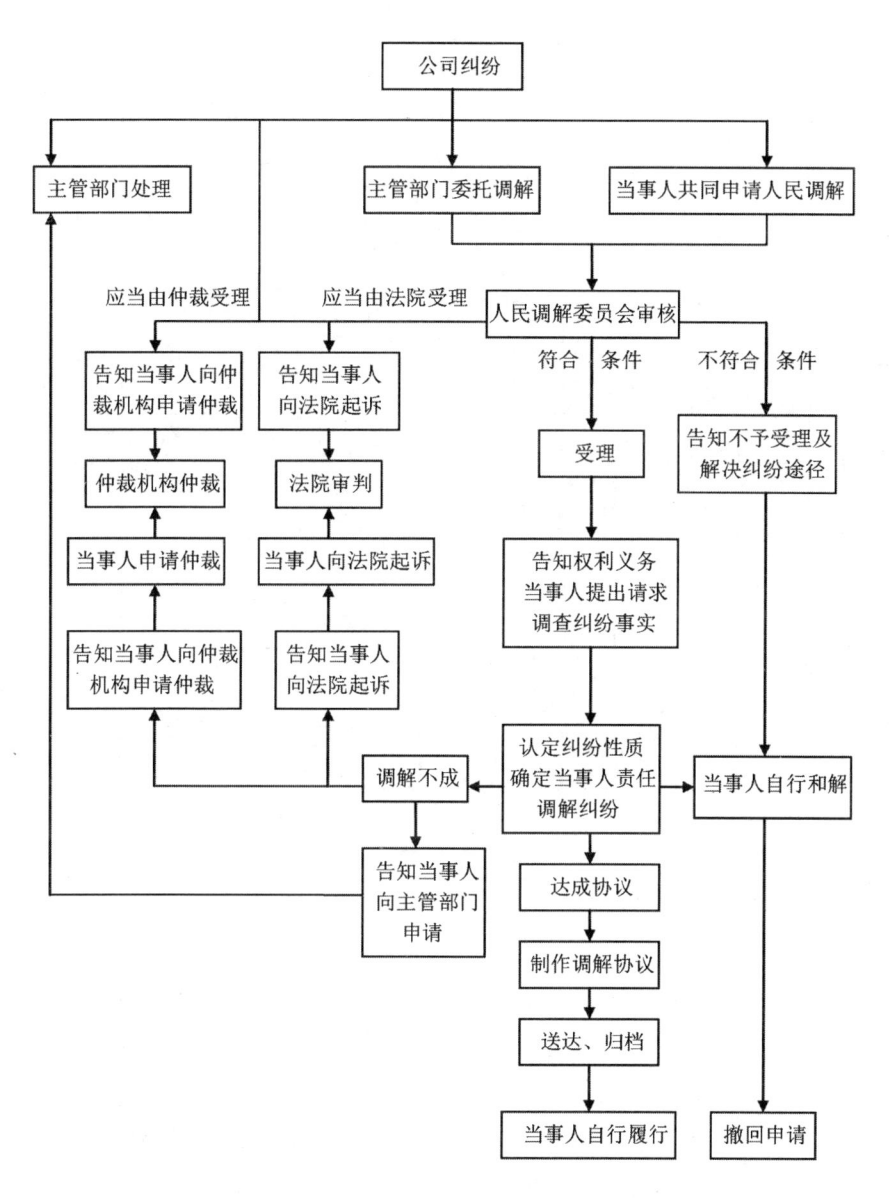

图 9—25　公司纠纷人民调解流程图

（十二）合同纠纷人民调解流程图（见图9—26）

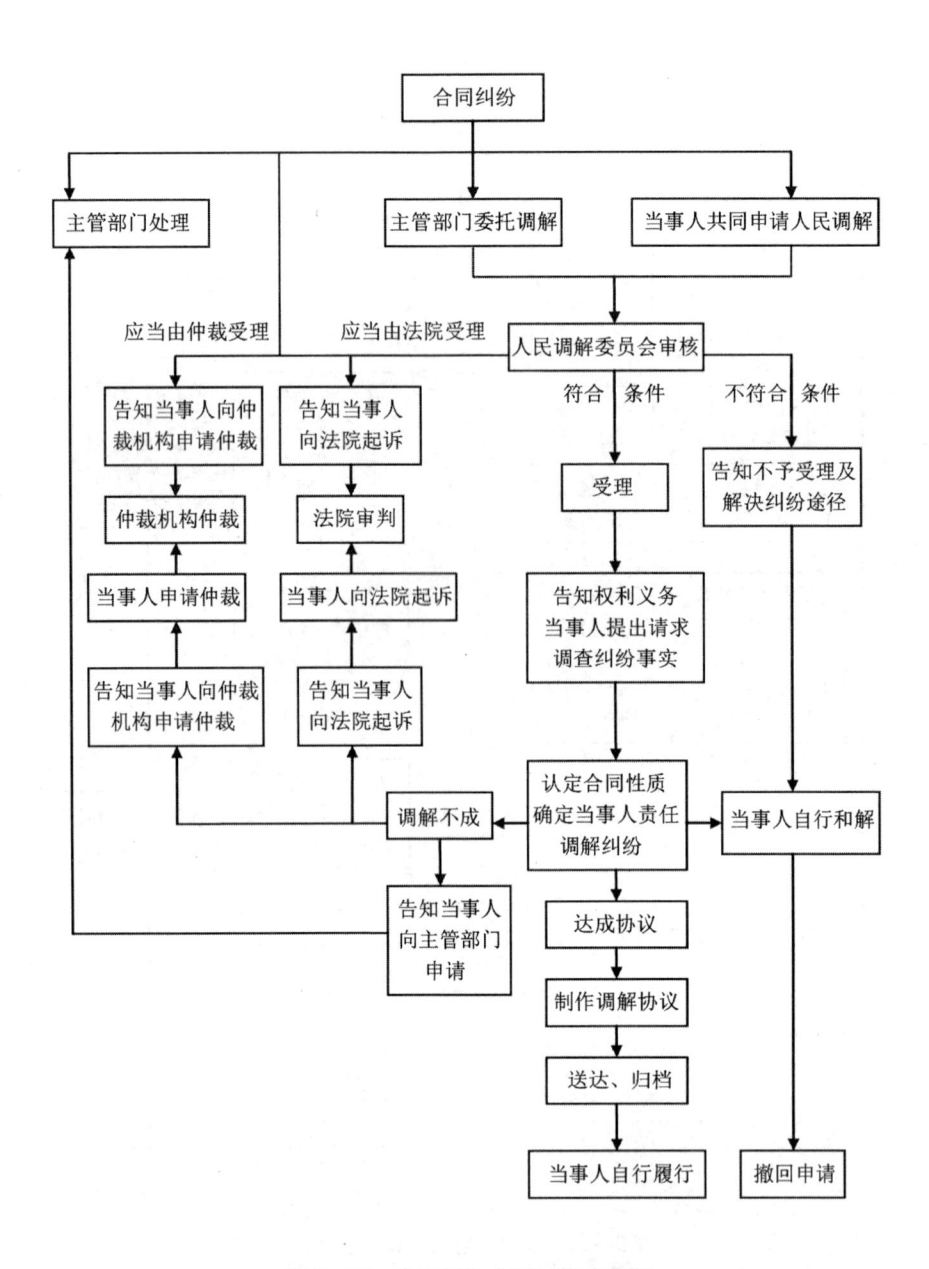

图9—26 合同纠纷人民调解流程图

(十三) 机动车交通事故责任纠纷人民调解流程图 (见图 9—27)

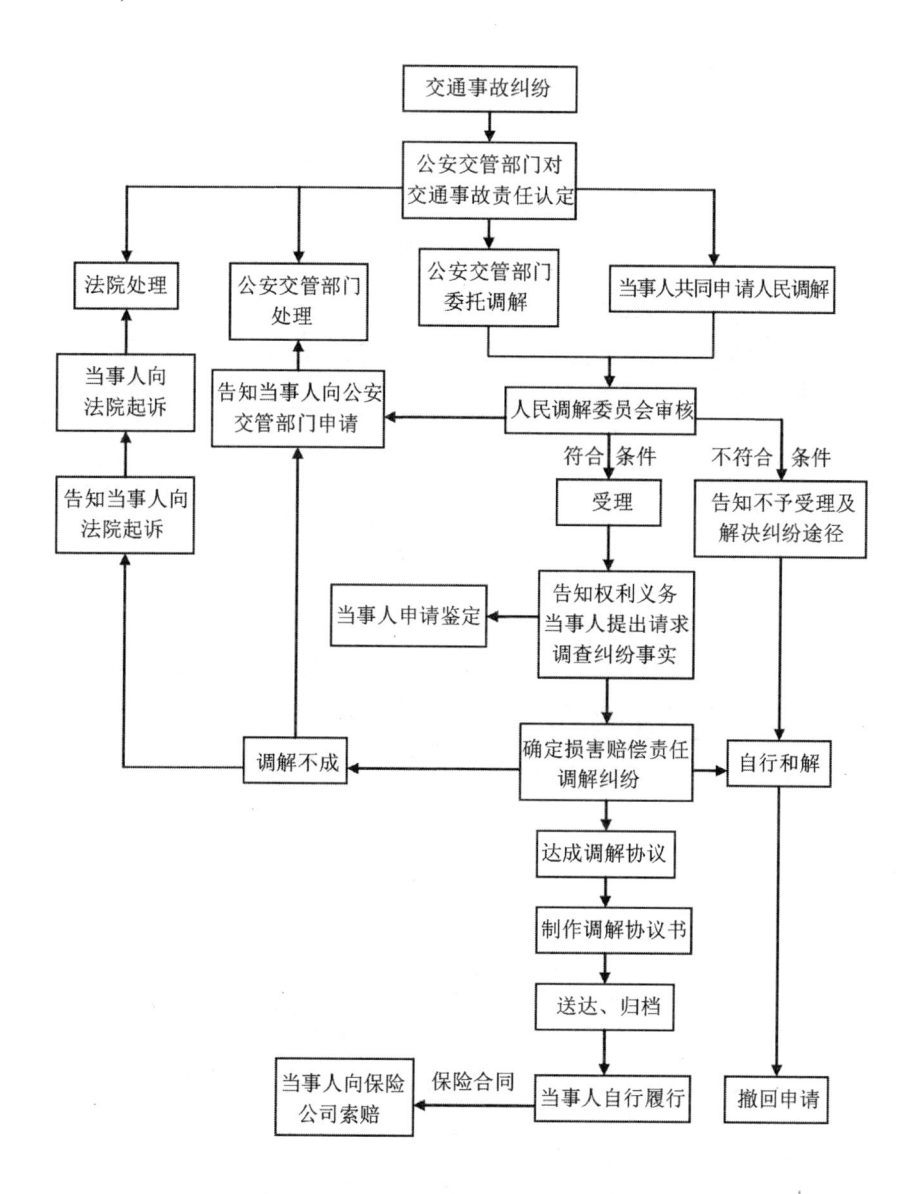

图 9—27 机动车交通事故责任纠纷人民调解流程图

（十四）医疗损害责任纠纷人民调解流程图（见图9—28）

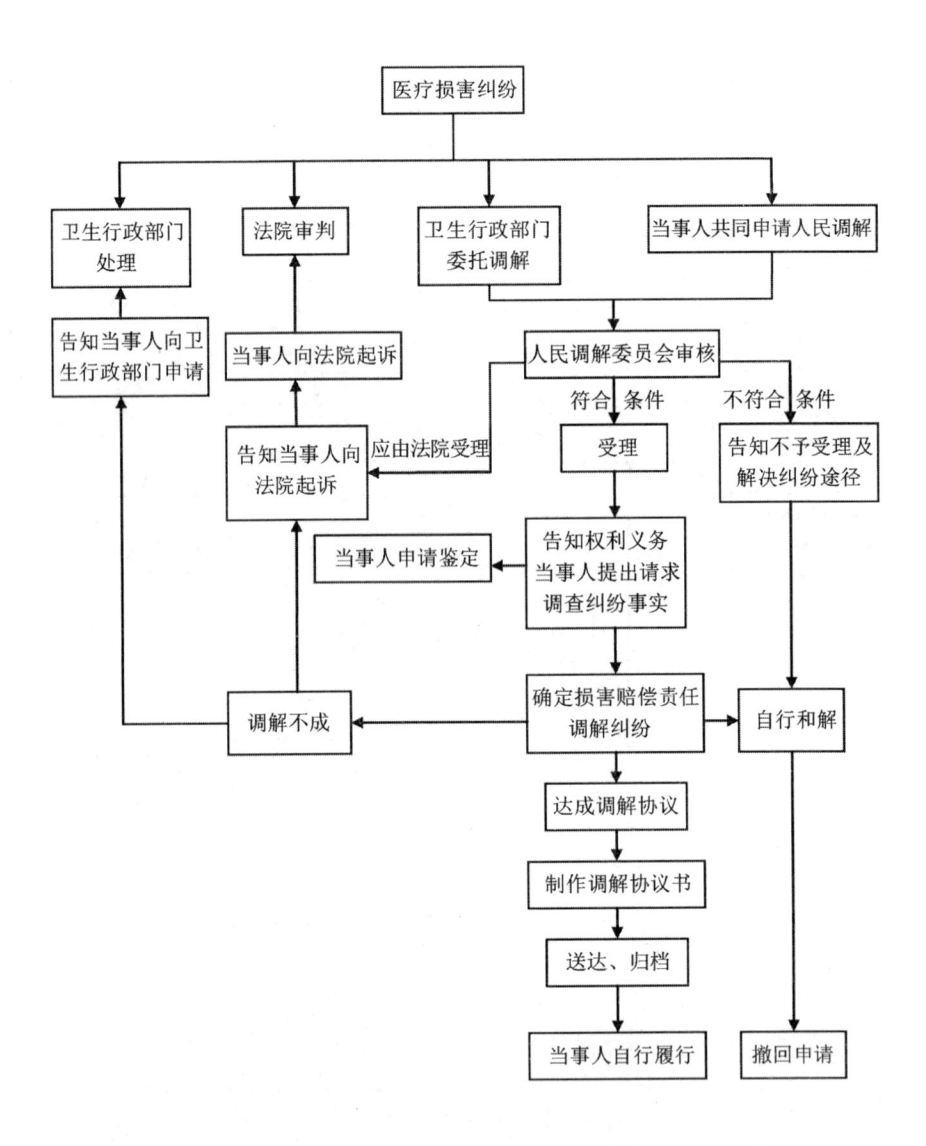

图9—28　医疗损害责任纠纷人民调解流程图

（十五）环境污染责任纠纷人民调解流程图（见图9—29）

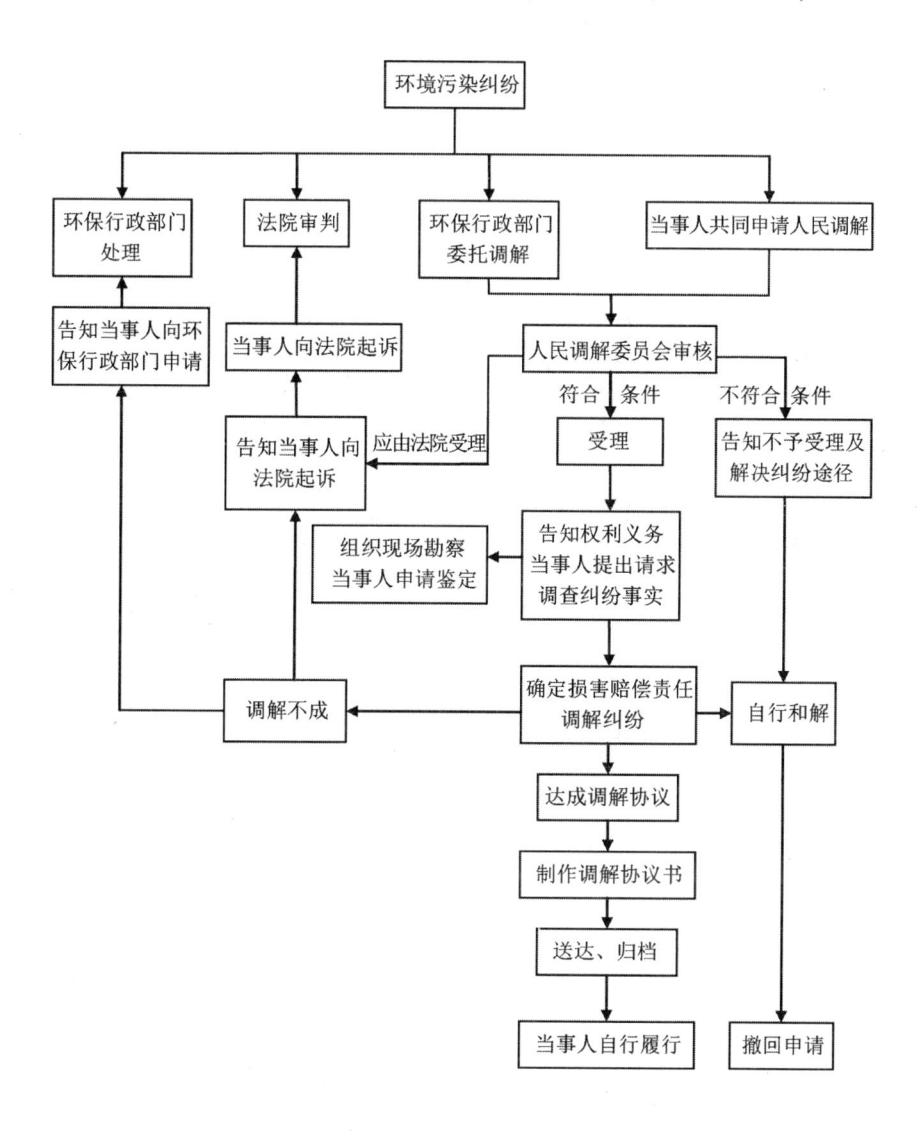

图9—29 环境污染责任纠纷人民调解流程图

（十六）离婚纠纷人民调解流程图（见图 9—30）

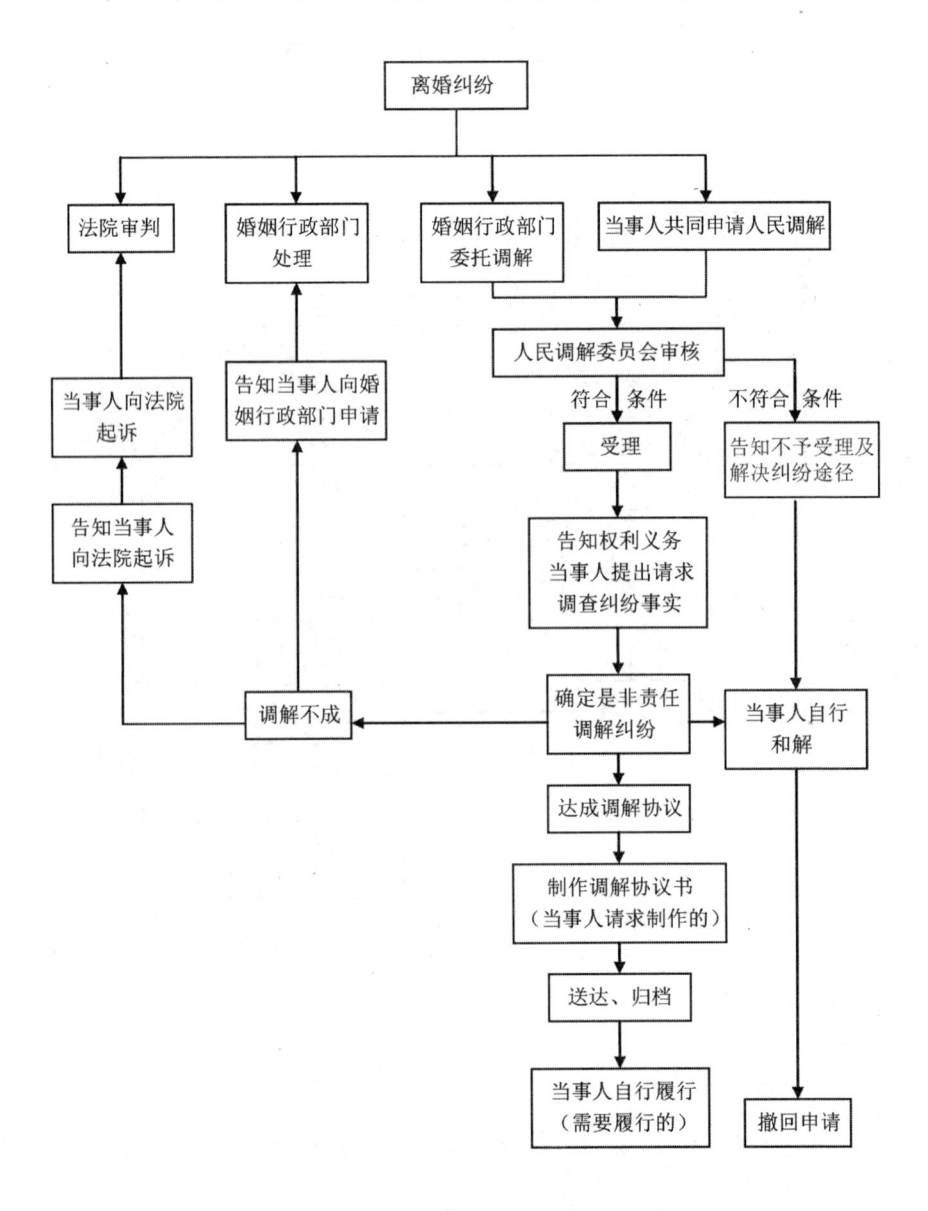

图 9—30　离婚纠纷人民调解流程图

（十七）离婚财产纠纷人民调解流程图（见图9—31）

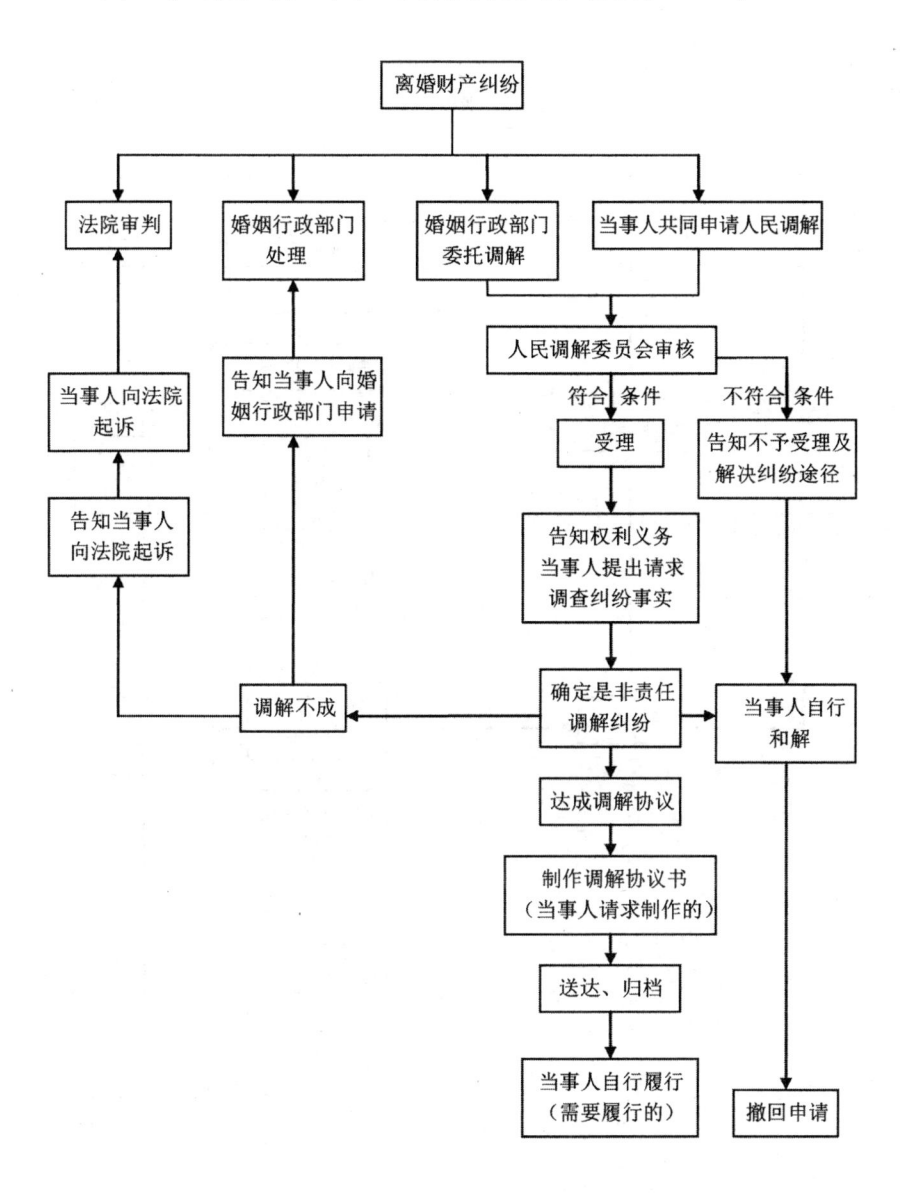

图9—31 离婚财产纠纷人民调解流程图

（十八）抚养费纠纷人民调解流程图（见图9—32）

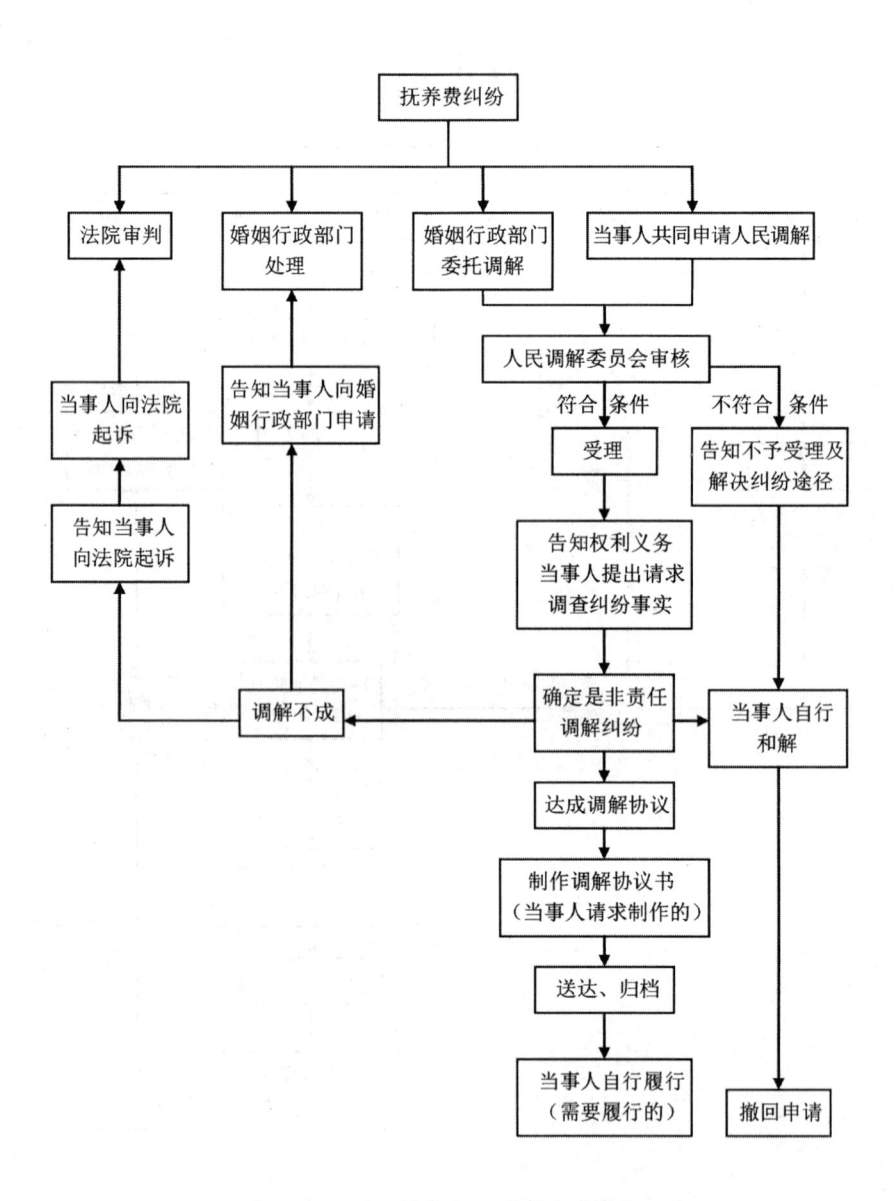

图9—32 抚养费纠纷人民调解流程图

（十九）赡养费纠纷人民调解流程图（见图9—33）

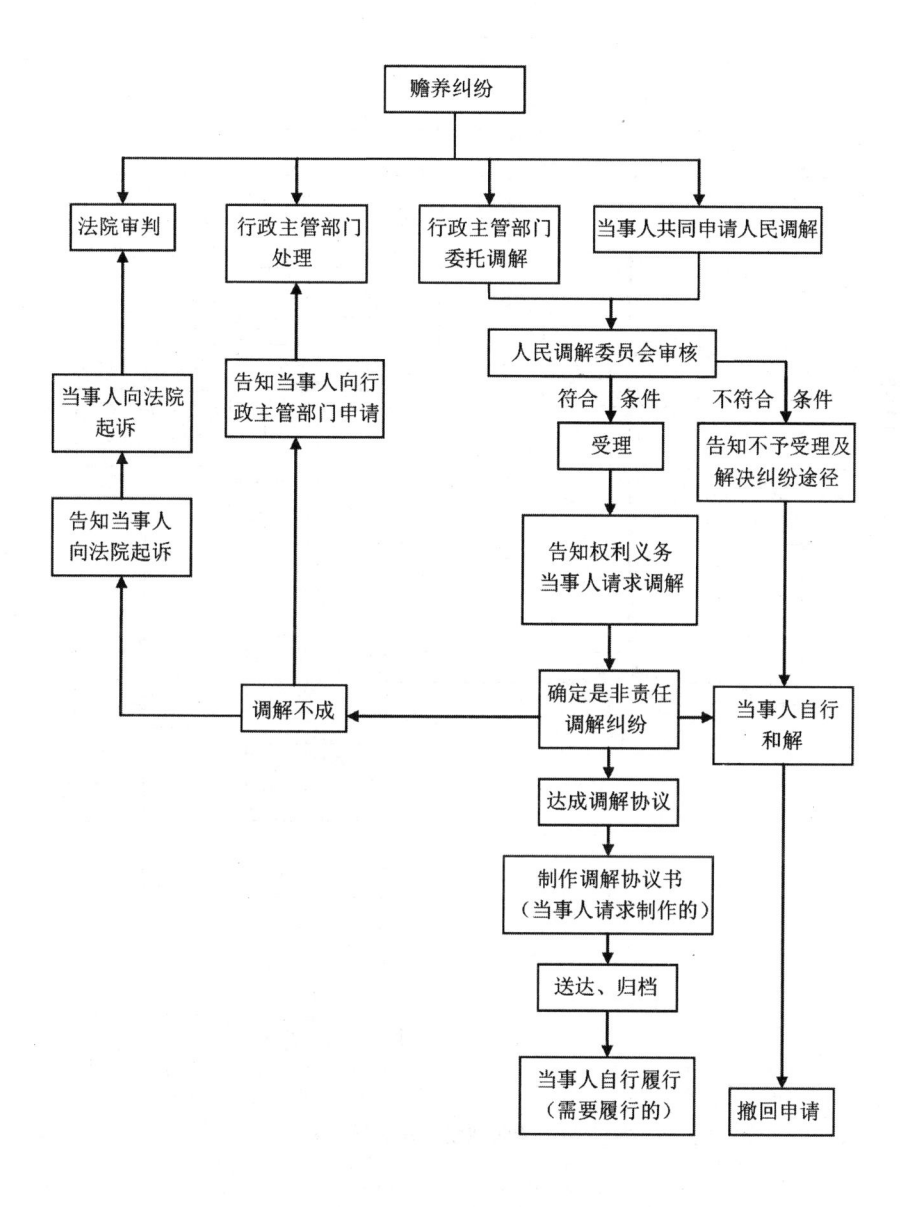

图9—33 赡养费纠纷人民调解流程图

（二十）继承纠纷人民调解流程图（见图9—34）

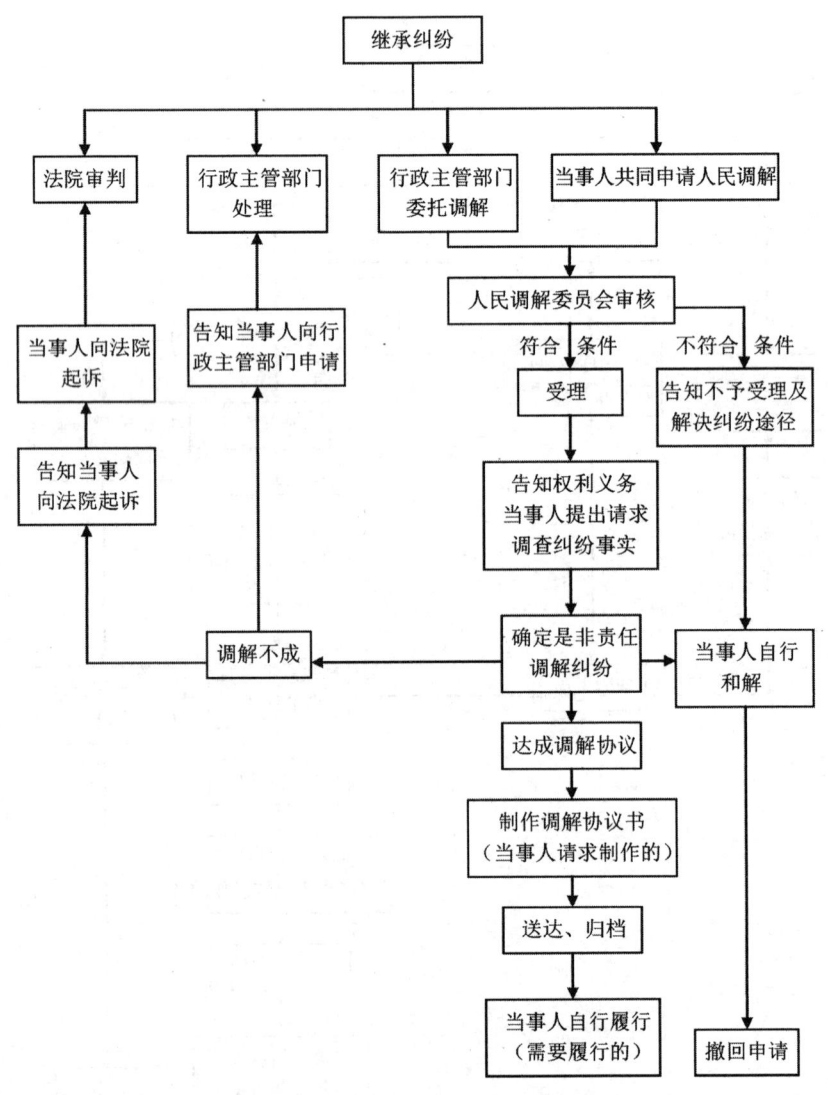

图9—34 继承纠纷人民调解流程图

（二十一）劳动合同纠纷人民调解流程图（见图9—35）

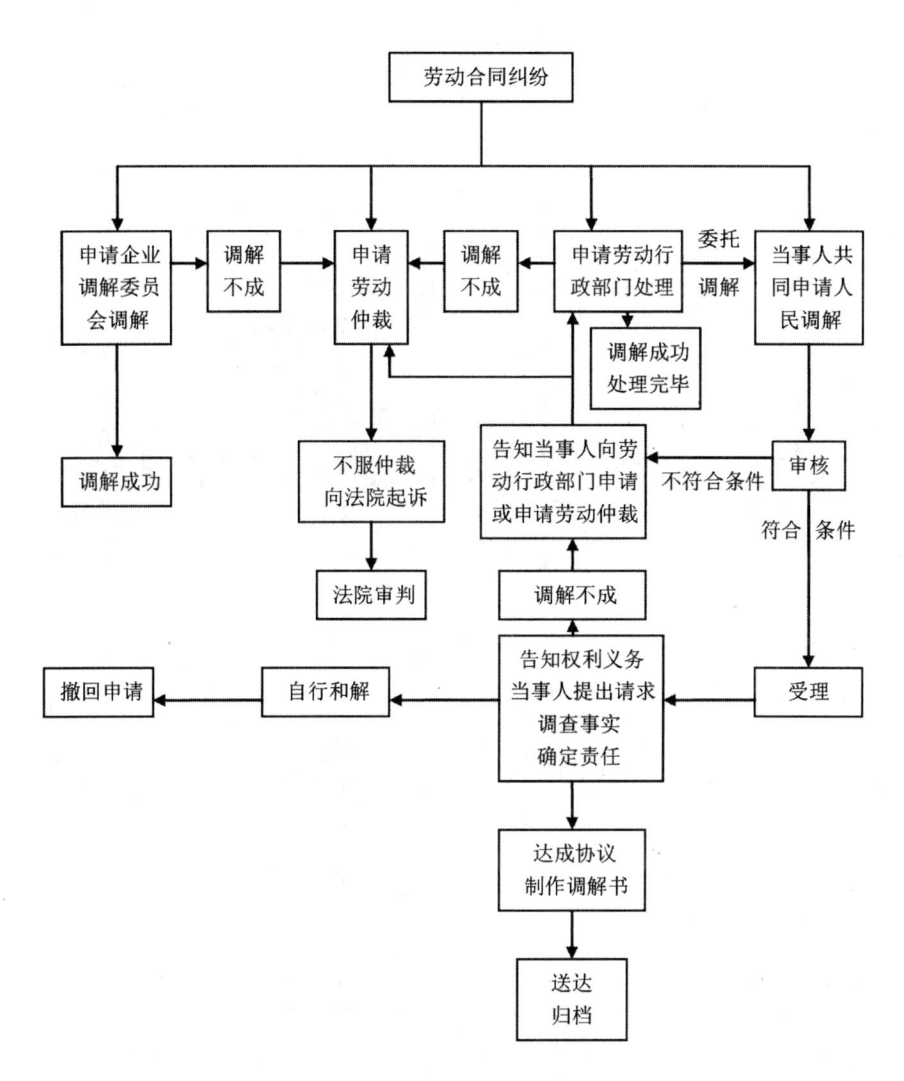

图9—35　劳动合同纠纷人民调解流程图

（二十二）工伤保险待遇纠纷人民调解流程图（见图9—36）

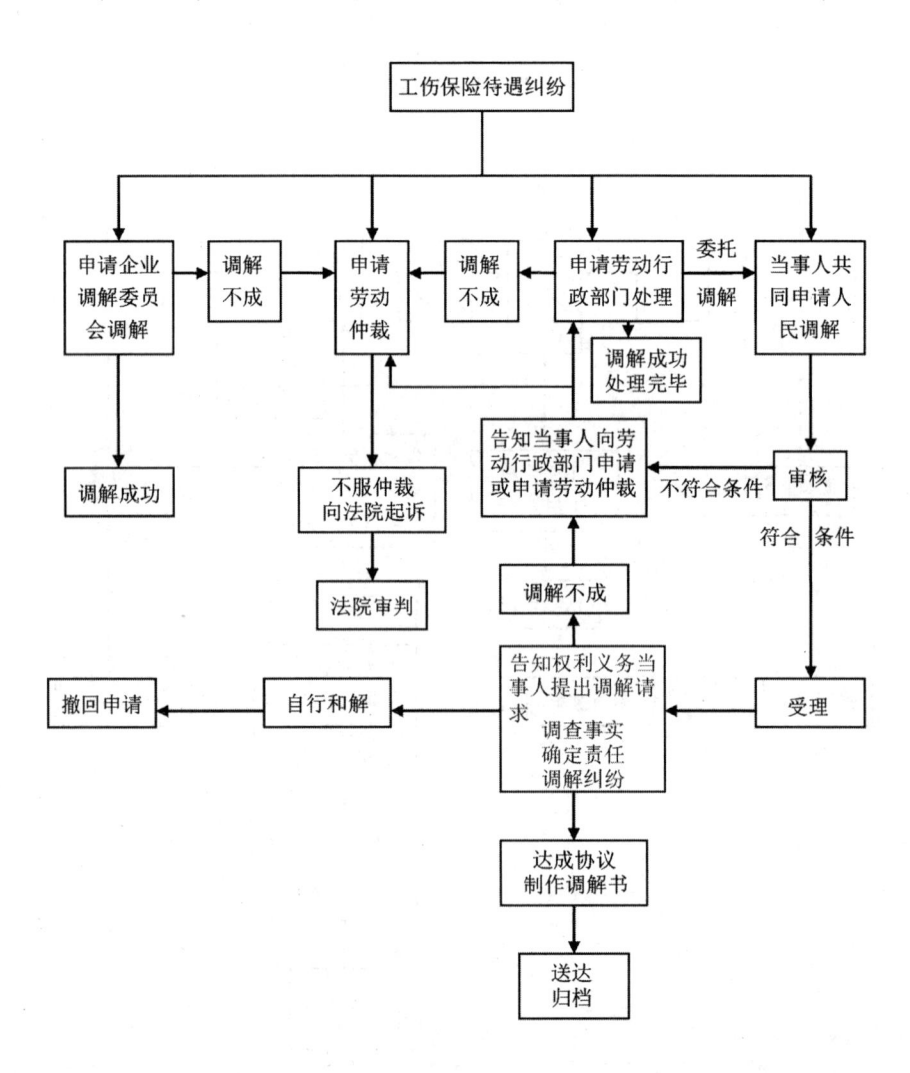

图9—36 工伤保险待遇纠纷人民调解流程图

（二十三）宅基地纠纷人民调解流程图（见图 9—37）

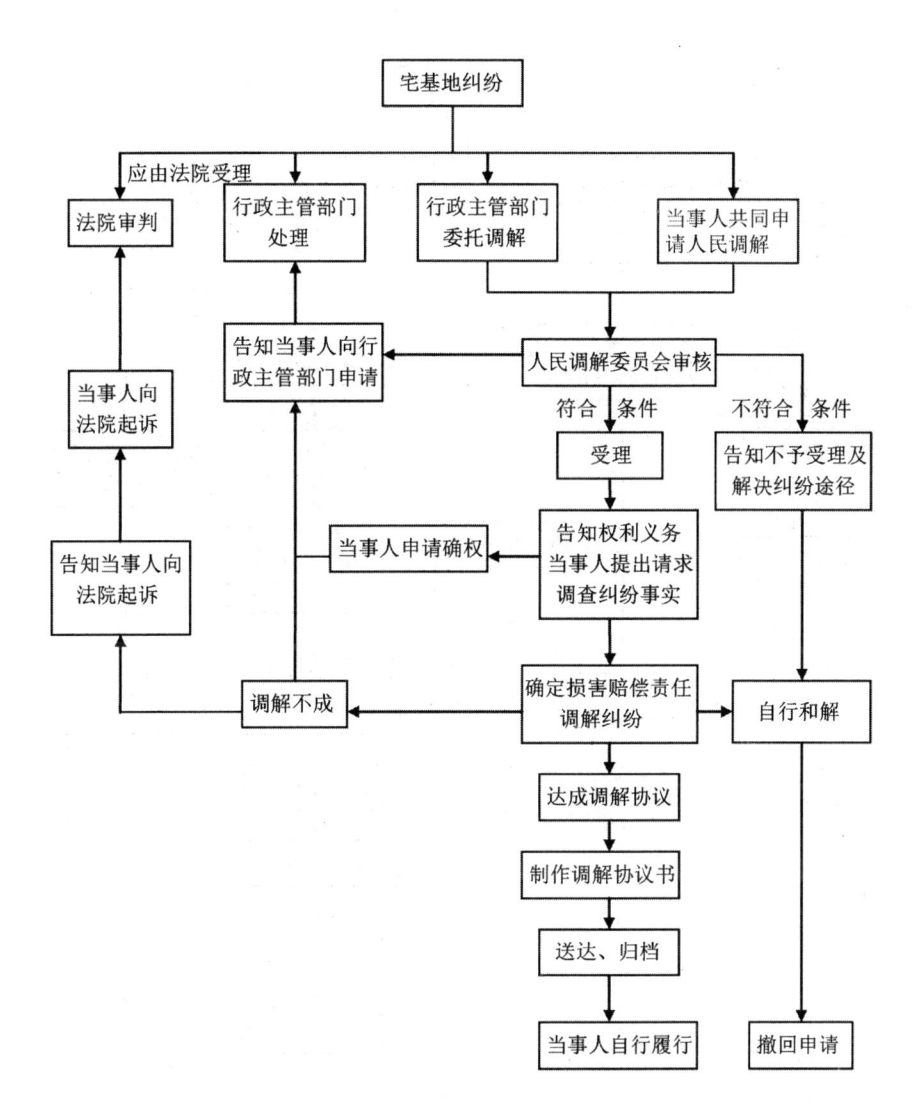

图 9—37　宅基地纠纷人民调解流程图

（二十四）宅基地纠纷人民调解流程图（见图9—38）

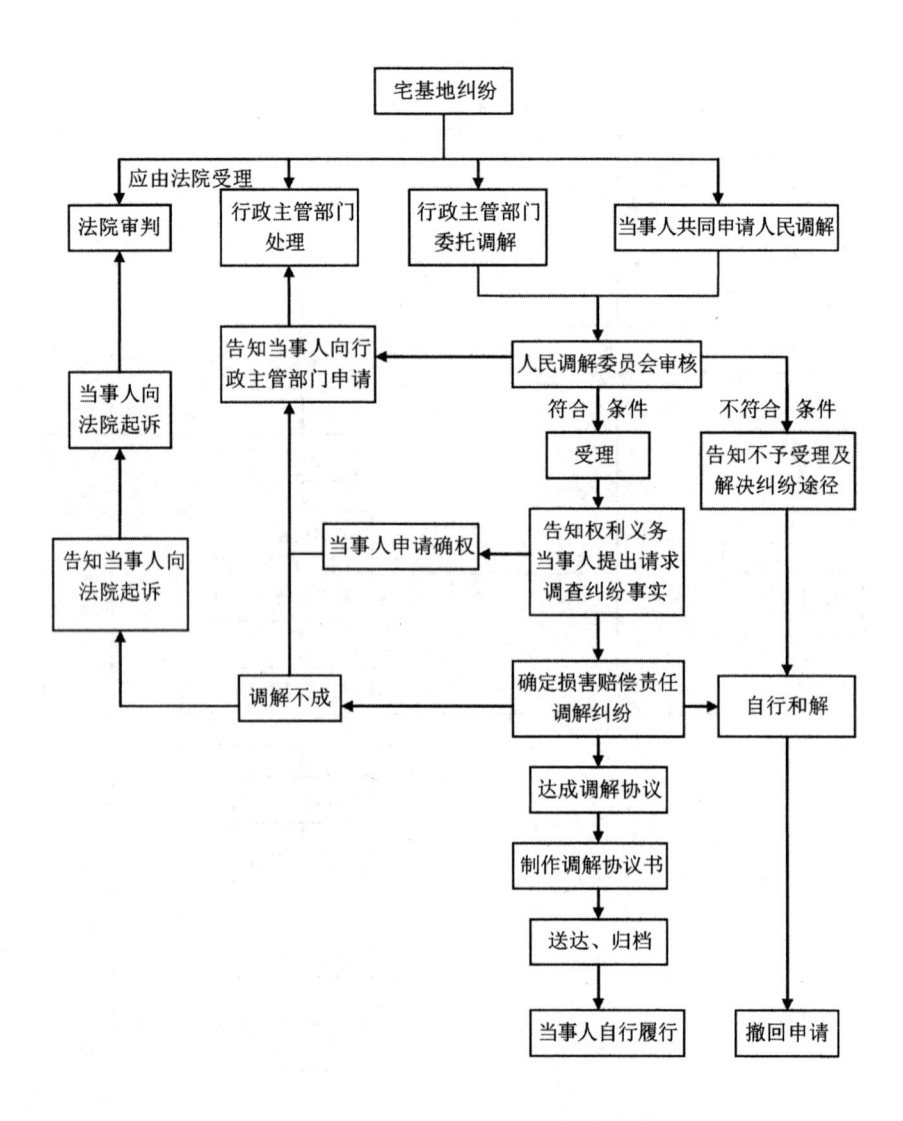

图9—38　宅基地纠纷人民调解流程图

第五节 人民调解"福田模式"典型案例评析

一 治安行政案件人民调解案例

案例 林某因盗窃被曾某打伤赔偿案

（一）当事人

申请人：林某

申请人：曾某

（二）案情简介

2008年3月的某天晚上，家住深圳市某区A街道的曾某一家人饭后都出门散步逛街了。大约半小时后，正在邻居家聊天的户主曾某透过窗户发觉自己家里客厅有一个异样的身影闪来闪去，当时家内无人，便觉得怪异。于是急忙跑回家一看，一个陌生的中年男子正在他家偷东西。曾某大喊一声"抓小偷"，邻居们闻声赶来，大家一起把小偷捉了个现行，并当场缴获作案工具，追回手表、首饰等，价值总计2000多元。昔日饱受入室盗窃滋扰的A街道群众再也按捺不住愤恨的情绪，在户主曾某带领下，无情的拳脚把小偷打得趴在地上，完全不顾小偷的抱头求饶，最后，造成小偷右腿骨折。一个居民看见了，马上报了警，还有一位大姐大声说："已经报警了，你们不能打人，要不你们也犯法。"

数月后，刚刚迈出医院的大门，小偷林某又跨进了监狱的大门，因犯盗窃罪被判处有期徒刑六个月。六个月后，林某一出监狱，立即带着老乡找到曾某，提出了八万元的赔偿要求。看到理直气壮找上门来的林某，业主曾某感到又可气又可笑，怒斥林某是罪有应得，想要赔偿纯粹是做梦。当林某表示如果曾某不肯出钱的话，他就报案，要求曾某承担刑事责任。哪知曾某冷笑一声说："你有什么证据说我打断了你的腿？那天那么多人打你，我根本就没动手。"

身体上的伤痛，加上索赔无望，使林某陷入了绝望的境地，报复曾某的念头也与日俱增,并且多次向曾某一家发出威胁信息,曾某无奈只得报了警。当地派出所和辖区街道人民调解委员会得知了这一情况后,为防止发生恶性事件,马上召集有关人员紧急商讨了解决纠纷的办法。

(三) 调解经过

调解员多次做林某的工作,建议他通过法律程序,即申请派出所立案调查。可林某却说:"我就是要马上解决问题,如果姓曾的不拿钱出来,我就拿炸药炸平他全家,我要让他家破人亡。"看到林某情绪如此激动,调解员劝导他多考虑一下亲人的感受,并承诺会做曾某的工作,争取通过协商方式解决纠纷。随后,调解员又多次与曾某联系,但曾某的态度很强硬,他觉得自己才最冤,自家被盗了还得赔钱给小偷,导致林某伤残并非自己一人所为,凭啥要他承担全部法律责任?与此同时,居民们的议论也越来越多,认为辖区派出所是嫌这件事情太麻烦了,所以,才要求曾某出钱了事。如果派出所再找曾某麻烦,他们就要组织众乡亲一起到辖区派出所讨要说法。

为了防止事态扩大,调解员与辖区派出所的警员想尽了办法,一方面,关心林某的生活,安抚他的情绪,并建议林某进行换位思考。调解员说:"你想想看,假如你是业主,你家的东西被人偷了,家里被翻得乱七八糟,还得拿出八万块笔钱来赔偿,你心里是什么滋味?你情愿吗?"林某说:"我知道我错了,法律已经惩处了我,让我蹲了六个月监狱。可曾某把我打残了,他也是有错的,他也应当承担法律责任。我也知道这件事给你们添了麻烦,如果曾某同意赔偿,我可以考虑再让一步。"看到林某的态度有所缓和后,调解员再次将曾某请了过来,做其工作。调解员将准备好的相关法律条文逐条解释给曾某听,与曾某一起计算可能出现的赔偿项目和金额。调解员说:"现在林某已经表态自愿放弃追究你的刑事责任,如果你在民事赔偿方面态度主动一些,林某还愿意降低索赔标准。如果走法律程序的话,你的刑事责任和民事赔偿责任都可能面临风险,而且,民事赔偿金额恐怕不会低于林某现在的要求,希望你能抓住这个机会,不要走到两败俱伤的地步,到时候后悔都来不及。"调解员的真诚态度,利弊分析,终于打动了曾某,曾某认识到自己确实对林某造成了人身损害,林某没有追究自己的刑事责任已是幸运了。于是,他在承认错误的同时,当即表示愿意赔偿林某。

两天后,双方当事人终于达成了调解协议,曾某一次性支付林某各项费用4.5万元,林某自愿放弃追究曾某的其他法律责任。

(四)评析

本案的焦点主要是曾某是否应该对林某的伤残负法律责任。小偷入室盗窃被捉,户主怒打小偷致其骨折,受害人变成了加害人,而小偷在索赔遭拒后,企图采取不计后果的报复行为。此案比较特殊:一是从刑事责任方面来看,双方当事人的行为在刑事责任追究范围内。一方面林某犯盗窃罪,在盗窃案件中,曾某是受害人,林某要承担刑事责任。而林某已经服刑期满,此案已终结。另一方面,在致人伤害案件中,林某又是受害者,居民可以捉住盗窃犯,却不能对其进行殴打,因为殴打行为是触犯法律的。居民只有制止犯罪分子继续犯罪或者逃跑的权利,但没有在控制犯罪分子后,侵犯犯罪分子人身权的权利。殴打林某致使其骨折,已经构成刑事犯罪。林某只要求民事方面的赔偿,因此,属于刑事附带民事赔偿性质。二是双方互负赔偿责任。在该宗盗窃案中,林某犯盗窃罪已经承担了刑事责任,而原本是受害人的曾某由于过激行为,将林某打伤致残,从而由受害人转变成了致害人。根据《中华人民共和国刑法》第二百三十四条之规定,故意伤害他人身体的,处三年以下有期徒刑、拘役或者管制。犯前款罪,致人重伤的,处三年以上十年以下有期徒刑;致人死亡或者以特别残忍手段致人重伤造成严重残疾的,处十年以上有期徒刑、无期徒刑或者死刑。本法另有规定的,依照规定。组织他人出卖人体器官的,处五年以下有期徒刑,并处罚金;情节严重的,处五年以上有期徒刑,并处罚金或者没收财产。因此,曾某在赔偿林某伤残等费用的同时,还面临着承担刑事责任的风险。

另外,《中华人民共和国刑事诉讼法》第二百零四条之规定对自诉案件的种类做出了明确规定,自诉案件包括下列案件:(一)告诉才处理的案件;(二)被害人有证据证明的轻微刑事案件;(三)被害人有证据证明对被告人侵犯自己人身、财产权利的行为应当依法追究刑事责任。因此，只有在与林某就民事赔偿部分达成一致意见后，林某放弃追究曾某的刑事责任时，曾某才有机会免予刑事处罚。

本案调解成功的关键，是调解人员抓住了关键环节，指出双方的过错所在。在调解员的解释说明下，林某明白自己是由于盗窃才被殴打致残，知道自己是过错在先。曾某也明白自己的行为已经触犯了刑法，是要负刑事责任的，由于不知林某所受的伤是轻伤还是轻微伤，没有经过伤残鉴定，难以确定曾某的责任大小，只能由双方协商确定民事赔偿额。曾某如果不想被追究刑事责任的话，应该积极赔偿林某的民事损失，争取林某谅解。通过调解员积极劝解，一起伤害纠纷最终圆满解决。

（五）人民调解员温馨提示

在现实生活中，我们可能也会有抓小偷的经历，小偷固然是过街老鼠，人人喊打，尤其对被偷者来说，但不能因此把小偷抓起来暴打一顿，甚至动用其他暴力手段来解恨。小偷虽可憎，但其人身权利同样受到法律保护，打伤、打死小偷照样要负刑事责任。小偷偷窃行为虽然违法，但是，群众毕竟不是执法人员，即使是执法人员也无权对其进行伤害，只能限制其人身自由，制止其行为，扭送派出所。古人云：法举则德昌，法恶则德亡。我们都要吸取"以暴制暴"造成后果的经验教训。

（六）相关链接

《中华人民共和国刑法》

第二百三十四条　故意伤害他人身体的，处三年以下有期徒刑、拘役或者管制。犯前款罪，致人重伤的，处三年以上十年以下有期徒刑；致人死亡或者以特别残忍手段致人重伤造成严重残疾的，处十年以上有期徒刑、无期徒刑或者死刑。本法另有规定的，依照规定。组织他人出卖人体器官的，处五年以下有期徒刑，并处罚金；情节严重的，处五年以上有期徒刑，并处罚金或者没收财产。

《中华人民共和国刑事诉讼法》

第二百零四条　自诉案件包括下列案件：（一）告诉才处理的案件；（二）被害人有证据证明的轻微刑事案件；（三）被害人有证据证明对被告人侵犯自己人身、财产权利的行为应当依法追究刑事责任,而公安机关或者人民检察院不予追究被告人刑事责任的案件。

二 治安刑事案件人民调解案例

案例 郑某故意伤害刑事附带民事赔偿案

(一)当事人

申请人:郑某

申请人:韩某

第三人:杨某

第三人:深圳 A 电子公司

(二)案情简介

2010 年 6 月 21 日,郑某、杨某夫妻与韩某同为深圳 A 电子公司的员工,女员工杨某在工作过程中,因吊坠在后背衣服内凸出,被主管韩某看到,韩某出于好奇就伸手摸了一下,杨某对该亲密动作无法接受,认为受到骚扰,工作也不在状态。第二天下午,杨某老公郑某与同事聊天时,同事将这件事情告诉了郑某,郑某感觉自己的老婆给侮辱了,觉得很没有脸面,于是,就找到韩某理论。但是,韩某对此却不以为然,毫无认错的态度,郑某怒从心生,上去就对韩某一顿拳脚。在同事将两人分开之后,韩某被送进医院,经检查,韩某鼻骨粉碎性骨折,构成轻伤,进行了手术,半年后可能会进行第二次手术。同日,郑某到公安派出所投案自首,因涉嫌构成故意伤害罪被立案调查,后被取保候审。在公安机关侦查阶段和检察院审查起诉阶段,韩某是否需要第二次手术尚不明确。2010 年 12 月 3 日,该案经检察院提起公诉后,医院明确告知韩某需要进行第二次手术,预计手术费用 1 万元。韩某向人民法院递交了刑事附带民事起诉状,请求附带民事赔偿 1.5 万元。郑某、杨某夫妻希望公司帮忙先行支付韩某手术住院押金,并且出面召集三方协商解决纠纷。公司考虑到三人均为同事,愿意先借 1 万元给郑某,用于支付韩某的第二次手术费用,但是,公司提出须通过人民法院签一个借款协议,约定由郑某的妻子杨某承担连带偿还借款义务。2010 年 12 月 12 日,韩某与郑某杨某夫妻来到人民法院协调此案,人民法院考虑到刚刚受理此案，开庭审理尚需要时间。但韩某亟须手术治疗，支付手术治疗费借款需要增加案外第三人深圳A电子公司，当事人系同事关系，均愿意调解等情况，人民法院同意将该案民事部分移交给人民调解委员会驻法院调解室先行调解。

（三）调解经过

郑某与韩某来到人民调解委员会驻法院调解室，调解员通知郑某的妻子杨某和深圳A电子公司负责人作为第三人参加调解。首先，调解员表明身份，告知各方当事人享有的权利和承担的义务，然后，调解员让各方各自陈述事实和理由。

深圳A电子公司负责人表示，为了营造和谐的劳动关系，愿意先借1万元给郑某，但必须签订借款协议，由郑某和杨某承担连带还款义务。韩某在收到该笔款项之后应及时入院手术，并希望韩某向法院递交该案民事部分的撤诉申请，同时就该案刑事部分出具谅解书。

韩某对于公司愿意先借1万元用于缴纳手术押金表示感谢，同意公司出面协调处理，但是，对于住院伙食补助费、营养费、护理费等，还是要求郑某一次性赔偿。

而郑某表示，韩某骚扰其老婆的行为，作为男人，他不可能忍受这件事情。打伤韩某犯法，愿意赔偿，但韩某要求的赔偿费用偏高。入院手术押金借了公司的钱，他会还给公司，希望公司不要为难杨某，让其正常上班。

杨某表示，因为主管领导韩某骚扰，对她的生活、工作和家庭关系造成很大的影响，同事经常谈论此事，家庭关系也非常紧张，老公郑某也不知会受到什么惩罚，真正的无辜者只有她一个人。

各方争议的焦点是具体的赔偿费用问题，经过询问，调解员了解到各方当事人均有息事宁人的心态，考虑到当事人都是同事，互相认识，且已经多次协商，调解员决定采取"面对面"的方式进行调解。

调解员向韩某详细地讲解本案的利害关系，起因是他的好奇乱摸，对下属女员工做出如此举动确实不对。作为杨某的老公郑某做出激烈反应也应理解。如果这件事情解决不好，杨某作为无辜者将受到更大的打击，作为其部门领导，应该拿出正确的态度解决此纠纷。

同时，调解员也耐心地劝说深圳 A 公司负责人，公司主管韩某对女员工做的动作有不妥之处，公司负有教育韩某的责任。公司处理问题的态度很好，为营造和谐的劳动关系做出了努力。希望理解杨某的遭遇，保留杨某和郑某的工作岗位，这样也有利于偿还公司借款。

对杨某和郑某做如下工作：郑某故意伤害他人身体，致人轻伤，其行为已涉嫌构成故意伤害罪。但鉴于郑某系初犯，犯罪情节较轻，被害人本身有一定的过错，案发后郑某主动投案自首。这些都可以作为减轻刑罚的依据。如果其能够积极赔偿韩某的经济损失，取得了韩某的谅解，会增加酌情从轻或减轻刑事处罚的可能性。

经调解，各方达成如下调解意见：（1）韩某向杨某当面道歉；（2）郑某赔偿韩某医疗费等各项损失 1.2 万元；由深圳 A 电子公司代郑某垫付 1 万元，由郑某及杨某对深圳 A 电子公司承担连带偿还责任，另 2000 元已由杨某实际支付给韩某；（3）韩某不再追究郑某的民事赔偿责任。韩某向法院递交本案民事赔偿部分的撤诉申请，同时就本案刑事部分出具刑事谅解书；（4）本案就此了结，各方再无任何争议。

深圳 A 电子公司负责人最后表示，考虑到各方行为可以原谅，公司可保留三人的工作岗位，借款从工资中偿还。如果条件允许，将调整三人的工作岗位。

人民调解委员会驻法院调解室向法院办案人员书面反馈了调解结果，法院准许韩某撤回本案民事部分的起诉，对韩某出具的谅解书，法院表示，在对郑某量刑时，作为受害人谅解因素，结合本案案情予以综合考虑。

（四）评析

第一，刑事附带民事诉讼案的民事部分可以采用调解结案的方式。根据《最高人民法院关于执行〈中华人民共和国刑事诉讼法〉若干问题的解释》第九十六条第一款的有关规定，审理附带民事诉讼案件，除人民检察院提起的以外，可以调解。调解应当在自愿合法的基础上进行。经调解达成协议的，审判人员应当及时制作调解书。调解书经双方当事人签收后即发生法律效力。并且，《关于深入推进矛盾纠纷大调解工作的指导意见》第一条也规定，坚持调解优先，依法调解，充分发挥人民调解、行政调解、司法调解的作用。把人民调解工作做在行政调解、司法调解、仲裁、诉讼等方法前，立足预警、疏导，对矛盾纠纷做到早发现、早调解。另外，该指导意见的第六条规定："人民法院重点推动一般民事案件、轻微刑事案件通过调解等方式实现案结事了。"

本案中，郑某、杨某、韩某、深圳某电子公司都同意调解的条件下，本案刑事附带民事诉讼部分可以先行调解，既可以由法院主持调解，也可以由法院委托人民调解委员会调解，调解达成协议后，附带民事诉讼部分得以结案，调解的结果也被人民法院确认，这种做法值得进一步研究。

第二，关于调解技巧的运用。本案中，由于各方当事人均系同事关系，调解员采用了邀请第三人权威人士协助调解的方法，即邀请深圳 A 电子公司领导协助，公司领导在下属员工心目中有权威性，对下属员工具有影响力，易为当事人所信赖。由公司领导出面，既解决了公司提供借款支付第二次手术费问题，又有利于促使各方当事人和解。古人说："人微言轻，人贵言重。"由公司领导对下属员工进行疏导，往往能收到事半功倍的调解效果。

（五）人民调解员温馨提示

刑事附带民事诉讼调解中，调解员可以先了解各方当事人对案件的态度，找出双方的共同点；然后听取双方的意愿，明确双方的分歧点，引导双方撮合协商。并且针对不同对象制定不同的调解方案，促使刑事附带民事部分能够先行调解结案，这对被害人能够得到及时治疗和被告人能够争取从轻或减轻量刑的机会，都是有意义的。

（六）相关链接

《最高人民法院关于执行〈中华人民共和国刑事诉讼法〉若干问题的解释》

第九十六条 审理附带民事诉讼案件，除人民检察院提起的以外，可以调解。调解应当在自愿合法的基础上进行。经调解达成协议的，审判人员应当及时制作调解书。调解书经双方当事人签收后即发生法律效力。

调解达成协议并当庭执行完毕的，可以不制作调解书，但应当记入笔录，经双方当事人、审判人员、书记员签名或者盖章即发生法律效力。

《关于深入推进矛盾纠纷大调解工作的指导意见》

1. 坚持调解优先，依法调解，充分发挥人民调解、行政调解、司法调解的作用。把人民调解工作做在行政调解、司法调解、仲裁、诉讼等方法前，立足预警、疏导，对矛盾纠纷做到早发现、早调解。

三 机动车交通事故损害赔偿纠纷人民调解案例

案例 涉港机动车特大交通事故责任纠纷

（一）当事人

申请人：赵某、常某、蒋某、钱某、赖某

申请人：深圳市某汽车客运有限公司

（二）案情简介

2011年12月27日，深圳市某汽车客运有限公司驾驶员驾驶大客车，在深圳市区某汽车站下客后，再次启动时，错把油门当刹车，致使车辆失控，突然冲向人行道的人群之中，碰撞并辗轧行人，造成内地居民赵某、常某、蒋某（香港居民）、钱某（香港居民）、赖某（香港居民）五人当场死亡，另有五人不同程度受伤。

这是一起发生在深圳市某区的特大交通事故，涉及死伤人数多，其中两名死者是内地人，三名死者是香港人，受到香港方面的持续关注，香港G会直接介入，香港媒体全程跟踪报道，成为社会热点。深圳市政府、公安局、交警支队、事故科、安监局等都十分关注。事故发生后，政府各部门积极行动，积极抢救伤员，妥善安顿死者亲属。及时成立了事故善后工作小组，负责家属接待安置、精神安抚、事故理赔等工作。F街道人民调解委员会驻该K交警大队人民调解室调解员应K交警大队要求，及时加入了事故善后工作小组的队列，在善后工作小组领导和相关媒体监督下，接受当事人的申请，介入损害赔偿调解工作。

（三）调解经过

2011年12月29日早上，K交警大队事故中队队长邀请调解员一起参加该区安监局主持的由交警大队、香港G会、肇事方（某汽车客运有限公司）组成的四方会谈，应各方要求，调解员在会上为各方介绍了F街道人民调解委员会驻K交警大队人民调解室的职责，人民调解调处交通事故的优势，详细讲解了机动车交通事故损害赔偿项目和标准问题，调解员重点发言后，双方当事人申请人民调解室主持调解。但是，按照调解程序，在事故认定书还没有出具之前，不能受理调解。经询问办案人员，K交警大队事故中队队长和办案警官都承诺此事故的责任明晰，只是暂时还没有做出书面文件，事故认定书一旦签发即补上，可以先按照目前事故责任的口头意见进行调解，如有变动会及时通知，另外，各方也需要对此事故损害赔偿问题进行商议。调解员马上向上级领导电话汇报本案情况，请示如何开展下一步的工作。各方协调的结果是：人民调解室调解员可以主持调解，由于是特大交通事故，当事人要求出具书面调解书。但是，如果调解达成口头协议，需要在法定程序手续完备之后，人民调解室才能正式出具调解书。

一个焦点是，三名香港死者的家属认为，死者是香港人，应当适用属人法，根据香港法的赔偿标准，提出异常高额200万—300万元不等的赔偿要求，而内地家属则认为，由于香港人提出的赔偿标准很高，因而，内地死者亲属也提出超标准赔偿的要求。

另一个焦点是，五个死者中，三人是香港人，即涉港案件。按照我国相关法律法规规定，受理涉港案件需要提供具有资格的香港律师公证的亲属关系证明书、授权委托书等证明文件，如果不能出具法定证明文件，调解条件不完备，一般情况下不能调解。但是，目前香港家属不但来不及出具这些文件，而且在香港办理这些文件手续相当麻烦，还需要一段时间。因此，代表香港当事人处理赔偿事宜的香港G会认为，如果要求香港死者亲属提供法定证明文件，是调解员出难题。

还有一个难题是，当时死者都还没有火化，相关当事人家属都无法提供如死亡证、火化证明、丧葬费发票等文件，法定手续不完备。调解时机不成熟，然而，各方当事人却都急于尽快谈好事故赔偿问题，不愿等待，要求立即开始调解，调解员面临巨大压力。

为了公正和高效地化解特大交通事故死亡赔偿纠纷，顺利调解成功，调解员事先做了充分准备，做了大量艰苦细致的工作，克服了难以想象的困难，创造了特事特办的先例。现将主要做法列举如下：

第一，相关部门领导带领调解员和事故交警前往香港死者亲属住的酒店，慰问死者亲属，调解员多次登门提供现场服务，向五名死者亲属做了大量耐心的安抚劝导工作，取得了香港死者亲属和内地死者亲属的理解和信任。

第二，调解员向香港死者的家属耐心解释，根据《中华人民共和国民法通则》第一百四十六条规定，侵权行为的损害赔偿，适用侵权行为地法律。因此，发生在深圳市内的交通事故损害赔偿，应当适用内地的相关法律规定，本案应当适用中国内地的《中华人民共和国民法通则》《中华人民共和国侵权责任法》《中华人民共和国道路交通安全法》等相关法律，不适用香港法律的规定，香港居民与内地居民的赔偿项目和标准均应当以内地法律的规定为准，说服了香港死者亲属放弃适用香港法律规定的高额赔偿标准，并遵照内地的法定赔偿项目和标准来协商赔偿问题，解决了这一难题。

第三，调解员向死者亲属和肇事方解释，在没有提供法定的授权委托书、亲属关系证明书等法定手续的情况下，调解条件尚不成熟，但是，如果双方均认可对方当事人的主体资格，双方自愿调解，调解员可以主持双方调解，如果达成口头协议，双方可以自愿履行，但是，调解员必须等待法定手续完备后，才能出具加盖公章的调解协议书，取得了双方当事人的理解和认可。

第四，五名死者亲属与肇事方先后达成赔偿协议后，调解员建议肇事方某汽车客运有限公司，在自愿前提下，及时履行协议，将所有赔偿款支付完毕，不留首尾，大大提高了调解案件的效率。

除了全体调解员做的以上工作，在调解中难度最大的一宗是内地死者常某的赔偿问题。

内地死者常某是个4岁的小孩，跟随姑姑和奶奶来深圳旅游，刚下车就祸从天降，发生了这样的惨剧，幼小年龄不幸意外夭折，而且，事故中小孩奶奶被撞成重伤，姑姑因小孩抱在怀中突然发生事故，受到轻微伤，以致深受刺激，精神恍惚，茶饭不思。因此，这是所有死者赔偿中，调解难度最大的一宗。

第一次正面接触小孩家属是在元旦假日期间。小孩父亲非常悲痛，家属情绪非常激动，不能接受这一残酷事实，提出280万元的赔偿额，肇事方要求按照法定赔偿项目和标准计算赔偿额，调解员详细解释法定赔偿项目和标准，给小孩家属计算了事故的合理赔偿额，小孩家属表示要通过家庭内部协商，后来内部协商的答复是要求赔偿160万元，否则，"就找政府"，第一次调解未果。再次来到K交警大队人民调解室时，小孩家属情绪波动还是非常大，再次提出160万元的赔偿额，另外，要求对小孩的姑姑进行精神抚慰赔偿，然后，小孩家属就不再开口，不愿意与对方谈下去，不时痛哭，气氛极其悲痛，调解陷入僵持状态。

为了打破僵局，调解员采取了"背靠背"的调解方法，多次安慰小孩家属，解释法定赔偿项目和标准。后来，小孩家属终于开口说考虑赔偿100万元左右，但不愿与对方直接谈。调解员了解到小孩家属可接受的赔偿范围，把握了当事人的心态后，对于赔偿数额的问题，调解员采用反复提问式的沟通方法，提出问题让小孩家属点头或摇头，或者开导其提出赔偿数额，如："你们看80万元是否接受？如果你们愿意接受这个赔偿数额又不愿意与对方谈，调解员可以帮你们去与肇事方沟通。不过这仅是调解员个人的建议，不知对方是否答应。"然后，调解员又转过来单独建议肇事方充分理解死者亲属的巨大痛苦，对死者亲属进行道歉，对小孩年幼夭折这个特殊情况，赔偿数额上给予人道同情抚慰，争取对方谅解。如果肇事方代表做不了主，可以与某汽车客运有限公司负责人打电话沟通，希望尽快解决赔偿问题，拖延将导致越来越被动，矛盾可能激化，要从大局出发，消除对肇事方的不良影响。这样在双方之间反复来回十多次，好不容易调解到双方对赔偿数额相差不到1万元的时候，调解员安排双方见面，准备最后协商，然而，当小孩家属再次面对肇事方时，情绪再次失控，小孩的父亲又哭着跑出了调解室，不愿意接受赔偿协议，这时已经下午6点，调解员询问小孩家属是否还希望继续调解？还是另行延期调解或者终止调解？不久，小孩家属总算回来向调解员表示接受赔偿数额，双方终于达成赔偿协议。

这样，经过全体调解员的艰苦耐心的努力，另外一名内地死者亲属和三名香港死者亲属也都与肇事方达成赔偿协议。至此，五名死者赔偿全部达成调解协议。

2011年12月27日深圳市某汽车站发生的这宗涉港死亡者案件，经K交警大队人民调解室全体调解员的努力，均在事故发生后不到15日内，全部达成调解协议，并且履行完毕，双方当事人对人民调解员放弃休息时间加班加点调解表示感谢，认为调解员在调解中起到了关键性的作用，都对人民调解员的公正和高效率予以肯定，表示满意。

（四）评析

第一，关于人民调解。根据法律规定，基层人民法院、公安机关对适宜通过人民调解方式解决的纠纷，可以在受理前告知当事人向人民调解委员会申请调解。民间纠纷，由纠纷当事人所在地（所在单位）或者纠纷发生地的人民调解委员会受理调解。村民委员会、居民委员会或者企业事业单位的人民调解委员会调解不了的疑难、复杂民间纠纷和跨地区、跨单位的民间纠纷，由乡镇、街道人民调解委员会受理调解，或者由相关的人民调解委员会共同调解。特别对交通事故损害赔偿的争议，当事人可以请求公安机关交通管理部门调解，也可以直接向人民法院提起民事诉讼。

第二，调解的功效。机动车交通事故损害赔偿的调解，可以向辖区K交警大队申请调解，也可以由交通事故发生地的L街道人民调解委员会进行调解，存在双重管辖。但是，本案由F街道人民调解委员会驻K交警大队人民调解室调解，无论从程序衔接、工作移交、专业领域、当事人认可和调解绩效等角度看，是更为合适的。在本案中，F街道人民调解委员会驻K交警大队人民调解室全体调解员勇挑重担，加班加点，做了大量调解工作，公正高效地化解了特大交通事故纠纷，赢得了香港居民和内地居民的一致好评，也是人民调解"福田模式"突破福田区，向全市推广的又一成果。

第三，调解的灵活性。本案中，当事人主体资格手续不完备的，如果双方均认可对方的主体资格，自愿申请调解，调解员可以主持双方调解达成口头协议，但是，待法定手续完备后，人民调解委员会才能正式出具加盖公章的调解协议书。同时，口头调解协议依法也是有效的，调解员建议肇事方在自愿前提下，按照口头调解协议约定，主动将赔偿款支付完毕。这样，既依法坚持了人民调解的原则，又不影响达成调解协议和兑现，达到公正和效率的统一，当事人非常满意，是完全正确的。

第四，关于赔偿标准。《中华人民共和国侵权责任法》规定，因同一侵权行为造成多人死亡的，可以以相同数额确定死亡赔偿金。《广东省高级人民法院、广东省公安厅关于处理道路交通事故案件若干具体问题的通知》规定，对香港、澳门、台湾同胞和华侨、外国人、无国籍人的损害赔偿，按省公安厅公布的城镇居民的赔偿标准计算。因此，在此次事故中，不管是香港人还是内地的农业户口或城镇居民，都是依据事故发生地的深圳城镇居民的赔偿标准计算死亡赔偿金，在本案件中，调解员自始至终秉持同一赔偿标准，不偏不倚，对当事人合法合理的主张，均予以支持。

第五，关于赔偿的项目。《中华人民共和国侵权责任法》对人身损害赔偿涉及的赔偿项目做了详细规定，即侵害他人造成人身损害的，应当赔偿医疗费、护理费、交通费等为治疗和康复支出的合理费用，以及因误工减少的收入。造成残疾的，还应当赔偿残疾生活辅助具费和残疾赔偿金。造成死亡的，还应当赔偿丧葬费和死亡赔偿金。《最高人民法院关于审理人身损害赔偿案件适用法律若干问题的解释》也做了补充规定，受害人遭受人身损害，因就医治疗支出的各项费用以及因误工减少的收入，包括医疗费、误工费、护理费、交通费、住宿费、住院伙食补助费、必要的营养费，赔偿义务人应当予以赔偿。受害人因伤致残的，其因增加生活上需要所支出的必要费用以及由丧失劳动能力导致的收入损失，包括残疾赔偿金、残疾辅助器具费、被扶养人生活费，以及因康复护理、继续治疗实际发生的必要的康复费、护理费、后续治疗费，赔偿义务人也应当予以赔偿。受害人死亡的，赔偿义务人除应当根据抢救治疗情况赔偿本条第一款规定的相关费用外，还应当赔偿丧葬费、被扶养人生活费、死亡补偿费以及受害人亲属办理丧葬事宜支出的交通费、住宿费和误工损失等其他合理费用。根据以上规定，调解员依法确定了此次事故的赔偿项目。

第六，"福田模式"调解机制的作用。人民调解委员会驻交警大队人民调解室是机动车交通事故责任纠纷解决机制的一种创新，是交警行政调解的前置程序，它起到了"为群众排难、为交警减压、为法院减负、为政府解忧"的作用。在特大交通事故发生后，不到15日内，死亡案件全部被人民调解化解，开创了人民调解委员会公正高效调解机动车特大交通事故的先例，是非常成功的典型案例，值得研究和推广。

（五）人民调解员温馨提示

机动车交通事故损害赔偿中，由于当事人双方之间互不信任，各自利益不一致，且缺乏专业知识，双方当事人见面之初，情绪激动，分歧巨大，似乎难以调和。调解员耐心告知各方，人民调解机制不但能够快捷解决问题，而且能最大限度地缓解痛苦，成功地说服当事人接受人民调解方式。根据具体情况，可以由调解员作为当事人双方信息沟通的桥梁，避免当事人在情绪激动情况下产生误解，这样既可以平息当事人的情绪又能获得其信任。调解员通过耐心细致的解释交通事故赔偿项目和标准、通过反复做思想工作，取得了当事人的信任。然后，抓住双方的利益期待，多角度地切入，探寻利益平衡点，最后，各方当事人权衡利弊，都同意人民调解员建议的赔偿标准、项目和赔偿金额，最终成功化解了纠纷，调解绩效值得肯定。

（六）相关链接

《中华人民共和国人民调解法》

基层人民法院、公安机关对适宜通过人民调解方式解决的纠纷，可以在受理前告知当事人向人民调解委员会申请调解。

《人民调解工作若干规定》

第二十一条　民间纠纷，由纠纷当事人所在地（所在单位）或者纠纷发生地的人民调解委员会受理调解。村民委员会、居民委员会或者企业事业单位的人民调解委员会调解不了的疑难、复杂民间纠纷和跨地区、跨单位的民间纠纷，由乡镇、街道人民调解委员会受理调解，或者由相关的人民调解委员会共同调解。

《中华人民共和国道路交通安全法》

第七十四条　对交通事故损害赔偿的争议，当事人可以请求公安机关交通管理部门调解，也可以直接向人民法院提起民事诉讼。

《中华人民共和国侵权责任法》

第十六条　侵害他人造成人身损害的，应当赔偿医疗费、护理费、交通费等为治疗和康复支出的合理费用，以及因误工减少的收入。造成残疾的，还应当赔偿残疾生活辅助具费和残疾赔偿金。造成死亡的，还应当赔偿丧葬费和死亡赔偿金。

第十七条　因同一侵权行为造成多人死亡的，可以以相同数额确定死亡赔偿金。

《广东省高级人民法院、广东省公安厅关于处理道路交通事故案件若干具体问题的通知》

对香港、澳门、台湾同胞和华侨、外国人、无国籍人的损害赔偿，按省公安厅公布的城镇居民的赔偿标准。

《最高人民法院关于审理人身损害赔偿案件适用法律若干问题的解释》

第十七条规定　受害人遭受人身损害，因就医治疗支出的各项费用以及因误工减少的收入，包括医疗费、误工费、护理费、交通费、住宿费、住院伙食补助费、必要的营养费，赔偿义务人应当予以赔偿。受害人因伤致残的，其因增加生活上需要所支出的必要费用以及因丧失劳动能力导致的收入损失，包括残疾赔偿金、残疾辅助器具费、被扶养人生活费，以及因康复护理、继续治疗实际发生的必要的康复费、护理费、后续治疗费，赔偿义务人也应当予以赔偿。受害人死亡的，赔偿义务人除应当根据抢救治疗情况赔偿本条第一款规定的相关费用外，还应当赔偿丧葬费、被扶养人生活费、死亡补偿费以及受害人亲属办理丧葬事宜支出的交通费、住宿费和误工损失等其他合理费用。

四　婚姻家庭纠纷人民调解案例

案例　徐某与周某离婚纠纷

（一）当事人

申请人：徐某（妻子）

申请人：周某（丈夫）

（二）案情简介

周某与徐某结婚十年了，丈夫周某在某公司上班，妻子徐某在家当全职太太，夫妻俩有一个可爱的孩子，是个幸福和谐的家庭。2012年3月的一天，丈夫周某下班后，妻子徐某正在上网，见丈夫下班回来后，徐某就立即去做晚饭了，忘了关掉正在进行的聊天界面，丈夫周某无意中看到了妻子徐某与某位网友的聊天记录，聊天内容甚是暧昧，于是就问徐某。徐某敷衍地说只是网上认识的朋友，没事的时候偶尔聊聊天，没什么。但丈夫周某觉得妻子这样敷衍的回答，说明其中肯定有隐情，于是就一直追问妻子徐某，说一定要让徐某解释清楚。徐某觉得丈夫周某很不可理喻，这根本就没什么事情，有什么好解释的。周某怀疑，要是没什么的话，怎么聊天内容那么暧昧，但妻子徐某一直坚定认为网上聊天只是随便聊聊，聊天内容不能说明什么，再说自己又没做什么对不起周某的事，凭什么这样追问自己，并责备周某不相信自己，对自己胡乱猜疑。为此，双方发生激烈争吵，丈夫周某见妻子徐某一直不愿说清楚到底怎么一回事，一气之下周某动手打了徐某，打得徐某身上青一块紫一块的。报警后，由辖区派出所民警移交人民调解室，双方同意调解。

（三）调解经过

调解员首先请双方陈述事情经过。徐某指着身上的瘀青，一边哭诉其丈夫因猜疑自己而发生激烈争吵，并将其打伤的经过，一边非常伤心地说："原来感情这么不值得相信，没想到这么多年的感情这么脆弱，竟然就因为网上的聊天内容，感情说变就变。"徐某越说越觉得自己很不值,这些年为了照顾家庭和小孩,自己放弃了工作,最后换来的竟是这样的猜疑。徐某越说越激动,坚决要求与丈夫周某离婚,觉得既然这么不相信自己,再这样过下去也没意思,并且要求对丈夫打人的行为做出处理。周某就觉得自己在外面辛苦工作,没想到妻子徐某竟然在网络上跟其他的人那么暧昧地聊天,背叛了他们的感情,更是背叛了自己,现在回想起那些聊天内容,还是非常气愤。经过双方当事人的陈述和调解人员的初步调解,双方当事人的态度是:周某对网上聊天内容仍耿耿于怀,徐某仍坚持要离婚。

  本案争议的焦点是:徐某认为丈夫周某实施家庭暴力伤害了自己,要求与丈夫周某离婚;丈夫周某觉得妻子徐某与他人调情,是对婚姻的背叛。

  调解员认为,如果双方都坚持自己的态度,"面对面"调解效果不理想,决定采取"背靠背"的方式进行调解工作。交谈中,调解员发现,周某对妻子还是有着深厚感情的,毕竟在一起生活了这么多年,他们曾经有段美好的恋爱和婚姻生活,而且还有个孩子,这一家也是外人羡慕的温馨家庭,只是觉得徐某瞒着自己和其他异性打情骂俏,极大地伤害了自己,这是不可原谅的背叛,并担心妻子耐不住寂寞而做出一些出轨的事情来。而另一边的徐某觉得自己特别委屈、气愤,没想到这么多年的感情了,丈夫居然一点都不信任自己,还动手打自己。并讲明周某最近一年工作很忙,经常早出晚归地加班,由于寂寞、空虚,自己才会一时糊涂与人调情。但自己绝对没有也不会做出对不起丈夫的事,并表示如果周某仍不相信自己,仍采取家庭暴力方式解决问题的话,自己只能选择离婚。

  至此,调解员了解到,徐某和周某感情深厚,只是因聊天内容误会才产生纠纷,归根结底在于双方缺乏有效的沟通和互相体谅对方的工作、生活方式。如果做好调解工作,双方有和好的可能。在掌握双方心态后,采用"背靠背"的方式对双方分别做思想工作。

  对徐某做如下工作:首先,表明周某的打人行为是不对的,对家庭暴力受害人徐某要求维权表示支持和同情,让徐某在心理上得到一定的安慰。其次,劝说徐某体谅周某繁忙的工作;平时多把时间放在家庭和孩子上,以家庭和孩子为重,也可以多培养自己的兴趣或者多和朋友出去逛逛，这样生活才不会过于空虚、寂寞；并稍加注意自己的言行，毕竟是已婚人士，以免引起丈夫不必要的猜疑。最后，希望徐某能够看在这么多年的感情和孩子的分上，原谅周某，给周某一次改过的机会。

对周某做如下工作：第一，一方面严厉批评周某的打人行为，另一方面耐心向其说明打人行为的违法性和严重后果，反复讲解《中华人民共和国婚姻法》《中华人民共和国妇女权益保障法》的有关规定，使其反思，能够认识到自己的错误。第二，劝说周某在婚姻生活中，应当相互信任，相互沟通，而不是相互猜忌，更不能动手打人。这么多年的感情，也不容易，要好好维持，双方在有误解的时候，首先应该选择相信对方，在这样的前提下，才能好好沟通，可是周某却在一开始就怀疑妻子徐某，这样一来，肯定不能好好沟通了。第三，同时也希望周某能够理解徐某在生活上的空虚和寂寞，妻子徐某为了这个家庭放弃自己的工作，选择在家里照顾家庭和小孩，久了难免生活上会觉得单调和乏味，所以，周某在工作之余，应该多抽时间陪陪家人。

调解员向双方讲解《婚姻法》的有关规定。《婚姻法》第四条规定："夫妻应当互相忠实，互相尊重；家庭成员间应当敬老爱幼，互相帮助，维护平等、和睦、文明的婚姻家庭关系。"第十五条规定："夫妻双方都有参加生产、工作、学习和社会活动的自由，一方不得对他方加以限制或干涉。"并分别指出二人在婚姻中的不足之处，尤其严厉地批评了周某的家庭暴力行为，说明打人行为的违法性和严重后果，使其反思。同时，调解员从情、理、法角度，使双方明白在婚姻生活中，应当相互信任，相互沟通。经过调解员耐心细致的工作，双方的态度得到根本改变，周某主动向徐某承认自己的错误，说自己也是一时冲动才打了徐某，保证以后绝不再犯，会好好对待徐某的。徐某也表示要以家庭、子女为重，把更多的时间放在家庭上，有时间多陪陪孩子，不再在网络上跟人聊天了。双方冰释前嫌，一个濒临破碎的家庭得以挽救。

（四）评析

第一，双方当事人曾经深厚的感情和美满的婚姻生活是本案调解的基础和切入点。双方只是因为一点小误会而产生纠纷，案情简单，但也是日常生活中常见的矛盾。夫妻应当相互忠实，相互尊重；家庭成员间应当敬老爱幼，互相帮助，维护平等、和睦、文明的婚姻家庭关系。毕竟是夫妻一场，有矛盾只要双方坐下来好好谈谈，还是可以解决的。对于婚前交往密切，互相了解，婚后感情较好，但因某些原因使夫妻产生矛盾的纠纷，这类婚姻感情基础比较牢固，即使出现这样或那样的问题，感情还是存在的，双方仍会念旧情。本案中，夫妻双方有着深厚感情，他们曾经有段美好的恋爱和婚姻生活，并且还有孩子，这一家也是外人羡慕的温馨家庭，只是因为生活琐事而产生了误解，双方又互不理解，互相猜测，没能好好沟通，从而导致发生纠纷。调解过程中调解员发现"面对面"方式调解效果不理想，决定换用"背靠背"的方式进行调解工作，着重从双方这么多年已建立的夫妻感情和已经有小孩为切入点，并抓住引起纠纷的主要矛盾加以分析，引导当事人正确认识自己的行为，不要因小失大，使得双方珍惜这份感情和已经建立的家庭，促成双方重新和好，调解是成功的。

　　第二，公安机关基层组织设立的调解机制。现在深圳市各区大部分公安派出所都设立了人民调解室，遇到夫妻离婚纠纷这类治安纠纷，由公安派出所移交到人民调解室调解，将夫妻离婚纠纷提高到家庭和谐关系到社会稳定这样的高度重视，充分体现了公安机关基层组织对人民群众的关怀。

　　第三，关于"背靠背"和"换位思考法"的运用。在本案中，调解员了解到双方当事人之间有着深厚的感情基础，并不是真的希望离婚，只是因为相互不理解产生了矛盾，因存在情感不理解冲突，有时在受到来自对方或其他方面不良信息的刺激后，就极易使冲突进一步升级或恶化，由于双方当事人都坚持自己的态度，"面对面"调解效果并不理想，鉴于此，调解员决定采取"背靠背"的方式进行调解工作。"背靠背"调解法是指在调解员在调解时，就某些问题或建议不是当着双方当事人的面公开直接地进行沟通，而是分别对当事人进行沟通、引导、劝服，最后促成双方达成调解协议的方法，在调解中发挥着其独特的不可替代的作用。"换位思考法"主要是指在调解纠纷过程中,调解员以当事人和纠纷性质及过程为基础,从不同的立场、角度、层次对纠纷的主体、经过、后果进行深入调查和细致分析的调解方法。以期尽可能地照顾到纠纷当事人双方的感受和利益,既周全、合理地解决纠纷,又彻底、圆满地使当事人解开心结、和谐共处。

(五)人民调解员温馨提示

夫妻之间发生矛盾、争吵是很正常的,俗语说:"床头吵架床尾和。"气愤的一方有时会难以控制自己的情绪,意气用事,草率提出离婚,这样是很容易伤害夫妻感情的。在夫妻生活中,应当体谅对方的不易之处,经常与配偶进行沟通,说出自己所处的环境,取得对方的谅解和支持,有效的沟通和互相体谅对方的工作、生活,这是保持婚姻生活幸福美满的不二法则。俗话说"宁拆十座庙,不毁一桩婚",调解员在面对此类纠纷时应耐心细致,学做倾听者,了解症结所在,做好沟通的桥梁,对症下药。同时也向双方讲解《婚姻法》的相关规定,使其能够更多地懂得相关的法律规定,这对维系夫妻关系稳定发挥了重要作用。

(六)相关链接

《中华人民共和国婚姻法》

第四条 夫妻应当互相忠实,互相尊重;家庭成员间应当敬老爱幼,互相帮助,维护平等、和睦、文明的婚姻家庭关系。

第十五条 夫妻双方都有参加生产、工作、学习和社会活动的自由,一方不得对他方加以限制或干涉。

五 医患纠纷人民调解案例

案例 孩子药物过敏死亡赔偿纠纷

(一)当事人

申请人:丁某

申请人:B医院

(二)案情简介

一天傍晚,丁某夫妇因刚满六个月的儿子丁某某拉肚子,送B

人民医院就诊。打针前医生做皮试没有发现问题后，进行注射抗生素治疗，然后，家长将孩子抱回家。2小时后，小孩身上出现红点、腹胀。家长再次把小孩抱回医院，医生按过敏用药后，再次让家长抱小孩回家。回家后，小孩原病症不仅没有减轻，身上红点、腹胀依然有，而且肤色也逐渐发紫，眼睛发白，当日晚，待家长再次将小孩抱去医院，小孩已不治死亡。次日，医、患双方来到辖区人民调解委员会驻医院人民调解室要求依法调解。

（三）调解经过

患者家属认为，此事故完全是医生处置不当，发现小孩用药过敏后，没有采取进一步的检查措施，将患者留院观察做进一步治疗所致，因此，要求医院赔偿各种费用共计人民币60万元。医院认为，医生处置并无不当，当时针对过敏症状采取了相应治疗措施，没有留院观察是因当晚医院没有病床。医院提出对死者尸体进行医学解剖，查明死亡原因。当然，由于没有留院观察而发生意外，医院也同意给予死者亲属适当补偿，但不能接受患方过高的要求。鉴于患者家属因失子之痛，情绪十分激动，调解员在进行调解工作之前，先站在同情理解患者家属心情的角度，安抚患方的情结，使患者家属的激动情绪逐步平复下来。接着，调解员认真听取了双方对事故经过的陈述、责任划分和患方对处理该事故的具体要求。

双方争议的焦点是对小孩抗生素过敏医院是否处置不当存在较大分歧，由于双方对事故的事实和责任认定不一致，且患方提出过高赔偿要求情况，采取"面对面"的调解难度较大，并且，有可能刺激患方情绪，所以，调解员决定采取"背靠背"方式，对医患双方分别进行法律解释和劝导，努力缩小双方对事故性质、处理方式和赔偿数额的差距。

针对患方提出60万元的巨额赔偿要求，调解人员耐心解释医患纠纷的司法处理程序，提醒患者家属，如果严格按医疗事故程序处理本次事故，第一，在48小时内对死者尸体进行医学解剖，查明死亡原因；第二，申请医疗事故鉴定委员会对死亡原因和事故责任做出权威鉴定；第三，如果医疗事故鉴定委员会得出的鉴定结论属于医疗意外导致患者死亡的话，医院对事故有可能不承担责任。

患者家属表示不忍心,坚决不同意进行尸体解剖,但坚持认为,医院不可能没有责任,患者家属提出可以对赔偿数额做出让步,同意降低到 30 万元。

医院认为,在患者家属不同意对尸体进行解剖鉴定的情况下,不能断定医院应该承担事故责任,故不能接受患者家属的赔偿要求,只能是从人道主义的立场出发,承担不超过 10 万元的人道补偿。

调解员单独向医院做工作:虽然没有权威鉴定得出医院应对此次事故承担责任的结论,但在此次事故中,医院明显存在未尽告知义务、未尽诊疗义务,对患者过敏症状处置轻率,过于自信地认为不会发生任何意外,没有留院观察而发生小孩死亡,错失了抢救时机等问题,医院不能推卸自己的责任。因此,建议医院本着实事求是的态度,从维护社会稳定的大局出发,适当提高补偿标准。医院代表表示,他们没有超过 10 万元补偿的先例,如果要提高补偿标准,必须由医院院务会议做出决定后才能答复。

调解员将医院意见转告患者家属后,患者家属认为,医院没有解决问题的诚意,是在故意拖延时间。当即表示,若 6 月 17 日上午问题不能解决,患者家属将抬死者到医院门前静坐示威。

6 月 17 日上午,调解员一方面催促医院立即召开院务会议,适当提高补偿标准;另一方面要求患者家属理解医院作为正规医疗机构事故处理程序的规定,同时,再次向患者家属解释我国法律的相关规定,要求患者家属考虑自身农业人口的户籍状况,按照按农业人口赔偿标准计算补偿的规定,进一步调低经济补偿要求,缩小双方的差距。

通过调解员对医、患双方分别做工作,在双方对事故事实、责任和处理方式基本达成一致后,6 月 17 日上午 10 时,调解人员直接主持双方当面调解,通过双方的"讨价还价",最后双方达成如下赔偿协议:

第一,医院赔偿患者家属人民币 193000 元,待死者火化后,患者家属凭火化证明到医院领取全部补偿款。

第二,双方一致同意调解协议书,共同申请法院对调解协议书进行司法确认。

在人民调解员的及时介入并且努力工作之下，一起可能引发静坐示威事件的医患纠纷得到了及时有效的化解。

（四）评析

第一，医疗事故纠纷往往具有专业性强、争议大、矛盾突出的特点，处理不当极易激化矛盾，并引发群体事件。在本案的调解过程中，调解员坚持以法律、法规为依据，坚持公道办事，耐心细致地向争议双方宣讲法律、法规的规定，同时积极疏通医患关系。根据法律规定，患者死亡，医患双方当事人不能确定死因或者对死因有异议的，应当在患者死亡后48小时内进行尸检；具备尸体冻存条件的，可以延长至7日。尸检应当经死者近亲属同意并签字。

第二，调解员的调解方法。在本案的调解过程中，调解员掌握了双方心态，从当事人切身利益出发，依据事实和法律提出合理赔偿项目和标准建议，尤其是涉及一方提出过高赔偿金额主张的问题。同时，在本案中，当患方情绪激动并且双方当事人在事故事实和责任认定存在较大分歧时，调解员采取"背靠背"的方式进行调解；等患方情绪稳定且双方从认识上对事实、责任和处理方式基本达成一致后，调解员又转换成"面对面"的调解方式。调解人员交替使用两种调解方法，对本案的调解成功起到了很好的作用。

第三，患者家属以及医院的举证责任。本案医患双方对死因有争议，如果严格按司法程序处理本次事件，必须及时对死者尸体进行医学解剖，查明死亡原因，这样才能更好认定双方的责任，由于患者家属表示不忍心并坚决不同意进行尸体解剖，所以不能尸检的责任不在医院。另外，根据相关法律规定，患者在诊疗活动中受到损害，医疗机构及其医务人员有过错的，由医疗机构承担赔偿责任。医务人员在诊疗活动中应当向患者说明病情和医疗措施。需要实施手术、特殊检查、特殊治疗的，医务人员应当及时向患者说明医疗风险、替代医疗方案等情况，并取得其书面同意；不宜向患者说明的，应当向患者的近亲属说明，并取得其书面同意。医务人员未尽到前款义务，造成患者损害的，医疗机构应当承担赔偿责任。因此，在此次事件中，作为医院明显存在未尽告知义务、未尽诊疗义务，对患者过敏症状处置轻率，过于自信地认为不会发生任何意外，没有决定留院观察,错失了抢救时机等问题。由于医院不能举证证明其医务人员已经履行了上述义务,所以,医院存在医疗过错责任,对患方提出要求赔偿的主张应予以支持,而对于具体的赔偿标准需要根据实际情况予以考虑。

第四,赔偿的标准。根据法律规定,死亡赔偿金按照受诉法院所在地上一年度城镇居民人均可支配收入或者农村居民人均纯收入标准,按二十年计算。在本案中,由于患方是农村户口,所以调解员在向其解释我国法律的相关规定后,要求患者家属根据自身的农业人口户籍状况,考虑按农业人口赔偿标准计算补偿的规定,进一步调低经济补偿要求,是符合规定的。

第五,关于调解的技巧与方法。在这次调解中,调解员运用了"背靠背"的处理方式,以及"换位思考法"和"模糊处理法"。由于双方争议较大,且患者家属因失子之痛,情绪十分激动,这就增加了"面对面"调解的难度,所以调解员采取了"背靠背"的调解方法,分别对双方当事人进行调解。此外,调解员在一开始并没有急于进入调解活动,而是先站在同情理解患者家属心情的角度,安抚患方的情绪,使患者家属的激动情绪逐步平复下来。这种调解前的铺垫,对调解活动的顺利进行是非常有利的,这也是调解员灵活运用"换位思考法"的体现。针对是否对患者尸体进行解剖这一问题,调解员则巧妙地运用了"模糊处理法"。模糊调解是指在调解过程中,调解员在查清事实的基础上,以保障双方当事人的主要权利为前提,对其他不重要问题进行合理的"忽略"处理。如果不论什么问题都小题大做,不仅不利于解决纠纷,反而可能会使纠纷升级。在调查纠纷情况的过程中,调解员将纠纷基本事实查清,足以分清是非责任即可。若调解员细究每个细节,则可能引起当事人反感,也可能重新激起双方当事人的矛盾和冲突。

(五)人民调解员温馨提示

当今社会中,医患纠纷已经成为非常棘手的类型化纠纷,造成医患关系紧张。医院作为拥有专业技术、专业设备、专业人员的组织机构,在医患纠纷中一般都处于优势地位,而患方面对专业的医学理论、医疗事故处理程序和医疗档案证据等陌生的事物,明显地处于弱势一方，因此有的患者选择采取"医闹"方式主张权利，此时最容易产生群体性事件。因此，调解员应当多学习医学的基本常识，在调解医患纠纷时，一方面要运用普通的调解方式、技巧，另一方面要针对医患关系采取特殊的调解技巧，帮助医方与患方重新建立信任感尤为重要，搭建和谐沟通的桥梁，预防群体性事件的发生。

（六）相关链接

《医疗事故处理条例》

第十八条 患者死亡，医患双方当事人不能确定死因或者对死因有异议的，应当在患者死亡后48小时内进行尸检；具备尸体冻存条件的，可以延长至7日。尸检应当经死者近亲属同意并签字。

尸检应当由按照国家有关规定取得相应资格的机构和病理解剖专业技术人员进行。承担尸检任务的机构和病理解剖专业技术人员有进行尸检的义务。

医疗事故争议双方当事人可以请法医病理学人员参加尸检，也可以委派代表观察尸检过程。拒绝或者拖延尸检，超过规定时间，影响对死因判定的，由拒绝或者拖延的一方承担责任。

《中华人民共和国侵权责任法》

第五十四条 患者在诊疗活动中受到损害，医疗机构及其医务人员有过错的，由医疗机构承担赔偿责任。

第五十五条 医务人员在诊疗活动中应当向患者说明病情和医疗措施。需要实施手术、特殊检查、特殊治疗的，医务人员应当及时向患者说明医疗风险、替代医疗方案等情况，并取得其书面同意；不宜向患者说明的，应当向患者的近亲属说明，并取得其书面同意。

医务人员未尽到前款义务，造成患者损害的，医疗机构应当承担赔偿责任。

《最高人民法院关于审理人身损害赔偿案件适用法律若干问题的解释》

第二十九条 死亡赔偿金按照受诉法院所在地上一年度城镇居民人均可支配收入或者农村居民人均纯收入标准，按二十年计算。

六　物权纠纷人民调解案例

案例　胡某、谢某、林某宅基地使用权纠纷

（一）当事人

申请人：胡某

申请人：谢某

第三人：林某

（二）案情

林某与谢某从小就认识，是多年的好朋友。2005年土地管理部门为某村民林某划定了200平方米的宅基地，并允许林某自建住房两层，林某把这个消息告诉了发小谢某，谢某一听就知道有好事降临了，便向好友林某提出想与其合建房屋的想法，林某听完也觉得这个主意不错，于是两人便约定，由谢某出资在林某所有的宅基地上建房，建房后林某与谢某每人各一层。可是，天有不测风云，2010年4月，林某因急需用钱，以50万元的价格将此两层房屋卖给了同村尚未取得任何宅基地的胡某，并经土地管理部门办理了房产及宅基地的过户手续，双方约定土地管理部门划定的200平方米的宅基地的使用权，随房屋所有权的转移转给胡某。胡某买房后，就立即要求谢某迁出该房屋，谢某认为他的权益遭到侵犯，可谓"赔了夫人又折兵"，拒绝迁出，发生纠纷。随后，各方共同申请深圳市福田区某人民调解委员会调解。

（三）调解经过

调解开始时，各方各执一词。胡某称，在与林某签订房屋买卖合同且办理过户手续时，林某拿出的房屋所有权证及宅基地使用权证上写的是林某的名字，他有理由相信这是林某的房产，胡某与林某的房产买卖也是经土地管理部门许可的。

谢某称，虽然此房屋所有权证及宅基地使用权证上写的是林某的名字，但是，他和林某是有约定在先，由他出资在林某建好的宅基地上再建一层楼。建成后，林某与他每人各一层。所以，此楼房及房下的宅基地使用权应当归他和林某共同所有。如今林某把房卖

给胡某，是林某处分了属于他个人的房产及房产下的宅基地，是无效行为，故不同意迁出该房屋。而且，林某与胡某卖房时也侵害了他的优先购买权，故此买卖合同应属无效，否则，要林某赔偿他出资建房的钱。

林某称，因急需用钱，以50万元的价格将该房屋卖给了同村的胡某。

本案争议焦点是胡某与林某签订房屋买卖合同且办理过户手续，胡某认为其与林某的买卖合法且都按照法律规定的程序进行，理应受到法律的保护，而谢某则坚持自己与林某有约定在先，房屋的第二层是由自己出资建造，所有权应该归自己，林某无权擅自处分自己的财产。

开始调解时，谢某情绪非常激动，称与林某多年好友，称兄道弟，双方关系十分不错，相互信任才会在林某宅基地上盖房，但是，最后却由于林某背信弃义，出卖房屋没有与自己商量，没有取得自己的同意，不仅使自己遭受一笔经济损失，还要莫名其妙地卷入一场民事产权纠纷当中，耗财耗力，而且对自己也不是个好兆头，称一定要让林某对自己的行为付出代价，受到惩罚，这样自己心里才会好受点。林某刚开始自觉理亏，自己的做法不太合情合理，也承认自己一时考虑不周全而伤害了朋友的利益，确实很后悔。但是，在谢某的激愤指责下，碍于面子和自尊心的缘故，林某情绪也开始激动起来。一直强调自己享有房产的处分权，如何处分是自己的权利，不关谢某的事情。胡某也不让步，称自己付钱买房，还过了户，完全符合法律程序，房子理应归自己。当时调解一度陷入僵局，气氛紧张。

在面对极易激化的矛盾和引发肢体冲突的潜在可能性时，调解员采取了以下策略：一是不继续恶化纠纷，不急于调解，采取冷处理。在不具备调解气氛的情况下，先劝解林某、胡某和谢某各自冷静十五分钟，使当事人心理恢复理性。二是把三方当事人分开，分别听取他们倾诉，多听少说，不急于表态，了解事情的根由。三是要求各方当事人不要对对方的每一句话、每一个细微行为都追究，避免当事人在小事上斤斤计较，纠缠不清，影响调解的效果。调解员在分别对林某和谢某做工作时，尽量少提此次纠纷给双方带来的不快，而是多提双方当年互相帮助的情形，双方多年的交情，让双方站在对方的角度上相互理解，不要让金钱利益伤害了兄弟情谊，因为千金难买真情在。对待胡某，调解员则是先稳定他的情绪，告诉他法律会保护他的合法权益。同时，也劝说他态度可以稍微缓和一些，以免进一步增加林某与谢某之间的矛盾，这样有利于解决问题。调解员在与三方当事人进行感情沟通后，矛盾有所缓和，于是，调解员又把握时机与三方当事人做法律方面的工作。

林某在与胡某签订买卖合同时，房屋所有权证及宅基地使用权证上写的都是林某的名字，房与宅基地是不可分割的，按照"地随房走"的原则，胡某作为善意第三人，有理由相信该房屋是林某的房产。胡某与林某签了经过公证的房屋买卖合同且已在土地管理部门办理了房产及宅基地过户手续，该物权已合法转移给胡某，胡某的权利受到我国法律的保护。谢某与林某进行约定时，只是对房屋居住权做出约定，无权对宅基地进行约定。而且，谢某身份是非本村集体经济组织成员，并不能取得宅基地使用权。

林某与谢某合作建房后，却将房屋出让给胡某，这是纠纷产生的根源。调解员提请林某换位思考一下：谢某出钱与其合作盖了一栋房子。房子建成后，却被林某卖掉了，将心比心，谢某心里怎么想呢？真是出钱又出力，到头来却是房、钱两失。所以，林某应该主动向谢某赔礼道歉，请求谢某的原谅并赔偿损失。

经调解员多次调解，三方一致达成了协议：（1）三方确认房屋归胡某所有；（2）林某补偿谢某建房资金20万元；（3）谢某迁出该房屋，各方再无争议。至此，一桩房地产转让纠纷得到化解。

（四）评析

第一，本案涉及合作建房中的分割房产的问题。关键是宅基地能否随着房产分割而同时归属于不同的房产所有人。合作建房的出资方往往误认为自己在建房时出了资，在分房时分得了房产，该房产下的宅基地就归其所有，这是没有法律依据的。根据《中华人民共和国物权法》第一百五十三条、《中华人民共和国土地管理法》第六十三条的相关规定，宅基地适用《物权法》中的一物一权原则，宅基地的使用权归属于一个村民。依照法律规定宅基地不得擅自转让给非农业集体经济组织成员。如果同村村民之间转让宅基地，应当经过土地管理部门批准。如果当事人借合作建房合同，以转让房产为由变相转让宅基地，属于无效合同。在合作建房合同中，双方只能对房产做出约定，如果双方擅自约定将宅基地一并转让，属于违反法律规定行为。另外，在合作建房中，合建合同只对合作建房的双方有约束力，不能对抗善意第三人。当合作建房一方的权利受到对方侵害时，只能向对方主张权利，不能要求善意第三人承担责任，也不能妨碍善意第三人行使自己的合法权利。所以，调解员支持了胡某的合法主张，最后三方达成的协议约定房屋归胡某所有是符合法律规定的。

第二，调解成功的关键点。在调解中，当各方互不相让，僵持不下时，如果调解员简单地说教，老话重提，可能会引发当事人的厌烦和抵触情绪。此时，调解员避开矛盾焦点，顾左右而言他，寻找突破点，找到兄弟情谊这个共同话题，引起当事人的兴趣，然后，再巧妙引导当事人主动回到主题，往往能够收到出其不意的效果，本案就是这样调解成功的典型。

第三，关于"冷处理法"和"模糊处理法"的技巧运用。在本次调解中，调解员针对双方当事人的性格特点、心理状况，运用了"冷处理法"和"模糊处理法"来解决纠纷。所谓"冷处理"调解法，是指针对某些纠纷的特殊原因或特殊需要，在调解时不是一鼓作气、一气呵成，而是暂时"搁一搁""拖一拖"，等待时机观察"火候"，认为对调解有利时才继续进行，使纠纷顺利调处。本案中，调解员在不具备调解气氛的情况下，先劝解林某、胡某和谢某各自冷静十五分钟，待双方当事人情绪稳定后再进行调解，就会顺利得多。调解员灵活运用冷处理法，先安抚当事人的情绪，使其冷静下来，待其心平气和后，再与其进行沟通，着手调解。这种技巧通常适用矛盾尖锐，冲突激烈，性格暴戾容易冲动的当事人，如果不先安抚其情绪，使其心态平稳，即使调解员的法律水平再高，说的话再合情合理，当事人也难以听进去。"模糊处理法"是指有些矛盾或冲突并不是重大原则问题，采取模糊调解、合理忽略、大事化小、小事化了的方式，既有利于合意的达成，也恰当地照顾到了双方当事人的心理。调解员要求各方当事人不要对对方的每一句话、每一个细微行为都追究，避免当事人在小事上斤斤计较，纠缠不清。此外，调解员还趁机打温情牌，让双方把关注焦点放在多年情谊上，提醒双方别为了金钱利益而伤害多年兄弟情，从而忽略掉一些无关紧要的小问题，使得纠纷得以顺利解决。

（五）人民调解员温馨提示

民事纠纷当事人选择调解方式结案的目的就是想通过调解员以中立第三方介入，以最小的付出和成本来换取最大的收益。调解员要以诚待人，赢得信任。不但要耐心倾听当事人的陈述，了解、关心当事人的生活、工作上的困难，帮助他们想办法找对策，在可能的条件下，甚至可以寻找有关人员来一同帮助他们解决困难。当事人往往出于自我保护的需要，站在自己的角度，尽可能为自己所犯的错误辩解，调解员还要理解体谅当事人的偏激言语和行为，并委婉地指出他们的错误，使其乐于接受批评并改正。另外，可以充分发挥先例示范的作用，以当事人熟悉的类似的案例来引导、警示当事人，还可以用以身示范的方法，通过自己遇到的案例，以"过来人"的身份分析当事人的心理、语气等，劝解纠纷当事人化解矛盾。在这个过程中，调解员应该保持态度和蔼、言语亲切、说理通俗和符合法律。各方当事人也是希望能够有第三方的加入，给出一个合理的、公正的解决方案，平衡各方面利益，能够让各方都信服。只有这样，才能使当事人信任调解员，更好地解决纠纷。

（六）相关链接

《中华人民共和国物权法》

第一百五十三条　宅基地使用权的取得、行使和转让，适用土地管理法等法律和国家有关规定。

《中华人民共和国土地管理法》

第六十三条　农民集体所有的土地的使用权不得出让、转让或者出租用于非农业建设；但是，符合土地利用总体规划并依法取得建设用地的企业，因破产、兼并等情形致使土地使用权依法发生转移的除外。

七 劳动纠纷人民调解案例

案例 朱某跳楼讨薪纠纷

（一）当事人

申请人：朱某

申请人：某工程项目分包商

（二）案情简介

2010年1月18日下午，某辖区派出所接到报警：一名男子爬上位于A区某建筑工地一栋楼房的顶楼铁架上，扬言"若不给工资就要跳下去"。某辖区派出所立即联动消防、A街道司法所等相关部门赶往现场。到达现场后，只见一名40岁左右的男子站在楼房屋顶的铁架上，把脚伸到铁架外晃着，屋顶的风也很大，该男子的身子被风吹得不停地摇晃，随时都有坠楼的生命危险。现场大量群众围观，该男子看周围来了这么多人，情绪一下子激动起来，"你们不要过来，你们再过来，我就跳下去了"。由于该男子情绪激动，再加上现场围观的群众也很多，情况十分紧急，现场指挥员和民警进行沟通后，迅速制定救援方案：一是迅速设立警戒区，将周围群众控制在警戒区外；二是铺设救生气垫，做好地面保护准备；三是成立救援小组和该男子谈话，了解其跳楼原因，采取相应措施。在救援过程中，该男子的情绪很不稳定，不停地喊叫，不让任何人靠近他，并摆出要跳楼的架势。通过与该男子的谈话了解到，该男子姓朱，是A建筑工地的一名农民工，该工地工程项目繁多，因总包商与分包商在工程结算上出现争议，迟迟未支付工程款，分包商不愿意垫付工人工资，拖欠30余名工人约23万元工资。朱某就是该30余名工人中的一位，他在该工地工作了一年，多次向分包商讨取工资未果，想到马上就要过年了，自己工资还没拿到，没钱回家，更没脸见家里的妻子和孩子，因一时想不开，想以死来追讨工资。

（三）调解经过

掌握了上述情况后，该辖区司法所的调解员立即赶往现场，与民警一起对朱某进行劝解。首先对朱某开展了心理疏导，从生活、事业、亲人等多个角度入手，向朱某发起攻心战，同时，又找来工程项目分包商负责人，向其承诺工资一定会妥善地解决。通过调解员和民警1个多小时的苦苦劝说，朱某终于放弃轻生，从屋顶下来，民警将朱某安全带离了现场，但是，依照《中华人民共和国治安管理处罚法》，辖区派出所对朱某做出了行政拘留3日的处罚。同时，辖区街道司法所调解员第一时间联系总包商与分包商负责人以及工人代表召开协调会，对欠薪事件展开调查，为调解工作打好了基础。

本案争议的焦点是在总包商与分包商之间存在工程结算争议时，工人工资应该如何发放。调解员分别对总包商和分包商做工作，指出总包商与分包商之间的纠纷属于经济纠纷，可以通过法律途径解决；但经济纠纷不得成为分包商拖欠工人工资的理由；总包商在监管分包商发放工人工资方面存在一定疏忽。经过宣传教育，最终，总包商与分包商达成协议，总包商将其中没有争议的结算款立即支付给分包商，分包商于1月21日前发放工人工资，其余有争议的结算款由总包商与分包商另行协商。1月21日下午3点，在街道司法所的监督下，拖欠工人工资如数发放。同时，分包商委托司法所向朱某送达工资，在朱某行政拘留期满后，调解员亲自将工资送到了他的手上。

（四）评析

第一，劳动者是否受总承包合同约束。本案涉及两大法律关系。第一类法律关系是总包商与分包商之间的建设工程合同关系，根据法律规定，发包人未按照约定支付价款的，承包人可以催告发包人在合理期限内支付价款。总包商在监管分包商发放工人工资方面也存在一定的过错。因此，总包商与分包商之间的合同争议可通过法律途径解决，但是，总包商对其中没有争议的结算款，应立即支付给分包商。第二类法律关系是分包商与朱某之间的劳动合同关系，《中华人民共和国劳动合同法》中明确规定了用人单位应当按照劳动合同约定和国家规定，向劳动者及时足额支付劳动报酬。因此，分包商不得将其与总包商的纠纷转嫁给其工人承受，分包商与工人之间的劳动争议应立即得到解决，及时支付拖欠的工资。但是，部分企业员工因缺乏法律意识，在维护自身权利时，经常采取极端讨薪的方式，尤以建筑工人讨薪者为多。但殊不知极端讨薪方式是违法的，公安机关可以依法对当事人进行处罚，讨薪者可能会遇到被拘留的尴尬情况。因此，企业员工维护自身合法权益时，须通过正当途径，切莫采取极端做法，否则将会受到相关法律的制裁。

第二，调解中的心理学技巧。调解员进行调解工作需要掌握多学科知识，不仅要精通法律知识，还要掌握心理学知识，细心观察当事人的心理变化，善于从心理、亲情等方面入手，稳定当事人情绪。本案中，调解员和现场的工作人员就是巧妙地从心理，亲情等各方面对当事人朱某进行劝解，使其感化，并且放弃这种极端危险的讨薪方式，挽救了一条生命；同时，调解员为总包商与分包商之间协商搭建平台，促使总包商与分包商协商一致，达成协议，解决了纠纷。

（五）人民调解员温馨提示

当今社会，工人们为了讨回血汗钱，被逼无奈地干出一些极端危险的事情，目的是想引起媒体及社会关注，帮助解决欠薪难题，说明欠薪问题的普遍性和严重性，需要加大关注力度。但是，"跳楼讨薪"是违法手段，与社会法治是相悖的。人民调解员在此提醒广大工人朋友们，讨薪要通过相关部门和法律途径来维护自身的合法权益，光靠"跳楼讨薪"只会扰乱社会治安，危害自身安全，损人而不利己。

（六）相关链接

《中华人民共和国治安管理处罚法》

第十九条　有下列扰乱公共秩序行为之一，尚不够刑事处罚的，处15日以下拘留、200元以下罚款或者警告：

（一）扰乱机关、团体、企业、事业单位的秩序，致使工作、生产、营业、医疗、教学、科研不能正常进行，尚未造成严重损失的；

（二）扰乱车站、码头、民用航空站、市场、商场、公园、影剧院、娱乐场、运动场、展览馆或者其他公共场所的秩序的；

（三）扰乱公共汽车、电车、火车、船只等公共交通工具上的秩序的；

（四）结伙斗殴，寻衅滋事，侮辱妇女或者进行其他流氓活动的；

（五）捏造或者歪曲事实、故意散布谣言或者以其他方法煽动扰乱社会秩序的；

（六）谎报险情，制造混乱的；

（七）拒绝、阻碍国家工作人员依法执行职务，未使用暴力、威胁方法的。

《中华人民共和国合同法》

第二百八十六条　发包人未按照约定支付价款的，承包人可以催告发包人在合理期限内支付价款。

《中华人民共和国劳动合同法》

第三十条　用人单位应当按照劳动合同约定和国家规定，向劳动者及时足额支付劳动报酬。

八　城市更新改造纠纷人民调解案例

案例　小孩余某意外死亡赔偿纠纷

（一）当事人

申请人：小孩亲属余某

申请人：D栋房屋业主、B建筑公司、A村物业管理公司

（二）案情简介

2010年7月24日这一天早上，对于居住在A村的大部分居民来说，是一个静谧的早晨，但是，对失踪小孩亲属余某来说，却是一个黑暗的早晨。孩子余某已失踪了三天了，四处寻找，却怎么也找不到，虽然她非常担心，却还有一丝希望，随着一阵急促的敲门声，她本是悬着的心彻底掉进冰窟窿。这一次得到的消息是孩子虽是找到了，却是冰冷冷的尸体，更可怕的是孩子躺在那臭烘烘的粪池里，她感到了绝望和悲痛。

原来，小孩亲属余某居住的A村最近在进行旧城改造工程，B建筑公司承包了深圳市A村的旧城改造工程，A村物业管理公司通知A村所有业主打开道路下面的化粪池进行清理，以便B建筑公司进行道路施工。A村D栋业主委托B建筑公司将化粪池盖打

开进行清粪，化粪池盖打开后，各方均未采取防护措施。三岁小孩余某在无人陪同下，独自玩耍，不慎掉入化粪池中溺亡，在事情发生三天后其尸体才被发现。2010年3月22日，公安机关对小孩余某死亡案件进行了侦查，将此事件定性为意外溺亡事件。小孩亲属余某、D栋房屋业主、B建筑公司、A村物业管理公司就小孩余某死亡赔偿责任问题互相指责，发生争议，未能及时解决善后问题，小孩亲属余某等多人上路阻止A村旧城改造施工，与施工队对峙，事件发酵升级，辖区街道办人民调解委员会主动介入，各方接受调解处理。

(三) 调解经过

由于公安机关未能确定责任人，D栋房屋业主、B建筑公司以及A村物业管理公司互相推诿，小孩亲属余某无奈，召集多人上路阻止A村旧城改造施工，各方冲突激化，导致该案调解难度加大。调解开始时，各方情绪激动，小孩亲属余某大吵大闹，各方见面就如仇人，吵完就散，经街道办人民调解委员会多次做思想工作，小孩亲属余某、D栋房屋业主、B建筑公司以及A村物业管理公司才同意继续进行调解。

经人民调解委员会上报，引起福田区政府领导的重视，由区建设局、安监局和辖区街道办等部门专门成立"3·22"事件专案组，全面组织协调处理善后工作。在事故发生后，辖区街道办党工委领导，综治信访维稳中心领导，司法所领导与建设局、安监局领导一起到死者亲属家中进行慰问。

本案争议焦点是死者小孩亲属余某要求查清案情，并要求D栋房屋业主、B建筑公司、A村物业管理公司共同对小孩死亡承担赔偿责任。而D栋房屋业主、B建筑公司、A村物业管理公司希望能尽快查清案情，依法划分责任主体，签订公平赔偿协议。双方见面后各执一词，分歧很大。

调解开始时，小孩亲属余某情绪激动，难以接受丧亲之痛，拒绝原谅对方，并要求侵权方承担高额的赔偿责任。而小孩余某的母亲几乎精神崩溃，神志恍惚，经调解员与余某亲属多次抚慰，才有所恢复。余某父母亲指出年仅三岁的余某掉入化粪池中溺亡，三天之后才被发现，死得非常可怜，因此，提出的几百万元精神损害赔偿是很合理的。亲属方认为，对于侵权方给自己造成的巨大伤害无法原谅，一定要让他们受到相应的惩罚，这样才对得起死去的孩子。

D栋房屋业主、B建筑公司、A村物业管理公司及其代理人却认为案件复杂，很多事情已经无法查清，责任不应当归于自己，相互推诿，认为小孩的死亡主要是父母亲的疏忽导致，监护人本身有过错，应当承担责任。如果就这样把所有责任都推给他们，对于他们也不公平。又希望尽快达成公平赔偿协议，避免耽误A村旧城改造工程进度。

调解员在掌握各方当事人的心理状态后，先后采用"单向沟通"法、"换位思考"法，运用"背靠背"方式，对各方当事人分别多次做思想工作。

第一，稳定小孩亲属余某的情绪，多次抚慰亲属的心理创伤，劝导其冷静解决死亡赔偿问题。告知小孩亲属余某，小孩是未成年人，家长作为监护人，应当依法承担监护责任。其次，根据小孩亲属余某提出的高额赔偿请求，告知其哪些赔偿项目和标准是法律支持的，如丧葬费、死亡赔偿金、精神损害赔偿金等。最后，告知其应当提供法律、法规规定的有效证明、票单等证据。

第二，告知D栋房屋业主、B建筑公司、A村物业管理公司死亡事故的严重性，涉及维护社会稳定的重大问题，如果不想耽误A村旧城改造工程进度，相互推诿无助纠纷的解决。根据侵权、合同和物管等法律规定，告知D栋房屋业主应当承担的侵权责任、B建筑公司应当承担的施工合同与侵权责任、A村物业管理公司应当承担的物业管理合同等责任。

同时，告知D栋房屋业主、B建筑公司、A村物业管理公司，如果希望尽快达成赔偿协议，一定要有诚意，注意对受害方小孩亲属余某的情绪和状态，调整说话的方式和态度。劝说D栋房屋业主、B建筑公司、A村物业管理公司站在受害方的角度，体会此次事故造成小孩亲属余某丧失亲人的巨大悲伤和痛苦。建议三家多向小孩亲属余某道歉和抚慰，争取对方的谅解。

区政府各部门组成的专案组对该案进行了联合调查处理，确定由 D 栋房屋业主、B 建筑公司、A 村物业管理公司、小孩亲属余某监护人共同承担死亡赔偿责任，调解员根据专案组划分责任，计算了死亡赔偿项目与标准，各方应分担的赔偿份额，告知各方当事人。同时，调解员不辞辛苦，多次上门，经过多次反复的斡旋、沟通，终于做通了小孩亲属余某的思想工作，为顺利达成协议奠定了基础。经调解，各方当事人达成共同赔偿协议，死者亲属得到了补偿费，死亡赔偿关系结束，纠纷得以化解。小孩亲属余某心理得到了慰藉，精神状态得以逐渐恢复，对区政府领导的重视以及人民调解员做出的不懈努力，获得的调解结果表示感谢。

（四）评析

第一，分析主要的法律关系。本案当事人众多，涉及法律关系众多，矛盾错综复杂，事后调查取证困难，责任不明确，是一个复杂疑难案件，分别解析如下：

第一类法律关系是 D 栋房屋业主与小孩之间的侵权关系，这涉及建筑物所有人法定义务问题。根据法律规定，窨井等地下设施造成他人损害，管理人不能证明尽到管理职责的，应当承担侵权责任。D 栋房屋业主是化粪池的所有人和管理人，因此，D 栋房屋业主依法应当承担侵权责任。

第二类法律关系是 A 村与 B 建筑公司之间的施工合同关系，涉及施工方的安全义务问题。《中华人民共和国侵权责任法》对此类问题有详细规定，即在公共场所或者道路上挖坑、修缮安装地下设施等，没有设置明显标志和采取安全措施造成他人损害的，施工人应当承担侵权责任。因此，B 建筑公司应当对施工合同的第三人（小孩）的死亡承担侵权责任。

第三类法律关系是 D 栋房屋业主与 B 建筑公司之间的委托合同关系，涉及委托人和代理人侵犯第三人（小孩）合法权益。代理人侵犯第三人合法权益的，由委托人承担的责任，代理人有过错的，承担连带责任。

第四类法律关系是 D 栋房屋业主与 A 村物业管理公司之间的物业管理合同关系问题。涉及物业管理公司未履行物业管理合同约定小区安全义务的违约责任。

第五类法律关系是 A 村物业管理公司与第三人小孩之间的侵权关系，涉及物业管理的法定安全保障义务问题。根据相关规定，宾馆、商场、银行、车站、娱乐场所等公共场所的管理人或者群众性活动的组织者，未尽到安全保障义务，造成他人损害的，应当承担侵权责任。

第六类法律关系是监护人与小孩之间的监护关系，涉及小孩亲属余某监护人监护不力的问题。当被侵权人对损害的发生也有过错的，可以减轻侵权人的责任。

由于责任人众多，属于共同侵权，如何划分责任？根据法律规定，二人以上分别实施侵权行为造成同一损害，能够确定责任大小的，各自承担相应的责任；难以确定责任大小的，平均承担赔偿责任。因此，由共同侵权人根据责任大小，共同承担损害赔偿责任，是正确的。

第二，有关赔偿项目和标准。根据法律规定，侵害他人造成人身损害的，应当赔偿医疗费、护理费、交通费等为治疗和康复支出的合理费用，以及因误工减少的收入。造成残疾的，还应当赔偿残疾生活辅助具费和残疾赔偿金。造成死亡的，还应当赔偿丧葬费和死亡赔偿金。此外，受害人遭受人身损害，因就医治疗支出的各项费用以及因误工减少的收入，包括医疗费、误工费、护理费、交通费、住宿费、住院伙食补助费、必要的营养费，赔偿义务人应当予以赔偿。受害人因伤致残的，其因增加生活上需要所支出的必要费用以及因丧失劳动能力导致的收入损失，包括残疾赔偿金、残疾辅助器具费、被扶养人生活费，以及因康复护理、继续治疗实际发生的必要的康复费、护理费、后续治疗费，赔偿义务人也应当予以赔偿。受害人死亡的，赔偿义务人除应当根据抢救治疗情况赔偿本条第一款规定的相关费用外，还应当赔偿丧葬费、被扶养人生活费、死亡补偿费以及受害人亲属办理丧葬事宜支出的交通费、住宿费和误工损失等其他合理费用。因此，调解员在责任划分基础之上，根据相关法律规定，支持了受害方亲属的合理赔偿请求。

第三，本案的特殊性。本案由于死亡事故发现得太晚，时过境迁，部分证据灭失，造成部分事实不清，责任不明，而且责任主体众多，情况复杂，争议很大，涉及《中华人民共和国侵权责任法》《中华人民共和国合同法》《中华人民共和国民法通则》等多部法律法规。属于疑难案件，死者亲属单独无力解决，仅靠政府一个部门或者一个司法机关来处理难度很大。因此，区政府作为特事特办，由政府各部门组成专案组，确定由各方当事人共同承担赔偿责任，为顺利调处纠纷创造了组织上的保障，是完全正确的。2011年4月22日，中央社会治安综合治理委员会、最高人民法院、最高人民检察院、国务院法制办公室、公安部等16家单位印发《关于深入推进矛盾纠纷大调解工作的指导意见》第四条规定："建立由各级政府负总责、政府法制机构牵头、各职能部门为主体的行政调解工作体制，并纳入同级大调解工作平台。部门受理的矛盾纠纷，实行首问责任制，对依法属于本部门调解范围的矛盾纠纷，根据法律、法规和政策规定进行调解，同时，将调解情况通报同级大调解工作平台；对依法不属于本部门调解范围的矛盾纠纷，要报同级大调解工作平台登记受理，确定调解责任单位和责任人；对涉及多个部门的矛盾纠纷，由政府法制机构或者大调解工作平台指定的部门牵头调解；对跨地区的矛盾纠纷，由涉及地区的上一级大调解工作平台负责组织调解。……"本案是在《关于深入推进矛盾纠纷大调解工作的指导意见》公布之前发生的。但是，由福田区政府处理本案的做法，完全符合上述文件精神。本案的成功经验是由政府多个部门联合成立专案领导小组，联合处理，共同做好调处工作。其中以街道办司法所为主要负责单位，其他相关部门协助配合，这种联合调处机制，对高效率解决疑难案件发挥了重要作用。

第四，关于调解的技巧与方法。在本次调解中，调解员针对案件的复杂性运用了多种调解方法，包括"单向沟通法""换位思考法"以及"步步为营法"。调解开始时，由于各方情绪激动，调解员巧妙运用了"背靠背"的方式逐一与当事人进行沟通。此外，调解员注意到首要的任务是要稳定小孩亲属余某的情绪，并多次抚慰亲属的心理创伤，为调解工作的顺利进行打下了良好的基础。与此同时，调解员告知D栋房屋业主、B建筑公司、A村物业管理公司，如果希望尽快达成赔偿协议，一定要有诚意，注意针对受害方小孩亲属余某的情绪和状态，调整说话的方式和态度，这种站在当事人的角度考虑问题的方式，可以避免当事人对调解员的抗拒或不信任，也巧妙地引导当事人考虑对方的感受和利益。由于本案存在多重法律关系，调解员需要运用"步步为营法"，戒骄戒躁，稳扎稳打、一步一个脚印地进行调解，最终解决复杂纠纷。

（五）人民调解员温馨提示

在人民调解中，既有简单案件，也会遇到异常复杂的疑难案件，本案就是特例。随着国家建立"部门联动，司法为主"的大调解体系，对于高效公正解决疑难复杂纠纷，维护当事人合法权益，维护社会稳定，发挥着越来越大的作用。

（六）相关链接

《中华人民共和国侵权责任法》

第十二条　二人以上分别实施侵权行为造成同一损害，能够确定责任大小的，各自承担相应的责任；难以确定责任大小的，平均承担赔偿责任。

第十六条　侵害他人造成人身损害的，应当赔偿医疗费、护理费、交通费等为治疗和康复支出的合理费用，以及因误工减少的收入。造成残疾的，还应当赔偿残疾生活辅助具费和残疾赔偿金。造成死亡的，还应当赔偿丧葬费和死亡赔偿金。

第二十六条　被侵权人对损害的发生也有过错的，可以减轻侵权人的责任。

第三十七条　宾馆、商场、银行、车站、娱乐场所等公共场所的管理人或者群众性活动的组织者，未尽到安全保障义务，造成他人损害的，应当承担侵权责任。

第九十一条　在公共场所或者道路上挖坑、修缮安装地下设施等，没有设置明显标志和采取安全措施造成他人损害的，施工人应当承担侵权责任。

窨井等地下设施造成他人损害，管理人不能证明尽到管理职责的，应当承担侵权责任。

《最高人民法院关于审理人身损害赔偿案件适用法律若干问题的解释》

第十七条 受害人遭受人身损害,因就医治疗支出的各项费用以及因误工减少的收入,包括医疗费、误工费、护理费、交通费、住宿费、住院伙食补助费、必要的营养费,赔偿义务人应当予以赔偿。受害人因伤致残的,其因增加生活上需要所支出的必要费用以及因丧失劳动能力导致的收入损失,包括残疾赔偿金、残疾辅助器具费、被扶养人生活费,以及因康复护理、继续治疗实际发生的必要的康复费、护理费、后续治疗费,赔偿义务人也应当予以赔偿。受害人死亡的,赔偿义务人除应当根据抢救治疗情况赔偿本条第一款规定的相关费用外,还应当赔偿丧葬费、被扶养人生活费、死亡补偿费以及受害人亲属办理丧葬事宜支出的交通费、住宿费和误工损失等其他合理费用。

九 环境污染责任纠纷

案例 杨某与 A 开发公司水污染责任纠纷

(一)当事人

申请人:杨某

申请人:某开发公司

(二)案情简介

深圳市某区 B 居民小区入住后不久,3 号楼 6 单元地下排污管道堵塞,虽然经过开发公司派人疏通,但是时隔不久,地下排污管道又重新堵塞,造成整个单元污水横溢,臭气熏天,蚊蝇滋生,给业主的生产生活造成了极大不便。业主苦不堪言,因此诱发了各种矛盾纠纷,致使该单元有 5 户居民不得不搬离此处。为此,居民小区 6 单元业主,曾多次到 A 开发公司及住宅服务公司反映地埋管堵塞情况,请求开发公司予以修复,但开发公司及住宅服务公司认为是小区居民使用不当造成堵塞,不予修复。后来业主又向某区某街道办事处以及市政府有关部门投诉。某街道办事处、小区居民委员会也曾多次派人调解此事,但均没能有效解决。

（三）调解经过

2010年12月，辖区街道办人民调解委员会获悉这一情况后，及时组织调解员主动介入，主动积极地开展纠纷调解工作。调解员对纠纷情况进行了认真而细致的调查，并多次询问相关专业人员，终于了解到地埋管道开裂地点为该单元1号业主杨某客厅处，如果对该地埋管道进行修复，需挖开客厅地面，更换地埋管。

人民调解委员会与当事人沟通后，1号业主杨某很配合，态度也非常好，表示同意施工，但是，要求开发公司对刨挖客厅地面及影响其家庭正常生活给予一定的经济补偿，并同时提出补偿费不得少于2万元，否则就不允许某开发公司施工。A开发公司表示愿意承担相应的维修以及更换排污管道的费用，但是，只同意补偿杨某损失最多不超过5000元，并且出于维护公司声誉考虑，拒绝以公司的名义出面施工。由于双方对于赔偿的数额相差较大，无法达成一致，至此，第一次调解工作被迫搁浅。

针对杨某要求赔偿数额太高，双方无法达成调解协议的情况，调解员与杨某进行了详细的沟通并提出建议，告诉杨某如果赔偿不能达成协议，可以采取诉讼方式解决，由法院来确定具体的赔偿数额，但杨某考虑到诉讼的费用和周期又不愿意起诉。为此，调解员再次找到业主杨某向其解释了整个纠纷当中的利害关系，同时也做了大量的思想工作，晓之以理动之以情，但杨某仍坚持原来的赔偿数额不肯让步。而A开发公司也不愿意做出让步，最后导致第二次调解也被迫中断。

为了能顺利地解决该纠纷，2011年1月5日，在辖区街道办工作人员组织下，相关部门再次来到B社区3号楼6单元，进行现场勘查，了解情况。发现3号楼6单元楼门处刚好有一条与左右楼门相连的排污管道，完全可以绕过杨某家而从过道进行施工，对杨某生活也不会造成任何影响。这一新发现使得原本毫无调解可能的纠纷又有了一线希望，于是，人民调解委员会马上又展开了新一轮的调解工作，协调解决A开发公司和6单元全体业主之间的矛盾纠纷，结果A开发公司领导和全体业主完全赞成绕道而行的方案，A开发公司也同意承担相关的修缮费用。随后A开发公司委托专业安装维修单位来更换地埋管道，人民调解委员会派人对施工现场进行全程监督。2011年1月10日开始施工，1月11日施工完毕，后经业主试排水，排污管道畅通无阻无泄漏。一场因地埋污水管道爆裂引起空气污染纠纷终于画上了圆满的句号。从此，3号楼6单元的居民又有了洁净的楼道，呼吸着清新空气，生活又恢复了往日的平静。

（四）评析

第一，纠纷的有关法律规定。这是一起由管道排放污水堵塞问题导致环境污染而引发的纠纷，各方争议的焦点是小区居民认为应当由开发公司疏通堵塞的管道，但是，开发公司认为是小区居民使用不当造成堵塞，不是其责任。根据法律规定，因污染环境造成损害的，污染者应当承担侵权责任。并且"造成环境污染损害的，有责任排除危害，并对直接受到损害的单位或者个人赔偿损失"，也被写进《中华人民共和国环境保护法》。因此，对小区居民的主张应当予以支持，由A开发公司承担赔偿责任。而所谓环境污染责任是指污染者违反法律规定的义务，以作为或者不作为方式，污染生活环境、生态环境，造成损害，依法不问过错，应当承担损害赔偿等法律责任的特殊侵权责任。《中华人民共和国侵权责任法》第十五条也明确规定了承担侵权责任的方式主要有：（一）停止侵害；（二）排除妨碍；（三）消除危险；（四）返还财产；（五）恢复原状；（六）赔偿损失；（七）赔礼道歉；（八）消除影响、恢复名誉。以上承担侵权责任的方式，可以单独适用，也可以合并适用。

第二，人民调解委员会及时介入，使得纠纷得以快速解决。这个纠纷中，由于地埋管道没能得到及时疏通治理，造成环境污染，影响了小区的生活环境和小区居民的生活质量，居民怨声载道，对此开发公司应当及时疏通治理，由于开发公司不积极承担责任履行义务，致使小区环境恶化，使得其与业主们的矛盾激化。人民调解委员会及时主动介入，了解到纠纷的全部情况，并且立即展开调解工作，避免了事态的进一步恶化。遇到困难时，人民调解委员会调委会不气馁、不丧失信心，争取相关部门参加现场深入调查，克服了困难，为制定调解方案打下了基础，圆满地化解了这起纠纷。

第三，关于"苗头预测法"和"步步为营法"调解技巧的应用。"苗头预测法"就是要求调解员针对纠纷当事人的思想和行为不断变化的特点,抓住带有苗头性、倾向性的问题,及时分析变化的现状、原因,提出解决纠纷的对策,把纠纷解决在萌芽状态,防止矛盾的扩大和深化。本案中,人民调解委员会及时主动介入,了解到纠纷的全部情况,并且立即展开调解工作,避免了事态的进一步恶化。"步步为营法"是指调解员在面对一些关系纷繁复杂、千丝万缕的纠纷时,戒骄戒躁,不要一味地想一次性解决,而应稳扎稳打、一步一个脚印地进行调解,最终解决纠纷。由于案情的复杂性,调解活动两次被迫中断,调解员通过调查、询问、沟通后,对各个当事人的文化水平、个人素质、脾气秉性、思维方式做出了判断,又根据案情最新的进展,采取了正确的策略,圆满解决了本案纠纷。

(五)人民调解员温馨提示

民间纠纷纷繁复杂、千头万绪,要求我们的人民调解员在纠纷调解过程中,不仅要全面了解纠纷的来龙去脉和基本情况,更要学会掌握纠纷变化发展的客观规律,抓住矛盾的核心,把握问题的关键,这样才能真正地解决问题。像环境污染责任纠纷牵涉面比较广,涉及的利益方也比较多,一不小心就有可能使矛盾更加激化,给调解工作增加难度。特别是在调解陷入僵局时,须及时调整策略,寻找新的解决办法,要积极与相关部门联手,发挥各自优势,集合大家的智慧,为及时解决纠纷创造有利条件,拟定出纠纷双方当事人均赞成的解决方案。

(六)相关链接

《中华人民共和国侵权责任法》

第十五条 承担侵权责任的方式主要有:(一)停止侵害;(二)排除妨碍;(三)消除危险;(四)返还财产;(五)恢复原状;(六)赔偿损失;(七)赔礼道歉;(八)消除影响、恢复名誉。以上承担侵权责任的方式,可以单独适用,也可以合并适用。

第六十五条 因污染环境造成损害的,污染者应当承担侵权责任。

《中华人民共和国环境保护法》

第四十一条 造成环境污染损害的,有责任排除危害,并对直接受到损害的单位或者个人赔偿损失。

十　群体性事件人民调解案例

案例　A公司与B商业街租户拆迁补偿纠纷

（一）当事人

申请人：A实业股份有限公司

申请人：B商业街163家租户

（二）案情简介

2009年6月3日，出租方A实业股份公司因自身发展需要，通知各类租户共计750家，准备于2012年8月3日提前收回B商业街的11栋物业进行拆迁改造，该11栋物业部分由A实业股份公司直接出租；部分由其他公司以及个人承租后转租，涉及商铺、工厂、写字楼、住户、市场档位等各类租户共计750家。通知发出后，租赁合同期限届满的商户、市场档位、写字楼、工厂、住户与出租方解除了租赁合同，但一些租赁合同未到期的商户则对提前解除租赁合同的补偿问题与出租方发生了争议。2009年6月3日至8月1日，在B商业街司法所以及人民调解室的积极协调下，部分写字楼、商户陆续与出租方达成了解除租赁合同补偿协议，但是，仍有163家商户因与出租方在补偿数额上产生巨大分歧，5次群体性越级到区委和市委进行上访。

2009年8月1日，辖区街道办领导非常重视，多次开会研究，人民调解委员指派调解员团队，从维稳大局出发，主动介入B商业街拆迁引起的租赁合同纠纷的调解工作。

（三）调解经过

首先，调解员表明身份，告知双方当事人享有的权利和承担的义务，然后，调解员让双方各自陈述了事实和理由。

出租方认为，根据双方签订的《租赁合同书》约定："如遇到包括但不限于政府决定对租赁物实施旧城改造等情形，合同即自动解除，双方互不追究责任。"出租方已"提前两个月通知"，同时又免除了各租户6、7月份租金，并决定给予每户搬迁车马补助费1000元，已经做到了仁至义尽。

商户认为，出租方明知租赁物业是将要改造的建筑，还要出租给各商户，出租方存在欺诈嫌疑，至于合同中关于"提前两个月通知即可无条件解除合同"的条款完全属于霸王条款。各商户投入资金多、经营时间短，投入成本远远未能收回，尤其是商业街10栋E、F座的63家商户经营时间仅有半年，更有少数商户甚至是刚接手店铺不足1个月，损失惨重，因而要求出租方必须按照合同违约对各商户进行赔偿。

调解员了解到：纠纷发生时间和地段特殊，敏感性强。纠纷地处深圳市某区行政中心地段，纠纷发生地与区委区政府仅一条马路之隔，且从辖区街道办接手该纠纷的协调工作时起，距国庆六十周年节日仅有2个月的时间。

辖区街道办接手A商业街纠纷的调解工作时，共有164家商户未与出租方达成补偿协议，虽然164家数量不足总体租户的四分之一，但"越是最后的骨头越难啃"，辖区街道办从一开始就充分认识协调工作的难度，做好长期作战的准备，不急于求成，不急功近利，采取"抽丝剥茧"的方式、不温不火地反复在出租方和商户之间开展协调工作，最终成功化解了该群体性纠纷。主要的做法如下：

双方签订的《租赁合同书》明确约定遇到拆迁即自动解除合同，双方互不追究责任。因此，仅从《中华人民共和国合同法》的角度讲，出租方占据优势，可以拒绝对商户做出补偿；但各商户又确实存在经营时间短、投入成本未收回的情况，且与出租方相比较，商户处于相对弱势地位。

针对上述情况，调解员从法、理、情三方面出发，根据当事人的不同特点，对商户方，从《中华人民共和国合同法》角度进行法律解释，引导商户适当降低补偿要求；对出租方，则从社会责任和道义的角度予以规劝，最终引导出租方在免除6、7月份租金、给予每户1000元搬迁费的基础上，再根据每家商户的店铺大小、装修情况、经营时间长短等做出一定的补偿；在此协调方法下，大部分商户与出租方达成了补偿协议。

在调解过程中，部分商户抱着"抓住机会多拿一点"的错误思想，例如，有些商户的店铺只有十来平方米，但要求的补偿数额

"狮子大开口"。又例如，商户周某，其店铺每月月租2000元，经营时间7个月，提出的补偿要求为5万元。调解员在对其店铺进行实地考察后，推心置腹地与周某算了一笔账：在店铺经营期间，出租方共收取了14000元的房租，如果按照周某5万元的补偿要求，出租方除将店铺免费给周某使用7个月外，还要倒赔36000元。通过算账，周某意识到了自己的要求过于脱离实际，降低了补偿数额并与出租方达成了补偿协议。

随着谈判时间的延长，双方的心理逐渐发生微妙的变化，在国庆节安保期间，出现拒绝协商的对峙状态。为避免双方关系进一步恶化，辖区街道办主动出击，安排调解员进驻现场办公，根据掌握的商户信息，每日约谈3—5家商户，搭建沟通平台，主持商户与出租方进行补偿协商，日夜加班调解，保证了每家商户至少有一次与出租方进行"面对面"协商的机会，引导双方始终保持在理性的谈判轨道上。

调解初期，部分商户错误地认为"官商一家"，不相信调解工作能真正地做到公正合理，有的商户存在情绪激动，动辄就要与出租方"拼个你死我活"的偏激思想。在调解过程中，调解员巧妙借助人民团体、亲情等外力，妥善地化解了商户和出租方之间的矛盾，其中不乏调解成功的典型案例。

借助人民团体力量化解纠纷案例：商业街1栋8号兰州拉面馆的商户马某是青海撒拉族人，在其与出租方协商无果的情况下，带领店铺员工躺倒在出租方办公楼下示威，并多次扬言"准备几十把砍刀、十条人命"与出租方"血拼"。由于涉及少数民族这个敏感群体，关乎维稳大局，调解员立即展开对该商户的劝导工作，同时，邀请区民宗局、青海驻深办事处及清真协会相关人员参与调解工作，经过区民宗局和清真协会的多次沟通，该商户放弃偏激举动，并吐露了困难所在，调解员引导出租方从民族团结和睦的大局出发，在补偿数额上适当做出让步，最终促成双方达成了补偿协议。

借助亲情力量化解纠纷案例：商业街10栋E123商户刘某一味强调自己家庭生活困难，在提供不出任何依据和理由的情况下，随意提高补偿数额，并不时流露出要与出租方"一斗到底""鱼死网破"的偏执情绪。10月23日，刘某还做出了携刀到区信访办上访的偏激行为。针对刘某的偏执情绪和过激行为，调解员除从法律角度说服教育、告知其采取过激行为的严重性外，还针对刘某上有父母、下有妻儿的情况，从家庭责任的角度多次对其进行情理劝导。同时，调解员想方设法找到刘某的妻子，动员其妻从亲情的角度对刘某进行规劝，经过调解员连续几天的动之以情、晓之以理、说之以法，刘某终于走出了偏执误区，放弃了敌对态度，与出租方签订了补偿协议。11月6日，刘某还特意将一面"办实事 讲实效"的锦旗送到辖区街道办司法所，表达其感激之情。

辖区街道办人民调解委员会经过五个多月积极、有效的协调，化解了这起重大的租赁合同纠纷，164家商户中，有163家与出租方达成了解除租赁合同补偿协议，另1家决定采取法律途径解决争议，调解成功率达到99.4%。

（四）评析

第一，关于格式合同的法律规定。《中华人民共和国合同法》规定，采用格式条款订立合同的，提供格式条款的一方应当遵循公平原则确定当事人之间的权利和义务，并采取合理的方式提请对方注意免除或者限制其责任的条款，按照对方的要求，对该条款予以说明。格式条款具有本法第五十二条和第五十三条规定情形的，或者提供格式条款一方免除其责任、加重对方责任、排除对方主要权利的，该条款无效。对格式条款的理解发生争议的，应当按照通常理解予以解释。对格式条款有两种以上解释的，应当作出不利于提供格式条款一方的解释。格式条款和非格式条款不一致的，应当采用非格式条款。

第二，"霸王条款"的效力。本案中，A商业街在与商户签订《租赁合同书》时在合同中明确约定："如遇到包括但不限于政府决定对租赁物实施旧城改造等情形，合同即自动解除，双方互不追究责任。"由于A商业街作为出租方，占据绝对优势，商户处于相对弱势地位，该约定在一定程度上属于"霸王条款"，效力存在较大争议。是否公平公正还有待考量。同时，对该免责条款，出租人未必尽到充分的告知、提示的义务。因此，A商业街出租方不应以"霸王条款"约定为由，完全免责，对商户合理的补偿请求，应当予以支持。

第三，关于提前解除租赁合同的争议。《合同法》规定，当事人一方明确表示或者以自己的行为表明不履行合同义务的，对方可以在履行期限届满之前要求其承担违约责任。《合同法》还规定，因不可归责于承租人的事由，致使租赁物部分或者全部毁损、灭失的，承租人可以要求减少租金或者不支付租金；因租赁物部分或者全部毁损、灭失，致使不能实现合同目的的，承租人可以解除合同。本案中，A商业街出租方提前解除租赁合同，如果排除"霸王条款"约定，出租人应当承担违约赔偿责任。

第四，本纠纷产生的原因。房屋租赁合同纠纷在商贸活动兴盛的地区比较普遍，分析众多原因，有以下几个特点：一是商贸物业租赁仍处于不规范、不稳定的状态，作为物业出租方对于租户无明确的资金和实力要求，只要交得起租金就可以租得铺面，各种商户更新频繁，在转租过程中会形成一个越滚越大的利益包袱，就是俗称的"转手费"，因此，当物业需要统一整改或整体拆迁时，往往有许多新租户或者投入大的租户损失惨重；二是各类小商户法律意识淡薄，甚至缺乏基本的经营风险意识，在租赁合同期限剩余不多的情况下，盲目接手并大手笔投资装修，当出租方合法解除合同时，这些小租户往往只得无可奈何地接受；三是出租方作为格式条款提供者，一般未对"霸王条款"做详细解释，尤其是"免除自身责任，限制对方权利"的条款，这些条款在纠纷发生时，有利于出租方，不利于承租方，其效力存在很大争议。

第五，关于"第三人介入法"调解技巧的运用。在本次调解活动中，调解员主要运用了"第三人介入法"，动员多种力量来协助调解。这里的第三人既可以是当事人的父母、子女、配偶、兄弟姐妹，也可以是当事人的亲友、同事或者单位领导以及对当事人有影响的其他人，尤其是权威人物对转变当事人的态度作用尤为重要。一个调解员或某一个调解组织的能力和水平总是有限的，但是，只要善于动员多种社会力量协助调解，共同解决当事人的思想问题，纠纷就会由难变易，迎刃而解。

(五) 人民调解员温馨提示

虽然商业街的拆迁改造是一项利民惠民的工程，但是，一旦处理不好，必然会引发一系列社会矛盾，给社会稳定带来隐患。因此，切实做好拆迁改造的安置补偿问题尤为关键，拆迁安置工作是改变城市面貌、提升城市居民生活品质的重要组成部分，从一定意义上讲，是破与立的转换、新与旧的交替，使得拆迁安置补偿工作成为城市更新的老大难问题，处理得好与坏，直接涉及千家万户的利益，城市化进程、经济发展速度与和谐社会的构建。

(六) 相关链接

《中华人民共和国合同法》

第三十九条　采用格式条款订立合同的，提供格式条款的一方应当遵循公平原则确定当事人之间的权利和义务，并采取合理的方式提请对方注意免除或者限制其责任的条款，按照对方的要求，对该条款予以说明。

第四十条　格式条款具有本法第五十二条和第五十三条规定情形的，或者提供格式条款一方免除其责任、加重对方责任、排除对方主要权利的，该条款无效。

第四十一条　对格式条款的理解发生争议的，应当按照通常理解予以解释。对格式条款有两种以上解释的，应当做出不利于提供格式条款一方的解释。格式条款和非格式条款不一致的，应当采用非格式条款。

第一百零八条　当事人一方明确表示或者以自己的行为表明不履行合同义务的，对方可以在履行期限届满之前要求其承担违约责任。

十一　与公司有关的纠纷人民调解案例

案例　股权转让侵权纠纷

(一) 当事人

申请人：翟某

申请人：付某

申请人：韩某

申请人：深圳市 Q 餐饮有限责任公司

（二）案情简介

翟某（女）与其表弟付某于 2010 年 8 月共同投资设立深圳市 Q 餐饮有限责任公司，注册资本 100 万元，翟某出资 70 万元，付某出资 30 万元，翟某是公司法定代表人。付某与其妻韩某于 2009 年 7 月注册结婚，于 2011 年 12 月 27 日协议离婚，两人在离婚协议书中约定："付某在深圳市 Q 餐饮有限责任公司拥有的 30% 的股权，韩某分得股份 15%"。翟某认为，付某擅自将公司 15% 的股权转让给韩某的行为未经翟某同意，侵犯了翟某的优先购买权，故付某的转让行为无效，但付某认为，离婚协议书中关于处理深圳市 Q 餐饮有限责任公司股权是夫妻财产分割，不是股权有偿转让，双方坚持己见，不肯退让，特申请辖区街道人民调解委员会调解。

（三）调解经过

调解员通知了付某的前妻韩某到场参加调解，通知了深圳市 Q 餐饮有限责任公司到场参加调解。调解员让各方各自陈述事实和理由。

翟某称：公司章程第十三条关于股权转让的规定与《中华人民共和国公司法》第七十二条规定完全一致，即"股东向股东以外的人转让股权，应当经其他股东过半数同意。股东应就其股权转让事项书面通知其他股东征求同意，其他股东自接到书面通知之日起满三十日内未答复的，视为同意转让。其他股东半数以上不同意转让的，不同意的股东应当购买该转让的股权；不购买的，视为同意转让。经股东同意转让的股权，在同等条件下，其他股东有优先购买权"。但付某擅自将公司 15% 的股权转让给韩某的行为未经自己同意，侵犯了自己的优先购买权，故付某与韩某于 2011 年 12 月 27 日签订的离婚协议书中关于"韩某分得深圳市 Q 餐饮有限责任公司 15% 股份"的约定无效。

深圳市 Q 餐饮有限责任公司代表表示同意翟某意见。

付某称：离婚协议的约定是夫妻共同财产的分割，不是股权有偿转让，未侵犯翟某的"优先购买权"，故付其与韩某的离婚协议书中关于"韩某分得深圳市Q餐饮有限责任公司15%股份"的约定有效,并且声称翟某知道并同意离婚协议书中的相关约定,但付某没有提供证据。

韩某称:离婚协议书中关于公司15%股权转让的约定有效,其有权得到公司15%股权。

本案的争议焦点是离婚协议中关于分割股权的约定是否有效的问题。调解员耐心向各方当事人讲解相关法律的规定,第一,付某与韩某离婚协议中分割付某在公司拥有30%的股权的行为会引起股东变更的法律后果,从法律性质上讲是股权转让行为,因此,应当适用《中华人民共和国公司法》的有关规定。第二,股东与股东之外的任何人(包括股东的配偶)之间的股权转让,只有在经过其他股东过半数同意且其他股东不主张优先购买权的情况下方有效。第三,公司章程对股权转让做出了与《中华人民共和国公司法》相一致的规定。根据《中华人民共和国公司法》和公司章程的规定,付某与韩某分割该公司股权的协议,须经过该公司股东翟某的同意才能生效。第四,没有任何书面证据可以证明翟某知道并同意付某与韩某离婚协议书中关于股权转让的约定。

基于以上事实与理由,调解员指出,付某与韩某于2011年12月27日签订的离婚协议书中关于"韩某分得深圳市Q餐饮有限责任公司15%股份"的约定无效。调解员分析完毕后,翟某和深圳市Q餐饮有限责任公司代表表示完全同意调解员的意见。付某表示,在签订离婚协议书时没有考虑到《中华人民共和国公司法》以及公司章程的规定,同意收回离婚协议分给韩某的15%股份。这时,韩某提出要求付某承担离婚协议书中关于股权转让约定无效的赔偿责任。调解员经过斟酌,提出了新的解决方案,即由付某将15%股权折价现金支付给韩某,韩某则放弃离婚协议中关于15%股份。在调解员耐心细致的疏导下,各方当事人达成如下协议:(1)付某收回离婚协议分给韩某的深圳市Q餐饮有限责任公司15%股份。(2)付某于七日内将深圳市Q餐饮有限责任公司15%股份折价现金15万元支付给韩某。(3)翟某与付某继续持股深圳市Q餐饮有限责任公司。(4)股份转让侵权纠纷就此了结。

(四) 评析

第一，关于离婚协议分割股权的约定效力问题。《中华人民共和国公司法》第七十二条明确规定："有限责任公司的股东之间可以相互转让其全部或者部分股权。股东向股东以外的人转让股权，应当经其他股东过半数同意。股东应就其股权转让事项书面通知其他股东征求同意，其他股东自接到书面通知之日起满三十日未答复的，视为同意转让。其他股东半数以上不同意转让的，不同意的股东应当购买该转让的股权；不购买的，视为同意转让。经股东同意转让的股权，在同等条件下，其他股东有优先购买权。两个以上股东主张行使优先购买权的，协商确定各自的购买比例；协商不成的，按照转让时各自的出资比例行使优先购买权。公司章程对股权转让另有规定的，从其规定。"本案中，付某与韩某签订的离婚协议中"韩某分得深圳市 Q 餐饮有限责任公司 15% 股份"的约定违反了法律规定，是无效的。因此，对付某的主张，依法不予支持。

第二，夫妻离婚对股权的处理原则。根据《最高人民法院关于适用〈中华人民共和国婚姻法〉若干问题的解释（二）》第十六条的相关规定，人民法院审理离婚案件，涉及分割夫妻共同财产中以一方名义在有限责任公司的出资额，另一方不是该公司股东的，按以下情形分别处理：

一是夫妻双方协商一致将出资额部分或者全部转让给该股东的配偶，过半数股东同意、其他股东明确表示放弃优先购买权的，该股东的配偶可以成为该公司股东。

二是夫妻双方就出资额转让份额和转让价格等事项协商一致后，过半数股东不同意转让，但愿意以同等价格购买该出资额的，人民法院可以对转让出资所得财产进行分割。过半数股东不同意转让，也不愿意以同等价格购买该出资额的，视为其同意转让，该股东的配偶可以成为该公司股东。

三是调解程序中并案调解问题。本案实际上有两个案由，一个是股份转让侵权纠纷，另一个是离婚后财产纠纷，股份转让侵权纠纷与离婚后财产纠纷两者之间存在因果关系，一般情况下，需要拆分成两个案件来分别审理。在当事人自愿合并前提下，调解员创新调解程序思路，将股份转让侵权纠纷与离婚后财产纠纷两个案件并案调解，合并了调解标的，取得了很好的调解效果，提高了调解效率，减轻了当事人负担，充分发挥出人民调解的优势，值得进一步研究。

（五）人民调解员温馨提示

离婚协议分割股权不仅要满足《中华人民共和国合同法》《中华人民共和国婚姻法》规定的合同生效的要件，还必须同时符合《中华人民共和国公司法》规定，否则，股权转让将面临无效的风险。因为股权是不同于一般权利的一种特殊的权利，只有股东才能享有，看似分割夫妻共同财产的行为，实质上是股东向股东以外的人转让股权的行为，所以，应当经其他股东过半数同意才有效，而且，不得对抗其他股东的优先购买权。值得注意的是，公司章程可以对股权转让做出不同于《中华人民共和国公司法》的规定，并优先于该法的适用。

（六）相关链接

《中华人民共和国公司法》

第七十一条　有限责任公司的股东之间可以相互转让其全部或者部分股权。股东向股东以外的人转让股权，应当经其他股东过半数同意。股东应就其股权转让事项书面通知其他股东征求同意，其他股东自接到书面通知之日起满三十日未答复的，视为同意转让。其他股东半数以上不同意转让的，不同意的股东应当购买该转让的股权；不购买的，视为同意转让。经股东同意转让的股权，在同等条件下，其他股东有优先购买权。两个以上股东主张行使优先购买权的，协商确定各自的购买比例；协商不成的，按照转让时各自的出资比例行使优先购买权。公司章程对股权转让另有规定的，从其规定。

《最高人民法院关于适用〈中华人民共和国婚姻法〉若干问题的解释（二）》

第十六条　人民法院审理离婚案件，涉及分割夫妻共同财产中以一方名义在有限责任公司的出资额，另一方不是该公司股东的，按以下情形分别处理：

（一）夫妻双方协商一致将出资额部分或者全部转让给该股东的配偶，过半数股东同意、其他股东明确表示放弃优先购买权的，该股东的配偶可以成为该公司股东；

（二）夫妻双方就出资额转让份额和转让价格等事项协商一致后，过半数股东不同意转让，但愿意以同等价格购买该出资额的，人民法院可以对转让出资所得财产进行分割。过半数股东不同意转让，也不愿意以同等价格购买该出资额的，视为其同意转让，该股东的配偶可以成为该公司股东。

《中华人民共和国合同法》

第五十二条　有下列情形之一的，合同无效：（一）一方以欺诈、胁迫的手段订立合同，损害国家利益；（二）恶意串通，损害国家、集体或者第三人利益；（三）以合法形式掩盖非法目的；（四）损害社会公共利益；（五）违反法律、行政法规的强制性规定。

第六节　人民调解"福田模式"常用法律法规规章及规范性文件目录选编

一　人民调解常用法律、法规、规章、司法解释以及规范性文件目录选编

《中华人民共和国人民调解法》（2011年1月1日）

中央社会治安综合治理委员会、最高人民法院、最高人民检察院、国务院法制办、公安部、司法部等《关于深入推进矛盾纠纷大调解工作的指导意见》（2011年4月22日）

《中共中央办公厅、国务院办公厅关于转发〈最高人民法院、司法部关于进一步加强新时期人民调解工作的意见〉的通知》（2002年9月24日）

《最高人民法院、中国保险监督管理委员会关于在全国部分地区开展建立保险纠纷诉讼与调解对接机制试点工作的通知》（2012年12月18日）

《最高人民法院关于人民调解协议司法确认程序的若干规定》（2011年3月30日）

《最高人民法院印发〈关于进一步贯彻"调解优先、调判结合"工作原则的若干意见〉的通知》(2010年6月7日)

《最高人民法院关于建立健全诉讼与非诉讼相衔接的矛盾纠纷解决机制的若干意见》(2009年7月24日)

《最高人民法院、司法部关于进一步加强新形势下人民调解工作的意见》(2007年8月23日)

《最高人民法院关于进一步发挥诉讼调解在构建社会主义和谐社会中积极作用的若干意见》(2007年3月1日)

《最高人民法院关于为构建社会主义和谐社会提供司法保障的若干意见》(2007年1月30日)

《最高人民法院关于人民法院民事调解工作若干问题的规定》(2004年9月16日)

《最高人民法院关于审理涉及人民调解协议的民事案件的若干规定》(2002年11月1日)

《最高人民法院关于民事诉讼证据的若干规定》(2002年4月1日)

《最高人民法院关于人民检察院对民事调解书提出抗诉人民法院应否受理问题的批复》(1999年2月13日)

《最高人民法院关于人民法院执行工作若干问题的规定(试行)》(1998年7月8日)

《广东省高级人民法院、广东省司法厅关于进一步加强诉讼调解与人民调解衔接工作的指导意见》(2008年12月16日)

《广东省公安机关治安案件公开调解程序规定》(2000年12月19日)

《公安机关治安调解工作规范》(2007年12月8日)

《人民调解工作若干规定》(2002年11月1日)

《跨地区跨单位民间纠纷调解办法》(1994年5月9日)

《民间纠纷处理办法》(1990年4月19日)

《人民调解委员会组织条例》(1989年6月17日)

《中华人民共和国农村土地承包经营纠纷调解仲裁法》(2010年1月1日)

《最高人民法院、司法部关于认真贯彻实施〈中华人民共和国人民调解法〉 加强和创新社会管理的意见》（2011年5月3日）

二 民间纠纷常用法律、法规、规章、司法解释以及规范性文件目录选编

（一）经营纠纷

《全民所有制小型工业企业租赁经营暂行条例》（1998年7月1日）

《全民所有制工业企业承包经营责任制暂行条例》（1988年3月1日）

《广东省城镇集体所有制企业承包合同暂行规定》（1989年3月1日）

《最高人民法院关于审理联营合同纠纷案件若干问题的解答》（1990年11月12日）

《中华人民共和国中外合资经营企业法》（2001年3月15日修正）

《中华人民共和国中外合作经营企业法实施细则》（2014年2月19日）

《对外承包工程管理条例》（2008年9月1日）

《国务院办公厅转发外经贸部等部门关于大力发展对外承包工程意见的通知》（2000年4月7日）

《中华人民共和国合伙企业法》（2007年6月1日）

《中华人民共和国合伙企业登记管理办法》（2007年5月9日修订）

《最高人民法院关于审理建设工程价款优先受偿权问题的批复》（2002年6月27日）

《中华人民共和国建筑法》（2011年7月1日修正）

《建设工程勘察设计管理条例》（2015年6月12日修订）

《中华人民共和国中小企业促进法》（2002年6月29日）

（二）公司纠纷

《中华人民共和国公司法》（2006年1月1日）

《最高人民法院关于适用〈中华人民共和国公司法〉若干问题的规定（一）》（2006年5月9日）

《最高人民法院关于适用〈中华人民共和国公司法〉若干问题的规定（二）》（2008年5月19日）

《最高人民法院关于适用〈中华人民共和国公司法〉若干问题的规定（三）》（2011年2月16日）

《中华人民共和国外资保险公司管理条例》（2013年5月30日）

《证券公司风险处置条例》（2008年4月23日）

《证券公司监督管理条例》（2008年4月23日）

《中华人民共和国公司登记管理条例》（2005年12月18日修订）

《国务院关于修改〈中华人民共和国公司登记管理条例〉的决定》（2006年1月1日）

《企业法人法定代表人登记管理规定》（1999年6月23日）

《中华人民共和国企业破产法》（2006年8月27日）

（三）合同纠纷

《中华人民共和国合同法》（1999年10月1日）

《最高人民法院关于审理出口信用保险合同纠纷案件适用相关法律问题的批复》（2013年5月2日）

《最高人民法院关于审理买卖合同纠纷案件适用法律问题的解释》（2012年5月10日）

《最高人民法院关于审理金融资产管理公司利用外资处置不良债权案件涉及对外担保合同效力问题的通知》（2010年7月1日）

《最高人民法院关于保证保险合同纠纷案件法律适用问题的答复》（2010年6月24日）

《最高人民法院关于审理物业服务纠纷案件具体应用法律若干问题的解释》（2009年10月1日）

《最高人民法院关于审理城镇房屋租赁合同纠纷案件具体应用法律若干问题的解释》（2009年9月1日）

《最高人民法院关于适用〈中华人民共和国合同法〉若干问题的解释（二）》（2009年5月13日）

《最高人民法院关于保险合同纠纷案件有关问题的复函》（2006年2月21日）

《最高人民法院关于审理涉及国有土地使用权合同纠纷案件适用法律问题的解释》（2005年8月1日）

《最高人民法院关于审理建设工程施工合同纠纷案件适用法律问题的解释》（2005年1月1日）

《最高人民法院关于审理商品房买卖合同纠纷案件适用法律若干问题的解释》（2003年6月1日）

《最高人民法院关于审理建设工程合同纠纷案件的暂行意见》（2002年8月5日）

《最高人民法院关于适用〈中华人民共和国担保法〉若干问题的解释》（2000年12月8日）

《最高人民法院关于适用〈中华人民共和国合同法〉若干问题的解释（一）》（1999年12月29日）

《合同争议行政调解办法》（1997年11月3日）

《中华人民共和国担保法》（1995年10月1日）

《中华人民共和国消费者权益保护法》（2013年10月25日修订）

《中华人民共和国产品质量法》（2000年9月1日）

《中华人民共和国食品安全法》（2009年6月1日）

《商品房销售管理办法》（2001年6月1日）

《城市商品房预售管理办法》（2001年8月15日）

《城市房地产转让管理规定》（2001年8月15日）

《城市房地产抵押管理办法》（2001年8月15日）

《商品房屋租赁管理办法》（2011年2月1日）

《物业管理条例》（2007年10月1日）

《广东省物业管理条例》（2009年3月1日）

《深圳经济特区物业管理条例》（2008年1月1日）

《深圳经济特区房屋租赁条例》（2004年4月16日）

《水路货物运输合同实施细则》（2011年1月8日修订）

《铁路货物运输合同实施细则》（2011年1月8日修订）

《最高人民法院关于审理民间借贷案件适用法律若干问题的规定》（2015年8月6日）

《最高人民法院关于审理消费民事公益诉讼案件适用法律若干问题的解释》（2016年4月24日）

《最高人民法院关于审理城镇房屋租赁合同纠纷案件具体应用法律若干问题的解释》（2009年7月30日）

《最高人民法院关于审理融资租赁合同纠纷案件适用法律问题的解释》（2014年4月24日）

（四）侵权责任纠纷

《中华人民共和国民法通则》（2009年8月27日修正）

《最高人民法院印发关于贯彻执行〈中华人民共和国民法通则〉若干问题意见（试行）》（1988年4月2日）

《中华人民共和国侵权责任法》（2010年7月1日）

《最高人民法院关于适用〈中华人民共和国侵权责任法〉若干问题的通知》（2010年6月30日）

《最高人民法院关于审理人身损害赔偿案件适用法律若干问题的解释》（2004年5月1日）

《最高人民法院关于确定民事侵权精神损害赔偿责任若干问题的解释》（2001年3月8日）

《最高人民法院关于审理铁路运输损害赔偿案件若干问题的解释》（1994年10月27日）

《中华人民共和国道路交通安全法》（2011年4月22日修正）

《中华人民共和国道路交通安全法实施条例》（2004年5月1日）

《道路交通事故处理程序规定》（2009年1月1日）

《道路交通事故处理工作规范》（2009年1月1日）

《道路交通安全违法行为处理程序规定》（2009年4月1日）

《最高人民法院关于审理道路交通事故损害赔偿案件适用法律若干问题的解释》（2012年11月27日）

《最高人民法院关于审理交通肇事刑事案件具体应用法律若干问题的解释》（2000年12月21日）

《机动车交通事故责任强制保险条例》（2012年12月17日修订）

《广东省高级人民法院、广东省公安厅关于〈道路交通安全法〉施行后处理道路交通事故案件若干问题的意见》（2004年12月17日）

《深圳市中级人民法院关于审理道路交通事故损害赔偿纠纷案件的指导意见（试行）》（2008年7月15日）

《最高人民法院研究室关于交通肇事刑事案件附带民事赔偿范围问题的答复》（2014年2月24日）

《最高人民法院、最高人民检察院、公安部等印发〈关于依法惩处涉医违法犯罪维护正常医疗秩序的意见〉的通知》（2014年4月22日）

《学生伤害事故处理办法》（2002年9月1日）

《中华人民共和国医疗事故处理条例》（2002年9月1日）

《医疗机构管理条例》（1994年9月1日）

《深圳市医患纠纷处理暂行办法》（2010年2月22日）

《广东省高级人民法院关于审理医疗损害赔偿纠纷案件若干问题的指导意见》（2007年12月25日）

《深圳市中级人民法院关于审理医疗纠纷案件指导意见（试行）》（2006年7月1日）

《中华人民共和国环境保护法》（1989年12月26日）

《中华人民共和国大气污染防治法》（2015年8月29日修订）

《中华人民共和国固体废物污染环境防治法》（2015年4月24日修订）

《中华人民共和国环境噪声污染防治法》（1997年3月1日）

《中华人民共和国放射性污染防治法》（2003年6月28日）

《最高人民法院、最高人民检察院关于办理环境污染刑事案件适用法律若干问题的解释》（2013年6月17日）

《中华人民共和国水法》（2002年10月1日）

《最高人民法院关于审理环境侵权责任纠纷案件适用法律若干问题的解释》（2015年6月1日）

(五) 婚姻家庭继承纠纷

《中华人民共和国婚姻法》(2001年4月28日修正)

《最高人民法院关于适用〈中华人民共和国婚姻法〉若干问题的解释(一)》(2001年12月25日)

《最高人民法院关于适用〈中华人民共和国婚姻法〉若干问题的解释(二)》(2003年12月25日)

《最高人民法院关于适用〈中华人民共和国婚姻法〉若干问题的解释(三)》(2011年8月13日)

《最高人民法院关于充分发挥民事审判职能 依法维护妇女、儿童和老年人合法权益的通知》(2012年2月28日)

《最高人民法院关于人民法院审理离婚案件如何认定夫妻感情确已破裂的若干具体意见》(1989年11月21日)

《最高人民法院关于人民法院审理离婚案件处理财产分割问题的若干具体意见》(1993年11月3日)

《最高人民法院关于人民法院审理离婚案件处理子女抚养问题的若干具体意见》(1993年11月3日)

《婚姻登记条例》(2003年10月1日)

《中华人民共和国未成年人保护法》(2006年12月29日修正)

《中华人民共和国老年人权益保障法》(2009年8月27日修正)

《中华人民共和国妇女权益保障法》(2005年8月28日修正)

《中华人民共和国继承法》(1985年10月1日)

《最高人民法院关于贯彻执行〈中华人民共和国继承法〉若干问题的意见》(1985年9月11日)

《中华人民共和国收养法》(1998年11月4日修正)

《中国公民收养子女登记办法》(1999年5月25日)

《司法部关于贯彻执行〈中华人民共和国收养法〉若干问题的意见》(2000年3月3日)

《最高人民法院关于人民法院审理离婚案件处理子女抚养问题的若干具体意见》(1993年11月3日)

《中华人民共和国反家庭暴力法》(2015年12月27日)

（六）劳动工伤纠纷

《中华人民共和国劳动合同法》（2012年12月28日）

《中华人民共和国劳动法》（1995年1月1日）

《中华人民共和国劳动争议调解仲裁法》（2008年5月1日）

《中华人民共和国劳动合同法实施条例》（2008年9月18日）

《最高人民法院关于审理劳动争议案件适用法律若干问题的解释（一）》（2001年4月30日）

《最高人民法院关于审理劳动争议案件适用法律若干问题的解释（二）》（2006年10月1日）

《最高人民法院关于审理劳动争议案件适用法律若干问题的解释（三）》（2010年9月14日）

《最高人民法院关于审理劳动争议案件适用法律若干问题的解释（四）》（2013年1月18日）

《最高人民法院关于审理拒不支付劳动报酬刑事案件适用法律若干问题的解释》（2013年1月16日）

《中华人民共和国社会保险法》（2011年7月1日）

《中华人民共和国职业病防治法》（2002年5月1日）

《工伤保险条例》（2004年1月1日）

《失业保险条例》（1999年1月22日）

《城市居民最低生活保障条例》（1999年10月1日）

《企业职工档案管理工作规定》（1992年6月9日）

《广东省工伤保险条例》（2004年2月1日）

《广东省社会工伤保险条例实施细则》（2000年2月17日）

《深圳工资支付条例》（2004年12月1日）

《女职工劳动保护特别规定》（2012年4月28日）

《中华人民共和国安全生产法》（2014年8月31日修正）

《最高人民法院关于审理工伤保险行政案件若干问题的规定》（2014年6月18日）

《广东省高级人民法院、广东省劳动人事争议仲裁委员会关于审理劳动争议案件若干问题的座谈会纪要》（2012年12月28日）

《广东省高级人民法院、广东省劳动人事争议仲裁委员会关于适

用〈劳动争议调解仲裁法〉、〈劳动合同法〉若干问题的指导意见》（2008年6月23日）

（七）物权纠纷

《中华人民共和国物权法》（2007年10月1日）

《最高人民法院关于审理建筑物区分所有权纠纷案件具体应用法律若干问题的解释》（2009年10月1日）

《最高人民法院关于适用〈中华人民共和国物权法〉若干问题的解释（一）》（2016年2月22日）

《中华人民共和国城市房地产管理法》（2009年8月27日修正）

《中华人民共和国农村土地承包经营纠纷调解仲裁法》（2010年1月1日）

《中华人民共和国土地管理办法》（2004年8月28日修正）

《国有土地上房屋征收与补偿条例》（2011年1月21日）

《城市房屋拆迁管理条例》（2001年11月1日）

《最高人民法院关于审理房屋登记案件若干问题的规定》（2010年11月5日）

《动产抵押登记办法》（2007年10月12日）

三 治安行政案件、治安刑事案件常用法律、法规、规章、司法解释以及规范性文件目录选编

《中华人民共和国治安管理处罚法》（2012年10月26日修正）

《公安机关执行〈中华人民共和国治安管理处罚法〉有关问题的解释（一）》（2006年1月23日）

《公安机关执行〈中华人民共和国治安管理处罚法〉有关问题的解释（二）》（2007年1月26日）

《中华人民共和国行政处罚法》（1996年10月1日）

《中华人民共和国行政复议法》（1999年10月1日）

《中华人民共和国行政诉讼法》（1990年10月1日）

《中华人民共和国国家赔偿法》（2010年12月1日修正）

《公安机关办理行政复议案件程序规定》（2003年1月1日）

《公安机关办理行政案件程序规定》（2006年8月24日）

《人体轻微伤的鉴定标准》（1997年1月1日）

《人体轻伤鉴定标准（试行）》（1990年7月1日）

《人体重伤鉴定标准》（1990年7月1日）

《道路交通事故受伤人员伤残评定》（2002年12月1日）

《医疗事故分级标准（试行）》（2002年9月1日）

《劳动能力鉴定——职工工伤与职业病致残程度鉴定》（2007年5月1日）

《最高人民法院、最高人民检察院、公安部等关于发布〈人体损伤程度鉴定标准〉的公告》（2013年8月30日）

《最高人民法院关于审理编造、故意传播虚假恐怖信息刑事案件适用法律若干问题的解释》（2013年9月18日）

《最高人民法院、最高人民检察院关于办理利用信息网络实施诽谤等刑事案件适用法律若干问题的解释》（2013年9月6日）

《最高人民法院、最高人民检察院关于办理寻衅滋事刑事案件适用法律若干问题的解释》（2013年7月15日）

《最高人民法院、最高人民检察院关于办理环境污染刑事案件适用法律若干问题的解释》（2013年6月17日）

《最高人民法院、最高人民检察院关于办理危害食品安全刑事案件适用法律若干问题的解释》（2013年5月2日）

《最高人民法院、最高人民检察院关于办理敲诈勒索刑事案件适用法律若干问题的解释》（2013年4月23日）

《最高人民法院、最高人民检察院关于办理行贿刑事案件具体应用法律若干问题的解释》（2013年4月2日）

《最高人民法院、最高人民检察院、公安部、司法部关于印发〈关于刑事诉讼法律援助工作的规定〉的通知》（2013年2月4日）

《最高人民法院、最高人民检察院关于办理行贿刑事案件具体应用法律若干问题的解释》（2012年12月26日）

《最高人民法院、最高人民检察院、公安部等关于实施刑事诉讼法若干问题的规定》（2012年12月20日）

《人民检察院刑事诉讼规则》（2012年11月22日）

《最高人民法院、最高人民检察院印发〈关于办理职务犯罪案件

严格适用缓刑、免予刑事处罚若干问题的意见〉的通知》（2012年8月8日）

《最高人民法院、最高人民检察院、公安部印发〈关于办理走私、非法买卖麻黄碱类复方制剂等刑事案件适用法律若干问题的意见〉的通知》（2012年6月18日）

《最高人民法院、最高人民检察院关于办理内幕交易、泄露内幕信息刑事案件具体应用法律若干问题的解释》（2012年3月2日）

《最高人民法院关于审理刑事案件中涉及人体损伤残疾程度鉴定如何适用鉴定标准问题的请示的批复的通知》（2010年5月5日）

《人体损伤程度鉴定标准》（2004年4月14日）

《人体损伤残疾程度鉴定标准（试行）》（2005年1月1日）

《群众性文化体育活动治安管理办法》（1999年11月18日）

《公安机关治安调解工作规范》（2007年12月25日）

《最高人民法院关于刑事附带民事诉讼范围问题的规定》（2000年12月19日）

《最高人民法院关于贯彻宽严相济刑事政策的若干意见》（2010年2月8日）

《最高人民检察院关于在检察工作中贯彻宽严相济刑事司法政策的若干意见》（2007年1月15日）

《最高人民检察院关于依法快速办理轻微刑事案件的意见》（2007年1月30日）

《最高人民检察院关于办理当事人达成和解的轻微刑事案件的若干意见》（2011年1月29日）

《广东省高级人民法院关于贯彻执行宽严相济刑事政策的若干意见（试行）》（2008年6月25日）

《广东省高级人民法院、广东省人民检察院关于刑事诉讼中适用和解的指导意见（试行）》（2008年7月30日）

《中华人民共和国居民身份证法》（2004年1月1日）

《关于适用刑事强制措施有关问题的规定》（2000年8月28日）

《中华人民共和国人民警察法》（1995年2月28日）

《中华人民共和国刑法》（1997年10月1日）

《中华人民共和国刑事诉讼法》（1997 年 1 月 1 日）

《最高人民法院关于执行〈中华人民共和国刑事诉讼法〉若干问题的解释》（1998 年 9 月 8 日）

《最高人民检察院、公安部关于适用刑事强制措施有关问题的规定》（2000 年 8 月 28 日）

《人民检察院刑事诉讼规则》（1999 年 9 月 21 日）

《公安机关办理刑事案件程序规定》（1998 年 5 月 14 日）

《公安机关办理经济犯罪案件的若干规定》（2006 年 6 月 1 日）

《最高人民法院关于在审理经济纠纷案件中涉及经济犯罪嫌疑若干问题的规定》（1998 年 4 月 29 日）

《公安机关办理伤害案件规定》（2006 年 2 月 1 日）

《关于建立派出所和刑警队办理刑事案件工作机制的意见》（2005 年 12 月 30 日）

《110 接处警工作规则》（2003 年 4 月 30 日）

《公安派出所执法执勤工作规范》（2002 年 3 月 11 日）

《公安机关执法细则》（2009 年 10 月 28 日）

参考文献

1. 深圳市福田区司法局编著：《驻派出所人民调解室工作规范指南》，深圳报业集团出版社 2012 年版。
2. 深圳市福田区司法局编著：《道路交通事故损害赔偿纠纷人民调解工作规范指南》，深圳报业集团出版社 2010 年版。
3. 深圳市司法局编著：《深圳市人民调解案例评析》，深圳报业集团出版社 2014 年版。
4. 梁海明主编：《调解实务与技巧》，法律出版社 2014 年版。
5. 李刚主编：《人民调解概论》，中国检察出版社 2004 年版。
6. 林文学编著：《医疗纠纷调解机制研究》，法律出版社 2008 年版。
7. 范愉主编：《ADR 原理与实务》，厦门出版社 2002 年版。
8. 姜小川主编：《人民调解实用手册》，中国法制出版社 2009 年版。
9. 吴军营主编：《人民调解汇编与点评》，中国法制出版社 2011 年版。
10. 何鸣主编：《人民法院调解理论和实务》，人民法院出版社 2002 年版。
11. 丁淑清、石妍等编著：《人民调解文书格式及统计报表规范化制作》，中国法制出版社 2011 年版。
12. 张晓秦、刘玉民主编：《调解要点与技巧》，中国民主法制出版社 2009 版。
13. 江仲有编：《婚姻法与家事调解》，香港大学出版社 2010

年版。

14. 江仲有编：《解决冲突与调解技巧》，香港大学出版社 2010 年版。

15. 江仲有编：《调解技巧》，万年书店 2004 年版。

16. 梁德超编：《人民调解学》，山东人民出版社 1999 年版。

17. 刘最跃编著：《人民调解：原理与实务》，湖南人民出版社 2008 年版。

18. 强世功编：《调解、法制与现代性：中国人民调解制度研究》，法律出版社 2011 年版。

19. 齐奇总主编：《人民法院工作实务技能丛书：诉讼调解实务技能》，人民法院出版社 2013 年版。

20. 宋明编著：《人民调解纠纷解决机制的法社会学研究》，中国政法大学出版社 2013 年版。

21. 宋才发、刘玉明主编：《调解要点与技巧总论》，人民法院出版社 2007 年版。

22. 中华全国人民调解协会编著：《人民调解优秀论文选集》，法律出版社 2013 年版。

后 记

近年来，随着社会矛盾纠纷进入多发期，呈现多元化、复杂化和突发性特点。使人民群众解决纠纷所需的时间成本和经济成本不断增加，人们开始思索，如何更快速、便捷、有效地化解社会矛盾纠纷。

我国传统解决基层纠纷的机制包括政府信访机关、公安派出所、街道司法所、人民调解委员会、人民法院、人民检察院、交警大队、各仲裁机构、各消费者委员会等，由于各个职能机构受到收案范围限制，专业人员力量不足，解决渠道不畅，管辖冲突，社会矛盾不断累积，导致当事人上访，干扰政府正常工作，甚至发生群体性事件，影响了社会和谐稳定。因此，高效化解社会矛盾纠纷成为一个亟待解决的突出问题。基层社会矛盾纠纷关系到千家万户，涉及人民群众的切身利益，解决好基层矛盾纠纷意义重大。

在理论推动、现实需求和政策导引下，不少基层政府开始探索符合当地实际的多元化替代性纠纷解决机制，人民调解的"福田模式"，就是从改革开放的前沿阵地——深圳市福田区涌现出来的人民调解创新模式。

从2007年下半年开始，福田区司法局利用辖区丰富的律师资源，采取政府招投标购买法律服务的方式，向有资质的中标律师事务所购买法律服务，由律师事务所聘用具有律师资格的专业人员担任人民调解员，派驻在福田辖区最容易产生社会矛盾纠纷的各公安派出所、交警大队、法院、劳动仲裁、信访、综治、公交、地铁、行业协会等单位，先后设立了23个人民调解室，二十四小时轮流值班，在基层源头有效地将纠纷化解。

从人民调解工作开始，福田区司法局就发布了一系列人民调解工作规范性文件，组织专业团队撰写了人民调解规范指南系列丛书。

人民调解"福田模式"主要特点：

第一，政府向有资质的中标律师事务所购买法律服务，突破了以往人民调解员队伍松散、素质不高的瓶颈，解决了人民调解工作长期存在的人员、素质、专业和服务质量问题。

第二，转变政府职能，改变以往"政府包办"，"养机构、养人"的传统模式，以事定费，养事不养人，置换了大量警力和政府工作人员，优化了资源配置，创新了政府提供社会公共服务模式。

第三，化解纠纷的方式灵活、简便、快捷，成本低，效率高，不收费，人民群众满意度高。

第四，建立了大调解的工作格局，实现人民调解与行政调解、司法调解无缝对接。人民调解从过去的辅助地位，转变上升为独立地位，与传统纠纷解决机制并驾齐驱、相互补充，在化解民间纠纷方面发挥越来越重要的作用。

第五，人民调解由传统的民间"大妈式"调解转变为向专职化、专门化、专业化、规范化方向发展。优化了政府的资源与专业律师力量结合的配置，从根本上解决了原来公共服务供给不足和专业性不强的问题。

第六，实现了人民调解机制对基层社会的全覆盖，人民调解进交警、进派出所、进法院、进劳动站、进信访、进综治、进社区，人民调解的触角深入到基层社会的各个角落。

第七，党委政府重视支持人民调解室建设，将各项调解经费纳入政府财政预算，有力地保障了人民调解员队伍的稳定。

自2009年1月以来，深圳市司法局及时总结推广"政府主导、群众自治、专业服务、规范高效"的人民调解"福田模式"。先后在六个行政区、四个新区的各个派出所、交警大（中）队、区法院、区劳动局、区信访局和部分市、区医院等单位设立了200多个人民调解室，配备了专业人民调解员。

从2013年下半年开始，在市委政法委大力主导下，由市司法局牵头落实，人民调解"福田模式"迅速在全市推广。全市新增投入人民调解工作经费5800万元，新建成人民调解室76个，新增加专兼职人民调解员664人，加上对原有的人民调解室按照"福田模式"标准进行"转型升级"，实现了人民调解"福田模式"对全市法院（法庭）、公安派出所、交警大（中）队、大型公立医院、劳动、信访、综治维稳中心等矛盾纠纷较为集中的单位或部门的全面覆盖。

在此期间，驻公安派出所人民调解室处理的矛盾纠纷占110报警量的50%以上。各级法院受理的民事案件数量明显下降，交警机动车事故处理效率大大提高且几无反悔。例如，福田交警大队调解室5名律师调解员置换出交警18名。

近6年来，深圳市各级人民调解组织每年平均成功调解近10万件各类社会矛盾纠纷，涉案标的金额8亿余元，提供法律咨询50万余件，创造了巨大的经济效益和社会效益，为福田区的社会和谐稳定做出了突出贡献。

在"福田模式"下，人民调解"为政府服务、为公安减压、为法院减负、为群众解难"的优势作用得到了更好发挥，成为基层化解民间矛盾纠纷的主要力量之一。

2012年9月7日上午，人民调解的"福田模式"项目成果鉴定会在北京召开，会议由司法部、西北政法大学、中共深圳市福田区委、深圳市福田区人民政府联合主办。人民调解"福田模式"已经通过了国家司法部组织的创新成果项目评审，"人民调解的福田模式研究"被正式批准立项为国家社会科学基金资助项目。

人民调解"福田模式"被评为"深圳2013年度十大政法创新"项目之一；《现代社会治理体系的有效探索——人民调解"福田模式"研究》专著被评为2016年首届深圳市十大优秀法学研究成果之一。

西北政法大学项目组撰写出版了《人民调解的"福田模式"研究》；受福田区司法局委托，广东百利孚律师事务所冯江律师团队撰写出版了《现代社会治理体系的有效探索——人民调解"福田模式"研究》。这两本专著将人民调解"福田模式"科学化、系统化和成果化。

如今，深圳市全面推广"福田模式"，形成了纵向到基层人民群众,横向到职能部门的"大调解"格局。人民调解"福田模式"由"盆景"变成"风景",已经在全市"开花结果"。

2015年福田区司法局继续发挥改革创新精神,创立了福田区三级公共法律服务中心,创新了人民调解"福田模式"。

人民调解"福田模式"是深圳市福田区从2007年以来,至今唯一获得国家级哲学社会科学科研成果鉴定的项目,为全区全市增光添彩,影响深远,意义重大。

人民调解"福田模式"主要拓荒者,福田区司法局前局长谷廷兰、前局长揭德才、前局长胡星宏、副局长罗展,大胆开拓创新,创立了人民调解"福田模式"。福田区司法局现任局长马晓歌、副局长罗展等继承和发扬了人民调解"福田模式",进一步在前任的基础上创新升级,让人民调解"福田模式"走向全省、全国,发扬光大。

本书通过归纳总结2007年以来十年间人民调解"福田模式"的实践成果,既总结了该模式的现有优点及可持续发展的优势,也指出了在发展过程中遇到的问题及需要改进的不足之处。通过总结人民调解"福田模式"生动丰富的经验,为今后探索人民调解走向职业化、专门化、专业化、行业化奠定理论基础。

在深圳市福田区司法局的指导下,广东百利孚律师事务所冯江律师团队的律师、调解员,共同承担了本书总体构思设计、资料收集整理、文字撰写、修订审校等工作。

本书同时得到广东省司法厅、深圳市中级人民法院、深圳市公安局、深圳市司法局、深圳市人口和卫生局、中国保监会深圳监管局、深圳市律师协会、福田区司法局、南山区司法局以及深圳各区的街道司法所、各人民调解委员会、深圳市律师协会福田区工作委员会的支持和帮助,在此表示感谢。

中国社会科学出版社的编辑认真的编辑校对工作使得本书避免了许多疏漏,在此一并表示感谢。

作者

2016年6月30日